Mein Leben, Mein Glaube (I)

„Ich liebe, die mich lieben;
und die mich suchen, finden mich"
(Sprüche 8,17).

Mein Leben,
Mein Glaube (I)

Dr. Jaerock Lee

Mein Leben, Mein Glaube (I) von Dr. Jaerock Lee
Veröffentlicht von Urim Books (Vertreten durch Kyungtae Noh)
361-66, Shindaebang-Dong, Dongjak-Gu, Seoul, Korea
www.urimbooks.com

Alle Schriftstellenzitate sind, wenn nicht anders angegeben, der Revidierten Elberfelder Bibel entnommen.

Urheberrecht © 2013 Dr. Jaerock Lee
ISBN: 978-89-7557-758-1, ISBN: 978-89-7557-757-4(set)
Urheberrecht der Übersetzung © 2011 Dr. Esther K. Chung.

Erste Ausgabe: Mai 2013

Ursprünglich 2006 auf Koreanisch veröffentlicht von *The Christian Press*, Seoul, Korea

Redaktion: Eunmi Lee
Design: Redaktionsbüro von Urim Books
Druck: Yewon Printing Company
Für weitere Informationen: urimbook@hotmail.com

Ein tiefgeistliches Aroma

Es heißt, man bekommt die am stärksten duftenden Rosenparfüme von Rosen auf den Bergen im Balkan. Allerdings bekommt man sie auch nicht von jeder x-beliebigen Rose aus den Balkanbergen. Um ein Spitzenparfüm zu bekommen, muss man die Essenz aus Rosen herausholen, die um 2 Uhr nachts gepflückt worden sind – wenn es am kältesten und am dunkelsten ist.

Mein Leben, Mein Glaube, die Autobiographie von Dr. Jaerock Lee, birgt für ihre Leser auch ein höchstgeistliches Aroma. Der Grund ist, dass sein Leben aus der Liebe Gottes herausgefiltert wurde, nachdem er dunkle Wellen, kalte Joche und tiefste Verzweiflung erlebt hatte.

Warum konnte Dr. Lee nicht wie andere junge Leute sein, die von einem leuchtend hellen Leben träumen? Es gab einmal eine Zeit, in der selbst der Abschluss an einer guten Universität einen Kampf darstelle, ganz zu schweigen von einem Auslandsstudium oder einem Leben als versierter, erfolgreicher Mann. Doch anstatt dass sich sein Traum verwirklichte, rutschte sein Leben ins Tal der Verzweiflung ab. Eine Krankheit übersäte seinen Körper mit Wunden. Statt berühmt zu werden, wurde er übersehen und die, die ihm an nächsten standen, schauten auf ihn herab. Tief im Inneren wurde ihm bewusst, wie bedeutungslos und leer die Liebe dieser Welt war. Ihm wurde klar, was Armut wirklich bedeutete und wie es einem das Herz bricht, wenn man als Familienoberhaupt machtlos ist. Er versuchte sogar zwei Mal, sich das Leben zu nehmen.

Als er im Tal der Verzweiflung war und nicht einmal mehr atmen konnte, begegnete ihm Gott. Bis dahin hatte er in seinem mühseligen Leben für sich allein gekämpft. Doch der Allmächtige, der voller Liebe ist, kam zu ihm, begegnete ihm und begann, mit ihm zu wandeln. Gott befreite ihn aus der Hoffnungslosigkeit und erfüllte ihn mit der Hoffnung auf das himmlische Königreich! „Wie kann ich mich für diese erstaunliche Gnade Gottes erkenntlich zeigen?", wurde für Dr. Lee zur Frage seines Lebens. Er tat, was Gott gebot und ließ sein, was Er verboten hatte. Er ging, wenn Gott sagte: „Geh". So wurde er ein „Gefangener" der hohen und großartigen Liebe Gottes und es wurde sein höchstes Ziel im Leben, Gott dem Vater zu gefallen.

Das Bekenntnis der tiefen Liebe vom Apostel Paulus ist auch das Bekenntnis von Dr. Lee: *„Wer wird uns scheiden von der Liebe Christi? Bedrängnis oder Angst oder Verfolgung oder Hungersnot oder Blöße oder Gefahr oder Schwert? Wie geschrieben steht: ‚Deinetwegen werden wir getötet* *den ganzen Tag; wie Schlachtschafe sind wir gerechnet worden'. Aber in diesem allen sind wir mehr als Überwinder durch den, der uns geliebt hat. Denn ich bin überzeugt, dass weder Tod noch Leben, weder Engel noch Gewalten, weder Gegenwärtiges noch Zukünftiges, noch Mächte, weder Höhe noch Tiefe, noch irgendein anderes Geschöpf uns wird scheiden können von der Liebe Gottes, die in Christus Jesus ist, unserem Herrn"* (Römer 8,35-39).

So wie es in Sprüche 8,17 heißt: *„Ich liebe, die mich lieben; und die mich suchen, finden mich"*, reagiert Dr. Lee, wenn etwas der Wille Gottes ist, von ganzem Herzen nur mit „Ja" und „Amen" – egal, um welche Situation es sich auch handeln mag. Gott stattete ihn mit Seiner Kraft aus und setzte ihn über die Welt – an himmlische Orte. Seine Gemeinde betet für alle Menschen in allen Nationen – so wie der Name es auch sagt. („Manmin Joong-ang" heißt „Zentrale Gemeinde für die ganze Schöpfung".) Sie erfüllt die von Gott geschenkte Vision Schritt für Schritt und hat sich zu einer zentralen Stätte entwickelt, an der der Heilige Geist mit Seinem Feuer wirken kann.

Da Dr. Lee selbst an vielen verschiedenen Krankheiten gelitten hat, versteht er die Schmerzen, die Kranke haben. Weil er selbst verachtet und verhöhnt wurde, versteht er die Herzen, die gebrochen sind. Da er selbst extreme Armut erlebt hat, versteht er die Herzen derer, die unter der schweren Last von Armut leiden. So versammeln sich Tausende seiner Gemeindemitglieder einfach um ihn persönlich zu sehen.

Das Leben von Dr. Lee veranschaulicht, auf welch

dramatische Weise sich die Dinge ändern können, nachdem man Gott kennen lernt. Sein Leben zeigt uns, wie vollkommener Gehorsam Gott gegenüber und vollkommene Hingabe sowohl geistlich als auch materiell viel Frucht tragen können.

Sein Lebenswandel beschreibt uns deutlich, dass das Geheimnis für all diese Segnungen darin liegt, sich zu heiligen und klar wie Kristall zu werden – so wie auch Gott der Vater heilig ist – manchmal wie ein brüllender Löwe und dann wieder so sanft und zärtlich wie die Hände einer Mutter.

So wie das Leben von Dr. Lee einen intensiven Duft verströmt, hoffe ich, dass auch alle Leser dieses Buches einen Duft verströmen, der intensiver ist als das Parfüm der Rosen aus den Bergen im Balkan.

10. Dezember 2006
Dr. Esther K. Chung

Ehemalige Präsidentin der Frauenuniversität von Seoul
(Women's University, Seoul, Korea)
Präsidentin der Internationalen Bibelschule Manmin in Seoul, Korea
Honorarprofessorin der Nationalen Universität von San Antonio Abad Del Cusco in Peru
(Universidad Nacional de San Antonio Abad del Cusco, Peru)

Feurige Prüfungen und Kraft

Mein Leben, Mein Glaube gibt eine klare Antwort auf die Frage: „Wie sollten wir unser Leben als Christen führen?" Darum ist es ein Buch für alle, die Jesus Christus angenommen haben und an Sein am Kreuz vergossenes Blut glauben.

Ehrlich gesagt ist Dr. Jaerock Lee, der Hauptpastor der Manmin-Gemeinde jemand, den ich persönlich nicht sehr gut kannte. Eines Tages gab mir einer meiner Kollegen sein Buch *Mein Leben, Mein Glaube* und als ich es las, brach ich in Tränen aus – ich konnte nicht anders. Ich nahm dieses Buch in die Hand, als ich eines Nachts nicht schlafen konnte und ich war davon vollkommen gefesselt.

Als ich von seinen vielen Krankheiten, von seiner Armut und den Probleme in der Familie las, die man mit dem Leiden von Hiob vergleichen konnte, musste ich weinen. Es war ein Mittrauern, wie es für Koreaner ganz typisch ist. Seine Krankheiten waren so schlimm, dass er sogar Urin trank und zwei Mal versuchte, sich das Leben zu nehmen. Auch ich habe im Leben viel erlitten, aber was ich da über seine Schmerzen las, war so überwältigend, dass ich Tränen vergießen musste.

Die meisten Koreaner machten in den 1950er und 1960er Jahren Zeiten durch, wo alles knapp war. Aber auch heute gibt es noch Menschen, die es sich im Winter keine Heizung und sonst auch keine drei Mahlzeiten am Tag leisten können. Es gibt auch viele Kranke, die sich eine Behandlung im Krankenhaus nicht leisten können. Wir Koreaner sind noch nicht vollkommen von Armut und Leiden freigesetzt worden.

Dr. Lee hat es allerdings geschafft, ein komplett anderes Leben zu führen, nachdem er all diese Leiden und Schmerzen überwunden hatte und dieses Buch beschreibt alle Schritte, die er auf diesem Wege ging. Das heißt nicht, dass es in originellen und blumigen Worten oder mit literarischem Aroma verfasst worden ist. Vielmehr waren es die ehrlichen und einfachen Sätze, die mein Herz berührten.

Oder sollte ich sagen „Das Aroma der Wahrhaftigkeit"? Sein Bekenntnis, das die Wahrheit über Gottes Rettung enthält und Jesus Christus allein die Ehre gibt, lässt den Leser dieselbe Gnade Gottes spüren.

Vielleicht lag es auch daran, dass ich keine „wirklich guten Bücher" in die Finger bekam, aber der Grund, warum mich dieses Buch so berührte, war Folgender: seine Art und Weise, für all seine Sünden Buße zu tun, nachdem er Jesus kennen gelernt hatte; sein Gehorsam auf die Bibelschule zu gehen, um Pastor zu werden, als er den Ruf Gottes hörte; sein Versuch, „auch nur ein Stück Kohle" zu retten – all dies stand symbolisch für mein Leben und das Leben unserer Nachbarn; für Kinder, die die Rolle des Familieoberhaupts übernehmen und andere Menschen, die mit körperlichen Behinderungen leben müssen. Nachdem ich das Buch gelesen hatte, musste ich mein Leben als Christ sehr verändern.

Ich glaube, dass man das Leben von Dr. Jaerock Lee als Vorlage für das Leben als Christ benutzten kann. Wir glauben, dass wir geheiligt werden, wenn wir den Predigten in der Gemeinde zuhören, doch wenn wir wieder in die Welt zurück gehen, schließen wir Kompromisse und begehen wieder Sünden. Das war der scheinbar unausweichliche Kreislauf in unserem Glaubensleben.

Wie gesagt, *Mein Leben, Mein Glaube* gibt die eindeutige Antwort auf die Frage: „Wie sollten wir Christen unser Leben führen?" Dr. Jaerock Lee drängt uns durch dieses Buch, im Gebet zu Gott zu schreien: „Betet, um Heiligung, dass euch Gott für Seine Zwecke einsetzen kann", „Betet für das Königreich und die Gerechtigkeit Gottes" und „Betet für geistliche Liebe". Das aus seinen Erfahrungen und Erlebnissen geborene Glaubensbekenntnis berührt unser Leben.

Die Wunder, die geschahen, nachdem er seine Gemeinde gerade eröffnet hatte, einschließlich der vielen Heilungswunder, das Wiederbeleben derer, die im Sterben lagen und sogar die Erweckung derer, die schon gestorben waren, könnten dazu führen, dass andere Pastoren neidisch auf ihn werden. Er studierte zwar an der Bibelschule für orthodoxe Heiligkeit und wurde dort auch ordiniert, doch diese Konfession exkommunizierte ihn. Warum? Der ungerechte Prozess, der folgte, wird auch im Detail beschrieben.

Wir können das Ganze wirklich einschätzen, wenn wir die Frucht betrachten. Heute brennt das Feuer des Heiligen Geistes jede Woche in der Manmin-Gemeinde und viele Menschen mit unheilbaren Krankheiten empfangen ihre Heilung. Großevangelisationen werden in den Vereinigten Staaten, Russland, Afrika, im Nahen Osten, Europa und Lateinamerika abgehalten und noch einmal so viele Menschen auf der ganzen Welt schauten zu, als die Zeichen und Wunder geschahen. Korea entwickelt sich zum „Missionszentrum" der Welt.

Doch selbst jetzt, da Manmin unter seiner Leitung eine der weltweit größten Gemeinde geworden ist, führt er ein Leben des Gebetes und Fastens. Auch als seine Töchter sich in lebensbedrohlichen Situationen befanden oder als er so starke Blutungen hatte, dass er an der Schwelle des Todes stand, weil er sich selbst zu sehr verausgabt hatte, überwandt er diese Prüfungen mit Glauben. Dennoch brüstet er sich nie wegen dieser Dinge. Es ist sein Glaube, dem wir nacheifern müssen.

Es war geheimnisvoll, als Jesus auf der Hochzeit Wasser in Wein verwandelte, die blutflüssige Frau und die Aussätzigen heilte oder Lazarus von den Toten auferweckte. Warum gibt es dann Menschen, die das Heilungswerk Gottes und Seine Kraft, die sich durch Dr. Jaerock Lee manifestieren, kritisieren? Wie kann man denn über die 100-jährige Geschichte des Christentums in Korea berichten und keine Zeugnisse über Heilungen zu erzählen haben?

Korea hat die meisten Kirchenkreuze in der Welt. Es ist ein Land, in dem man draußen sehen kann, wie die Menschen laut beten, wie ihre Körper im Gebet zittern und sogar, wie sie tanzen, während sie Lobpreisopfer darbringen. Krebs wird bei Gebetsveranstaltungen auf dem Berg geheilt, sterbende Menschen werden wieder belebt. Korea hat eine große Anzahl von Missionaren ausgesandt. Beim Lesen von Dr. Jaerock Lees Buch konnte ich wieder spüren, was für ein gesegnetes Land Korea ist.

Dieser Tage predigt Dr. Jaerock Lee über sein Buch Der Himmel und wir wissen nicht, wie lange noch. Wenn jemand anders über dieses Thema spricht, fällt ihm nichts Neues mehr ein, wenn er zwei Wochen darüber gepredigt hat. Doch Dr. Jaerock Lee beschreibt den Himmel in einer Predigt nach der anderen immer anschaulicher und detaillierter. Ich denke, das liegt daran, dass er die Gabe der Prophetie und so viele andere Gaben empfangen hat, so dass all diese Predigten einfach fließen – wie Seide aus einem Kokon.

König Salomo formulierte es in den Sprüchen in einer Metapher und weissagte, das Wort des Herrn sei wie Äpfel aus Gold in silbernen Schalen (Sprüche 25,11). So sind auch die Botschaften von Dr. Lee: sanft gesprochen und leicht zu verstehen. Er manifestiert mächtige Wunder, nachdem er Feuerproben durchlebt hat.

Februar 2007

Yoorim Han (Fernsehautor)

INHALTSVERZEICHNIS

Kapitel 3
Meine Berufung

Kapitel 4
Gottes Berufung

Kapitel 5
Beginn der Gemeinde

Kapitel 6
Gemeindewachstum und Prüfungen

Kapitel 7
Gott erweiterte die Grenzen des Dienstes

Kapitel 1

Man denkt, ein stummes Baby ist geboren worden

Meine Eltern brachten mir Güte und Gerechtigkeit bei

„Oh nein,... ein stummes Baby ist geboren. Warum kann er nicht weinen?" Da ich bei der Geburt nicht weinte, waren meine Eltern besorgt und versetzten mir einen ordentlichen Klaps. Doch selbst danach weinte ich nicht, sondern lächelte nur. Meine Angehörigen waren sehr traurig, weil sie dachten, ich sei stumm.

Nachdem ich die Gnade Gottes erlebt hatte, fragte ich mich eines Tages, warum ich als Baby nicht geweint hatte. Vielleicht weil mein Geist wusste, dass ich als Diener Gottes ein gesegnetes Leben führen und zahlreiche Seelen zur Errettung führen würde. Gemäß dem Mondkalender wurde ich am 20. April 1943 als letztes Kind (von drei Söhnen und drei Töchtern) geboren. Mein Vater war Chabeom Lee und meine Mutter, Gamjang Cho. Mein Geburtsort ist ein kleines Dorf in Haeje Myeon im Verwaltungsbezirk Muan Gun in der Provinz von Jeonnam. Mein Vater war ein Gelehrter der chinesischen Klassiker und mochte Elegantes und Musik. Während die Japaner über Korea herrschten, besuchte er Japan oft geschäftlich. Doch nachdem Korea die Unabhängigkeit erlangte, gab er sein Geschäft auf und suchte nach einem ruhigen Fleckchen, an dem er wohnen konnte. Als ich drei war, zog meine Familie nach Changsung; das war ein Dorf bei Boon-hyang Ri, im Verwaltungsbezirk Nam Myeon in Changsung Gun. Es war ein exklusives Dorf. Die Leute sagten, nur „Chun"-Familien sollten dorthin ziehen dürfen; doch meiner Familie gelang es, sich recht leicht einzuleben.

Mein Vater war, zumindest soweit ich dies in Erinnerung habe, jemand, der allen Kontakt zur Außenwelt verlor und daheim viele Bücher las. Doch selbst damals hatten wir, wenn ich mich richtig erinnere, viele Gäste bei uns zu Hause. Wenn mein Vater Besucher hatte, trank er mit ihnen und sagte alte Gedichte auf oder sie maßen ihr Wissen über die chinesischen Klassiker.

Mein Vater wollte immer sehen, dass ich zu einem erfolgreichen Mann heranreife.

Darum sagte er oft zu mir: „Jaerock, ein Mann muss ehrlich sein. Du wirst sicher eines Tages ein einflussreicher Mann sein auf dieser Welt". Wahrscheinlich wollen alle Eltern, dass ihre Kinder aufrecht und erfolgreich sind bei dem, was sie tun. Doch ich erinnere mich, wie mein Vater, als ich aufwuchs, wirklich intensiv darauf bedacht war, gute Werte in mich hinein zu pflanzen und meine Mutter diente der Familie immer aufopferungsvoll.

Mein Vater begann, mir die „Eintausend chinesischen

Buchstaben" beizubringen, als ich gerade einmal fünf Jahre alt war. Außerdem erzählte er mir viele Geschichten von berühmten Helden. Als ich die Geschichten von den *„Drei Königreichen"* Guan Yu, Zhang Fei und Zhao Yun hörte, die ihr Leben riskierten, um ihren Herrn und Meister Liu Bei zu beschützen, oder die Geschichte von Zhu Ge Lian, der den Wind zum Wehen brachte, war ich so begeistert, dass meine Hände vor Schweiß ganz nass waren. Mein Vater berichtete auch immer wieder von den Lehren von Weisen wie Konfuzius und Mencius, aber auch über die Integrität großartiger Männer, beispielsweise die Geschichte von Mongju Jung, der der Koryo-Dynastie – auch wenn sie der Zerstörung geweiht war – bis zum Ende diente, obwohl er wusste, dass er getötet werden würde, oder die Geschichte von Admiral Soonshin Lee, der das Land rettete, als es am Rande der Zerstörung war. Das waren die Geschichten, die mein Herz immer bewegten, egal wie viele Male ich sie hörte. Die Geschichten von großartigen Männern, die ihre Stellung hielten und auch in lebensbedrohlichen Situationen treu blieben, hinterließen in meinem kleinen Herzen damals tiefe Spuren. Wenn ich sie hörte, führte ich mir immer wieder vor Augen, dass ich meine Eltern zu respektieren hatte, den richtigen Weg einschlagen musste und alles, was ich an Gnade empfangen hatte, für den Rest meines Lebens wieder zurückgeben musste – ohne es mir mittendrin anders zu überlegen.

Der Traum, ein Kongressabgeordneter zu werden

Als ich die Grundschule abschloss, träumte ich davon, Kongressabgeordneter zu werden. Mein Vater nahm mich zu vielen Wahlkampfveranstaltungen mit, wo ich die Reden anhörte. Manchmal mussten wir bis zum Veranstaltungsort 10 bis 15 Kilometer zu Fuß gehen. Er nahm mich mit und ich konnte mir die Provinz-, Parlaments-und Präsidentschafts-wahlen ansehen. Ich sollte eines Tages als Politiker Großes für das Land leisten.

Damals war die Freiheitspartei an der Macht und viele Menschen kamen, um sich die Reden anzuhören. Für mich waren die Redner wunderbar und sie schienen großartige Männer zu sein. Ich dachte immer bei mir: „Wenn ich groß bin, werde ich wie einer von ihnen sein..." Dass ich mir die Reden anhörte, führte dazu, dass ich jeden Tag davon träumte, Kongressmitglied zu werden. Diesen Traum träumte ich bis zum Gymnasium. Ich ging zu dem Zeitpunkt allein zu den Reden und hörte mir die Kandidaten an.

Bevor ich mit der Grundschule anfing, konnte ich schon multiplizieren und beherrschte die koreanische Schrift (Hangul), weil meine Brüder und Schwestern mir beides beigebracht hatten. Darum war die Schule für mich nicht besonders interessant. Aber nach der Schule spielte ich gerne mit meinen Freunden. Die Spiele, die ich mochte, waren auch etwas gewalttätig, wie Soldatsein, Catchen und Kicken. Ich war etwas kräftiger als meine Altersgenossen und wollte immer bei allen Spielen gewinnen. Auch war ich sehr starrsinnig und stolz. Ich musste immer so lange spielen, bis ich gewonnen hatte. Ich war gesund, denn auch als wir finanzielle Probleme hatten, gab mir meine Mutter zur Stärkung immer Medizin auf Kräuterbasis, obwohl die ziemlich teuer war. Damals war es auf dem Lande sehr ungewöhnlich, dass jemand so etwas einnahm. Die Liebe meiner Mutter für mich, ihren jüngsten, war sehr stark. Wenn ich mit meiner Mutter Hand in Hand raus ins Dorf ging, sagten die Dorfältesten solche Dinge wie: „Dieser Junge sieht sehr klug aus... Aus dem wird später einmal etwas... Ich sehe es in seinem Gesicht, dass er in Zukunft ein mächtiger Mann sein wird... Pass gut auf ihn auf!" Wenn meine Mutter derlei Bemerkungen hörte, freute sie sich sehr darüber; das konnte ich deutlich sehen. Als Kind sah ich, wie sie manchmal einen buddhistischen Tempel besuchte und Reis als Opfer mitnahm, um Segen für die Familie zu erbeten.

Meine Mutter betete ernsthaft

Abends duschte meine Mutter, zog sich ihr Hanbok, das heißt ihre traditionelle koreanische Tracht an, ging nach draußen, stellte eine Schüssel mit frischem Wasser auf einen Ständer und betete zu den Sternen. Als Jüngster versuchte ich immer wach zu bleiben, bis sie zurückkam. Wenn sie an manchen Abenden länger als normal draußen blieb, beobachtete ich sie durch ein winziges Loch in unserem Papierfenster, bis ich einschlief.

Einmal fragte ich: „Mutter, warum verbeugst du dich so tief und betest so viel?" Sie antwortete: „Nun dein Bruder kam gesund aus dem Koreakrieg zurück – weil ich zum Großen Bären gebetet hatte. Der Grund, dass ihr Kinder alle so gesund seid und groß und stark werdet, ist dass ich so viel bete". Als ich später jahrelang krank war und sie für meine Gesundheit zu den Sternen betete, funktionierten sie nicht mehr. Sobald sie erfuhr, dass ich von der Kraft Gottes plötzlich auf einmal vollkommen geheilt wurde, fing sie von alleine an, zur Kirche zu gehen. „Ich hatte lange Zeit zu den Sternen und zu Buddha gebetet, aber Buddha und der Große Bär konnten meinen Sohn nicht heilen.

Da mein Sohn jedoch in einer Kirche geheilt wurde, werde ich zur Kirche gehen". Nachdem sie das gesagt hatte, warf sie all ihre Götzen weg und wurde eine treue Gläubige, die Gott allein diente.

Das strenge Augenmerk meiner Eltern auf Bildung

Als Jüngster war ich meistens gehorsam, weshalb mich meine Eltern auf eine besondere Art und Weise lieb hatten. Sie waren in Bezug auf Bildung und Disziplin in allen Lebensbereichen sehr streng. Sie brachten meinen Geschwistern und mir nicht nur die Grundlagen über menschliche Beziehungen bei, sondern auch die gewöhnlichen Umgangsformen und Höflichkeit, wie man richtig geht, redet, sich anzieht, am Tisch isst, das Besteck hält, schläft und aufwacht. Sie lehrten uns auch, dass wir unsere Stimme beim Sprechen nicht erheben, dass wir andere ausreden lassen, dass wir Ältern, wenn sie mit uns reden, nicht direkt in die Augen schauen, dass wir unsere Nachbarn, wenn sie vorbeikommen, nicht unterbrechen und dass wir einen Bettler, der anklopft, nicht mit leeren Händen wegschicken, egal wie arm wir selbst auch sein mögen. Sie lehrten uns ebenso, gütig und geduldig zu handeln. Da meine Eltern mich wie beschrieben großzogen, ließ ich mich, noch bevor ich Gott kennen lernte, von meinem Gewissen leiten. Manche beschrieben mich als „Mann, der kein Gesetz bracht". Nachdem ich den Herrn angenommen hatte, waren wahrscheinlich die strengen Erziehungsmethoden meiner Eltern dafür verantwortlich, dass es mir leicht fiel „Amen" zu sagen und gemäß den Geboten im Wort Gottes zu handeln.

Als Gelehrter der chinesischen Klassiker beschäftigte sich mein Vater auch mit Gesichtsausdrücken. Das heißt, man schätzt jemandes Charakter anhand seiner Gesichtszüge sowie durch Handlesen ein. Er sagte oft wichtige Ereignisse, die in Korea oder im Dorf passieren würden, korrekt voraus. Mir sagte er immer: „Jaerock, du wirst einmal ein großartiger Mann sein. Alles sieht gut aus. Aber deine Lebenslinie ist recht kurz und in der Mitte durchtrennt. Das heißt, du wirst früh sterben. Allerdings gibt es da auch eine ziemlich dünne Verbindungslinie neben deiner Lebenslinie. Wenn du durchhältst und deinen 30. Geburtstag erlebst, wirst du für viele Menschen ein Segen sein".

Mein Vater war sehr glücklich, nachdem er meine Gesichtszüge und meine Hände gelesen hatte. Er sagte, ich könnte in jungen Jahren sterben, aber wenn ich es bis über 30 schaffte, würde ich in viele Teile der Welt reisen und den Respekt vieler Menschen gewinnen. Als ich 30 war, hatte ich viele Krankheiten. Oft stand ich an der Schwelle des Todes. Viele Male wusste ich nicht, ob ich den nächsten Tag noch erleben würde. In diesem Zustand konnte ich mir nicht mal im Traum vorstellen, eines Tages eine wichtige Persönlichkeit zu sein. Mein Vater bemitleidete mich, weil er dachte, ich würde früh sterben; darum setzte er alles daran, mich zu unterrichten und mir gute Dinge mitzugeben. Auch meine Mutter war sehr genau; sie war mir und der gesamten Familie gegenüber sehr treu.

Ein Unfall in der Grundschule

Von Kindesbeinen an war ich immer sehr gesund gewesen. Da ich das letzte Kind war, liebte mich meine Mutter sehr. Sie gab mir Honig mit allen möglichen natürlichen Kräuterzusätzen und Extrakten. Darum war ich gewöhnlich stärker als die anderen Kinder in meinem Alter. Obwohl ich noch jung war, gewann ich alle Medaillen im Ringen in Korea und man nannte mich den „Starken Mann". Viele Kinder folgten mir nach und dachten, ich wäre ihr Anführer.

Als vom Koreakrieg beeinflusste Kinder spielten meine Freunde und ich oft recht gefährliche Sachen. Wir spielten gerne Krieg, Schwertkämpfe, Kicken, Ringen und ein Spiel, das „Sahbi" hieß, bei dem man versuchte, den Gegner zu würgen, um ihn dazu zu bringen, sich einem unterzuordnen. Wenn Kinder miteinander Ringen spielten, streckten sie normalerweise die Hand hoch, um zu signalisieren, dass sie sich ergaben, wenn sie der andere im Würgegriff hatte. Einmal wurde ich ohnmächtig, weil ich mich weigerte, mich zu ergeben. Ich kämpfte immer so lange, bis ich gewann – egal bei welchem Wettkampf, weil ich so stolz und dickköpfig war. Als ich in der 4. Klasse war, spielte ich eines Tages mit einem Freund, der älter war. Dabei verletzte ich eine meiner Rippen. Wir konnten es uns damals nicht leisten, ins Krankenhaus zu gehen. Darum gaben mir meine Eltern Medizin auf Kräuterbasis und warteten einfach darauf, dass es heilte. Doch in den darauf folgenden Jahren tat es im Sommer wieder weh. Ich hatte einen stechenden Schmerz in der Seite, bekam nicht gut Luft und konnte nicht rennen. Da es keine besondere Behandlung gab, legte mein Vater zwei giftige Schlangen in „Soju"-Schnaps und gab mir jeden Morgen und jeden Abend davon zu trinken. So lernte ich schon als kleines Kind zu trinken.

Noch in der 4. Klasse gab es da einen Lehrer an meiner Schule, der der „verrückte Lehrer" genannt wurde. Ich spielte mit meinen Freunden „Sahbi" auf dem Schulhof und darum dachte dieser Lehrer, wir würden gegeneinander kämpfen. So rief er uns ins Lehrerzimmer. Er schimpfte uns aus und fing an uns zu schlagen. Dann befahl er uns, dass wir uns gegenseitig zwanzig Hiebe versetzten. Ich bekam nicht nur vom Lehrer, sondern auch von meinem Freund Hiebe. Das Resultat war, dass mein Gesicht anschwoll und eins meiner Trommelfelle platzte. Dann kam Ausfluss aus meinem Ohr; das Ganze entwickelte sich zu einem Hörschaden. Der Lehrer wurde später von der Schule entlassen, aber ich litt nach diesem Vorfall weiter.

Meine Pubertät

Ich war introvertiert und schüchtern. In 1959 schloss ich die Mittelschule in Kwangju City ab und ging nach Seoul aufs Gymnasium. Ich lebte bei meiner älteren Schwester in Shindang Dong, im Stadtviertel Seongdong Gu in Seoul. Im letzten Schuljahr verpasste ich an einem Stück 40 Tage Unterricht, weil ich krank war. Während ich damals im Bett lag, kam jemand, den ich noch nie gesehen hatte, zu uns ins Haus, um mich zu evangelisieren. Ich sollte Christus annehmen. Ich dachte mir: „Was für ein Narr dieser Mensch ist! Wo ist denn dieser Gott, von dem er erzählt? Ich werde ohnehin nicht an Jesus glauben; aber selbst wenn ich es täte, wie sollte ich je in der Lage sein, überall hinzugehen, um das Evangelium so weiterzugeben? Ich wäre viel zu schüchtern, so etwas zu machen".

Mit taten die Leute leid, die anderen Menschen überall von Jesus erzählten. Als Atheist und von Natur aus schüchterner und verschlossener Mensch dachte ich mir: „Das ist ein weiterer

In der Mittelschule

In der Oberschule

Grund, warum ich nicht an Gott glauben will – denn ich würde nicht überall evangelisieren wollen". Mein Vater als Gelehrter der chinesischen Klassik sagte zu mir: „Du bist von Natur aus so schüchtern, dass du dich nicht einmal trauen würdest, jemanden zu bitten, dir etwas Salz zu borgen". Obwohl die Leute auf dem Lande damals arm waren, gab es zumindest Salz. Was er mir sagen wollte war, dass ich eine Persönlichkeit hatte, die es mir nicht gestatten würde, mich auf andere zu stützen oder ihnen Umstände zu machen.

Als ich in der Grundschule war und die Mitteilung zur Zahlung des Schulgeldes bekam, brachte ich es nicht über mich, sie meinen Eltern zu zeigen. Ich verpasste den Termin immer, so schimpfte mich der Lehrer immer aus und sagte mir, ich solle meine Eltern mitbringen. Erst dann zeigte ich die Mitteilung meiner Mutter. Als sie sie gesehen hatte, gab mir meine Mutter das Geld sofort. Ich wusste, dass sie mir das Geld geben würde, aber es fiel mir sehr schwer, sie zu bitten, mir das Geld zu geben, so schüchtern und in mich gekehrt war ich damals. Diese Eigenschaft beeinflusste später auch meinen Dienst.

Selbstmordversuch nach Gedächtnisverlust

Auf dem Gymnasium konnte ich nicht viel lernen, da ich aufgrund meiner schlechten Gesundheit so viele Tage fehlte. Ich hatte es mir aber zum Ziel gesetzt, die Aufnahmeprüfung zu machen, um an der Fakultät für Ingenieurwesen an der Nationaluniversität von Seoul studieren zu können. So nahm ich jeden Tag stimulierende Tabletten um wach zu bleiben und weiter zu lernen. Doch im Laufe der Zeit gewöhnte sich mein Körper an die Tabletten, weshalb ich die Dosis erhöhte.

Später hatte ich Entzugserscheinungen und musste sie deshalb permanent nehmen. Ohne sie wurde ich ganz lethargisch und konnte mich überhaupt nicht konzentrieren. Ich schlief zu jener Zeit immer nur vier Stunden und studierte jeden Tag in der Nationalbibliothek. Sie befand sich damals da, wo heute das Lotte-Kaufhaus ist. Nachdem ich ein Jahr lang so gelernt hatte, war ich zuversichtlich, dass ich die Prüfung für die Ingenieurfakultät bestehen würde.

Im November 1962 stellte ich allerdings kurz vor der Prüfung fest, dass ich mein Gedächtnis verloren hatte. Als ich eines Tages in der Pause die Zeitung las, konnte ich mich plötzlich nicht mehr an den Namen des damaligen koreanischen Präsidenten Dr. Synman Rhee erinnern. Außerdem erinnerte ich mich weder an Englisch noch an Matheformeln. Ich hatte so fleißig gelernt, um sie mir einzuprägen und plötzlich wusste ich gar nichts mehr. Das war auch keine kurzweilige Angelegenheit. Ich versuchte, mich an all das, was ich so auswendig gelernt hatte, zu erinnern, aber mir fielen nicht einmal die Grundlagen wieder ein. Eine Zeit lang dachte ich, ich würde in eine bodenlose Grube fallen. Ich hatte keinerlei Hoffnung für die Zukunft und stand am Rande einer tiefen Depression. Mit meiner derart in sich gekehrten und schüchternen Persönlichkeit hatte ich ein Jahr nur für die Aufnahmeprüfung gelernt – und jetzt hatte ich Gedächtnisschwund.

Wie hätte ich da meinen Eltern gegenüber treten sollen, die mich so unterstützt und für mich so viel Mühe auf sich genommen hatten? Ich schämte mich so sehr, dass ich nicht mehr weiterleben wollte. Ich beschloss, Selbstmord zu begehen und fing an, in verschiedenen Apotheken amerikanische Schlaftabletten zu holen. Die Leute sagten, das wären die stärksten und wirksamsten. Damals mietete ich ein Zimmer zum Lernen. Es befand sich neben dem Haus meiner Schwester; zum Essen ging ich zu ihr hinüber.

Ich sagte zu ihr: „Schwester, ich gehe heute Abend zu einem Freund zum Lernen. Darum werde ich zum Abendessen nicht hier sein. Warte also nicht auf mich".

Meine Schwester wusste nichts von meinen Plänen und nickte nur. Nachdem ich meine Sachen gepackt und einen letzten Brief an meine Eltern, Schwestern und Brüder geschrieben hatte, verriegelte ich die Tür von innen. Ich breitete eine Decke im Zimmer aus, nahm viele Tabletten und legte mich hin. Für eine gewisse Zeit war ich vollkommen wach, dann verlor ich aber plötzlich das Bewusstsein. Es gibt den Spruch: „Der Tod in diesem Leben ist nur der Anfang des nächsten".

Damals hatten mein Bruder und mein Schwager einen Stoffladen auf dem Dongdaemoon-Markt. Normalerweise schlossen sie den Laden um 22 Uhr, erledigen noch Verschiedenes und kamen so gegen Mitternacht heim. Doch merkwürdigerweise beschlossen sie an jenem Abend, früher als gewöhnlich heimzukommen.

Mein Bruder sagte zu meinem älteren Schwager: „Bruder, ich denke, wir sollten den Laden heute schon schließen und früher heimgehen".

„Wirklich? Ich wollte auch schon früher gehen", antwortete er.

So schloss mein Bruder an dem Abend den Laden früher. Normalerweise kam er nie bei mir vorbei, wenn er zu meiner

Schwester kam, weil er mich nicht beim Lernen stören wollte. Doch an jenem Abend, wollte er mich aus irgendeinem Grunde sprechen.

„Wo ist Jaerock?", fragte er. „Er hat gesagt, er wollte zu einem Freund gehen, um dort mit ihm zu lernen", sagte meine Schwester. Dennoch ging mein Bruder zu meinem Zimmer. Er sah, dass die Tür verschlossen war und hatte den Eindruck, es sei etwas Schlimmes passiert. Er brach die Tür auf und stellte fest, dass ich schon so kalt wie eine Leiche war. Mein Bruder sagte zu meinem Schwager: „Er kann überleben, wenn wir ihn zum Magenauspumpen ins Krankenhaus bringen". So brachten sie mich schnell dorthin. Aber der Arzt sagte, es gäbe wenig Hoffnung, weil ich so viele Tabletten geschluckt hatte. Dennoch erlangte ich einige Tage später das Bewusstsein wieder. Leider hatte ich beim Selbstmordversuch auch noch das mir verbliebene Erinnerungsvermögen verloren. Selbst ein Jahr später hatte ich mein Gedächtnis immer noch nicht vollkommen zurück. Aber nachdem ich noch einmal fleißig gelernt hatte, schaffte ich im März 1964 die Aufnahmeprüfung. So fing ich an der Fakultät für Ingenieurwesen an der Hanyang-Universität an zu studieren.

Meine Ehe und mein Schicksal

Während meines Studiums wurde ich eingezogen und trat meinen Armeedienst am 29. Oktober 1964 an. Am Ende meines Dienstes stellte mir eine Verwandte eine Brieffreundin vor. Diese sollte später meine Ehefrau werden.

Ich verlor mein ganzes Erbe

Im Mai 1967 beende ich meinen Wehrzeit und wurde dann aus der Armee entlassen. Doch etwas Unerwartetes kam auf mich zu. Vor der Armeezeit bekam ich von meinen Eltern die Studiengebühr für das zweite Semester. Ich lieh dieses Geld einem Verwandten, der mir versprach, er würde es zum Ende meines Armeedienstes mit Zinsen zurückzahlen. Doch die Familie des Verwandten hatte Probleme und so bekam ich nicht einmal das geliehene Geld zurück. Mein Bruder und Schwager fanden dies heraus und gaben mir die Studiengebühr. Nach der Armeezeit traf ich meine Brieffreundin, die jetzt meine Frau ist, und verliebte mich total in sie. Wir beschlossen zu heiraten.

Sie war eine Frau mit großen Augen, so klar wie ein See. Sie fand heraus, dass ich das Geld für die Studiengebühr bekommen hatte und bat mich, es ihr für eine Weile zu leihen. Sie lieh es sich, konnte es aber nicht wie versprochen zurückzahlen. Darum konnte ich mich nicht fürs zweite Semester einschreiben und musste mehrere Monate lang abwarten. So beschloss ich, in meine Heimatstadt zurückzugehen. Ich sagte zu einen Eltern: „Mutter, Vater, ich werde bald heiraten. Gebt mir bitte mein Erbe im Voraus. Dann werde ich einiges davon für die Hochzeit benutzten und weil meine Frau Friseurin ist, werden wir einen Salon aufmachen, um uns so den Lebensunterhalt zu verdienen. Den Rest des Geldes werde ich auf der Bank einzahlen und sparen. Studieren werde ich mit einem Stipendium. Und wenn ich den Abschluss in der Tasche habe, werde ich in die Vereinigten Staaten gehen und mit einem Doktortitel zurückkehren". Ich sprach über meine Zukunft, als hätte ich einen festen Plan und überzeugte meine Eltern auf diese Weise. Sie konnten gar nicht anders, als ihrem Sohn zuzuhören. Mein Erbe gaben sie mir etwas zögerlich. Ich kehrte nach Seoul zurück und träumte mit meinem riesigen Erbe von einer rosigen Zukunft. Doch dann lief es schief. Meine Verlobte und ich wollten uns am Bahnhof in Seoul treffen. Doch sie kam nicht. Eine Woche lang bekam ich keinen Kontakt zu ihr.

Meine Schwester rief an und sagte: „Bruder, ich habe gehört, du hast dein Erbe bekommen! Na, wie viel Zinsen bekommst du dafür von der Bank? Einer meiner Freundinnen handelt mit Aktien. Wenn du bei ihr investierst, kriegst du viel Geld zurück.

Ich gebe dir auch Sicherheiten, damit du dir keine Gedanken machen brauchst". So naiv wie ich war, hörte ich auf meine Schwester. Da ich von meiner Verlobten keine Nachrichten hatte, mietete ich ein Haus und gab den Rest des Geldes meiner Schwester.

Einige Tage später tauchte meine Verlobte auf. Ihre Familie gab uns nicht die Zustimmung zum Heiraten – sie hatte die ganze Zeit versucht, sie zu überzeugen. Am Ende unternahm auch sie einen Selbstmordversuch mit Schlaftabletten. Man hatte sie ins Krankenhaus gebracht, wo sie es gerade so geschafft hatte zu überleben. Sie war eben erst aus dem Krankenhaus entlassen worden.

Dann gab mir meine Schwester die Zinsen für zwei Monate von dem investierten Geld – dann hörte ich nichts mehr von ihr. Ich rief sie an und sagte: „Schwester, ich muss die Studiengebühr fürs neue Semester bezahlen. Gib mir bitte mein Geld zurück". Sie erwiderte nichts. Nach Neujahr ging ich zu meiner Schwester und bat um das Geld, um mein Studium fortsetzen zu können. Ich sah, dass sie beunruhigt war. Sie sagte: „Bruder, dich dachte, dass meine Freundin, der ich das Geld geliehen habe, eine Handelsfirma hat; doch nun hat sich herausgestellt, dass sie eine Schmugglerin war. Sie ist erwischt worden und sitzt jetzt im Gefängnis. Ich kann das Geld nicht zurückbekommen". Ich war niedergeschlagen und dachte: „Das ist ja furchtbar. Und ich bin noch nicht einmal mit dem Studium fertig! Was für eine Katastrophe!" Warum? Meine Schwester konnte mir das Geld nicht zurückgeben, ich hatte mein ganzes Erbe verloren und zwar einfach so. Im Handumdrehen. So beschloss ich, mir einen Job zu suchen, Geld zu verdienen und auf die Abendschule zu

Zur Zeit, als er als Journalist arbeitete

gehen. Ich bekam eine Stelle als Journalist für eine Zeitung und im Januar 1968 heirateten meine Verlobte und ich.

Was das Trinken anging, fühlte ich mich sicher

Nach unserer Hochzeit hatten wir an einem Sonntag im März 1968 eine Einweihungsfeier zu Hause. In Vorbereitung auf die Party kauften wir 40 Flaschen Whisky in Dongdaemoon und meine Freunde brachten auch noch andere alkoholische Getränke mit. Vormittags traf ich mich mit meinen Kollegen, nachmittags mit Freunden in Seoul und am Abend mit meine Freunden aus meiner Heimatstadt. Ich genoss die Party bis spät in die Nacht. Ich war sicher, ich hätte eine große Toleranzschwelle für Alkohol. Darum lehnte ich auch kein Glas, das mir meine Freunde anboten, ab – auch nicht am frühen Vormittag. Ich muss mindestens sieben Flaschen Whisky allein getrunken haben. Da ich so viel Hochprozentiges trank, hatte ich echte Probleme mit meinem Magen. Nachdem ich meine Freunde spät nachts verabschiedet hatte, legte ich mich ins Bett und war erleichtert, weil ich mich als Gastgeber gut gemacht hatte.

Plötzlich fing die Decke in meinem Zimmer an sich zu drehen. Die Glühbirnen drehten sich, alles fing an zu kreisen. Dann musste ich mich übergeben. Ich übergab mich so sehr, dass ich das Gefühl hatte, meine inneren Organe kämen hoch. Meine Frau holte mir Medikamente aus der Apotheke; doch die bekam ich nicht hinunter, sie kamen immer wieder hoch. Ich konnte nicht einmal Wasser trinken. Ich hatte solche Schmerzen. Ab dem Tag konnte ich mein Essen nicht mehr behalten. Die Magenprobleme waren so schlimm, dass ich nichts mehr richtig verdaute. Ich versuchte alles, auch pflanzliche Medikamente. Aber nichts half. Meine Frau und ich dachten, es würde mit der Zeit wieder normal werden. Doch stattdessen wurde es immer schlimmer und mein Körper geriet außer Kontrolle.

Der Versuch, wieder gesund zu werden

Meinen Job musste ich kündigen. Ich nahm alle möglichen Medikamente und ging in zahlreiche Krankenhäuser, um eine richtige Diagnose zu bekommen. Neben einem Magengeschwür konnte nichts Spezielles festgestellt werden. Dennoch verlor ich Gewicht und es gab viele Komplikationen. Nach drei, vier Jahren gab es kaum einen Teil meines Körpers, der noch gesund war. Ich war wie ein wandelndes „Kaufhaus der Krankheiten". Ich probierte jede Arznei aus, von der es hieß, sie sei gut. Wegen meines Fußpilzes litt ich im Sommer unter Juckreiz, im Winter litt ich an Erfrierungen. Ich hatte am ganzen Körper Ekzem, morgens war der Eiter von den Entzündungen ganz fest. Wegen einer Dauererkältung war mein Kopf immer schwer. Meine Nase war ständig zu und mein Gedächtnis wurde immer schlechter.

Auch mit den Lymphen hatte ich Probleme. Am Anfang war es nur wie ein kleiner Ball am Hals, doch der wurde immer größer und hatte dann die Größe einer Traube. Wegen der Entzündung des Lymphsystems konnte ich meinen Hals nicht richtig drehen. Ein Arzt, der traditionelle chinesische Medizin praktizierte, sagte, er könnte mir für diese Entzündung keine Extramedikamente geben, weil ich schon so viele andere einnahm. Nicht nur, dass ich eine Entzündung des Lymphsystems hatte, aber ich erlitt auch einen Nervenzusammenbruch, hatte Schlafstörungen, Ekzem, Anämie, Mittelohrentzündung und meine inneren Organe, einschließlich des Magens, des Dünndarms und des Dickdarms funktionierten nicht richtig.

Ich versuchte sogar, meinen Namen zu ändern

Meine Frau besorgte alle möglichen Medikamente und versuchte auch Alternativemedizin, um meine Krankheiten zu heilen. Als ihre Bemühungen nach Jahren nichts fruchteten, wurde sie abergläubisch. Einige Leute sagten ihr: „Er kann geheilt werden. Du solltest einen Exorzisten holen und Exorzismus probieren". Andere sagten ihr: „Es wird funktionieren, wenn du einen buddhistischen Mönch einlädst, damit er den Dämon austreibt". Meine Frau ging zu bekannten Mönchen und probierte auch Exorzismus aus, so wie der Mönch sie angeleitet hatte. Am Ende änderten wir sogar unseren Namen.

Einige Leute hatten uns erzählt, wenn wir unseren Namen änderten, könnte sich unser Schicksal auch ändern. Wir dachten, dass das Sinn machte. Damals waren neben dem zentralen

Regierungskomplex verschiedene Büros, wo man seinen Namen ändern lassen konnte. Eines Tages gingen wir früh am Morgen zu Bongsoo Kim-Namenbüro. Wir mussten bis mittags warten, bevor wir an die Reihe kamen. „Ihre Namen sind schlecht. Warum ändern Sie Ihren Namen nicht?" Ab dem Zeitpunkt benutzten wir die Namen, die er uns gegeben hatte. Doch das nützte auch nichts.

Die seelischen Qualen eines kranken Vaters

Da ich ein sehr introvertierter Mensch war, versuchte ich, meine sich verschlechternde körperliche Verfassung zu verstecken, selbst vor meiner Frau. So ging ich überall hin, um eine Arbeit zu finden. Doch wegen der Probleme mit meinen Ohren, konnte ich nicht hören und auch keine Stelle kriegen. Mein Gehör wurde so schlecht, dass ich nicht mal mehr telefonieren konnte, was das Arbeiten sehr schwierig gestaltete.

Darum musste ich mich nach einem unabhängigeren Job umschauen. So kam ich dazu, kleine Tische zu verkaufen. Ich ging auf die Straße hinaus, um sie zu verkaufen. Doch weil ich so schüchtern war, konnte ich nicht laut rufen „Tische, Tische zu verkaufen!" Nachdem ich ohne Erfolg einige Tage so gearbeitet hatte, bekam ich langsam etwas Selbstvertrauen und verkaufte auch welche.

Im Jahr 1972 war ich eines Tages auf dem Weg zum Tischeverkaufen, als ich merkte, wie eine Lähmung in meinen Füßen anfing, so dass das Gehen extrem schmerzhaft war. So stellte ich meine Tische in der Nähe unter und fuhr mit dem Bus heim. Ab dem Zeitpunkt war ich ans Bett gebunden. Es stellte sich heraus, dass ich in den Gelenken Rheuma hatte. Beim Gehen hatte ich starke Schmerzen und konnte mich bald nur noch mit einem Gehstock bewegen. Was mich mächtig traurig machte, war die Tatsache, dass ich nichts hören konnte. Das Trommelfell in einem Ohr war schon, wie bereits erwähnt, bei dem Vorfall in der Grundschule geplatzt. Doch weil ich damals schon fünf, sechs Jahre lang starke Arzneimittel genommen hatte, verschlechterte sich mein Gehör auch im anderen Ohr. Egal wie ich mich anstrengte, bei anderen Leuten die Lippen zu lesen, konnte ich nicht hören, was sie sagten, wenn das Umfeld laut war. Ich konnte nicht einmal meine Angehörigen sagen, dass ich langsam taub wurde, denn ich befürchtete, sie würden mit als „behindert" bezeichnen. Wenn Leute mit mir sprachen, gab ich die falsche Antwort, weil ich sie nicht hören konnte, oder aber ich konnte ihnen gar nicht antworten. Dann lief ich rot an, weil ich mich schämte und minderwertig fühlte.

Meiner Frau fiel es schwer, sich um mich zukümmern und die Zinsen für unsere Schulden zurückzuzahlen. Weil wir nur die billigsten Wohnungen mieteten, zogen wir ständig um. Wir zogen von Ah-hyeong Dong nach Kimpo, dann nach Sangdo Dong, dann nach Chongno, anschließend nach Ddooksum und so weiter. Wenn wir wirklich verzweifelt waren, kamen wir bei den Eltern meiner Frau oder bei ihrer Schwester unter. Nach all dem Umziehen ließen wir uns schließlich in einem Dorf in den Bergen von Keumho Dong nieder. Unser Haus war aus Mauersteinen gebaut und schaute aus wie ein Klotz. Wenn wir aus dem Haus kamen, sahen wir den Han-Fluss in der Ferne.

Meine Schwiegermutter, die inzwischen gestorben ist, weinte damals viel um mich. Sie brachte mich ins Krankenhaus und zu Kräuterärzten, die mich mit Akupunktur und Kräutermedizin behandelten. Doch weil ich nicht laufen konnte, mussten mich meine Freunde auf dem Rücken die Berge hinunter tragen, damit ich von dort aus mit meiner Schwiegermutter ein Taxi nehmen konnte, um mit ihr ins Krankenhaus zu fahren. Auf dem Rückweg vom Krankenhaus kaufte sie mir dann Reisschnaps – wahrscheinlich weil ich ihr leid tat. „Sohn, ich weiß, du hast Schmerzen, aber trink etwas und freue dich..."

Meine Ehefrau war in einem Zustand der Verzweiflung

Meine Frau versuchte hier und da Geld für meine Medikamente zu leihen. Inzwischen hatten wir einen regelrechten Schuldenberg angehäuft. Wenn wir dringend etwas brauchten, ging sie zu ihren Eltern, ihrer Schwester oder ihrem Bruder, um sich von ihnen Geld zu leihen. Dann bezahlte sie die aufgelaufenen Zinsen für unsere Schulden und was noch übrig war, gab sie für meine Medikamente aus. Sehr bald war ich in den Augen ihrer Familie ein schlechter Mensch. Von ihrem Standpunkt aus machte ich ihrer jüngsten und über alles geliebten Tochter das Leben schwer, weil ich nicht wie ein guter Ehemann für die Familie sorgte. Da ich gleich nach der Hochzeit erkrankt war, konnten wir nicht einmal die ersten Jahre unserer Ehe als Frischvermählte genießen. Meine Frau wurde in die Rolle des Geldverdieners befördert. Sie musste für zwei Töchter sorgen und die Familie durchbringen. Sie war erschöpft und ihre früher freundliche, sanfte Natur verhärtete sich durch die

Verantwortung, die ihr das Leben aufgezwungen hatte.

Zu dem Zeitpunkt hatte sie sich bereits fünf oder sechs Jahre um mich gekümmert, in der Hoffnung, ich würde wieder gesund werden; doch stattdessen musste sie zusehen, wie sich mein Zustand immer mehr verschlechterte. Da sie etwas reizbar war, packte sie, jedes Mal wenn sie frustriert war, ihre Koffer und kehrte zu ihren Eltern zurück...

„Ich brauche keine Liebe. Geld ist das, was wir jetzt brauchen. Geh und verdiene etwas Geld!" Sie musste die Schulden, die wir bei Privatleuten hatten und deren täglicher Zinssatz sehr hoch war, zurückzahlen. Jedes Mal, wenn sie wegen einer Zahlung unter Druck stand, konnte sie es nicht ertragen und zog aus, da sie, nach eigenen Worten, die Ehe nicht mehr ertragen konnte. Doch sie kam nach einigen Tagen immer wieder zurück.

Irgendwann eröffnete sie mit Hilfe ihrer älteren Schwester auf dem Markt in Keumho Dong eine Snackbar. Sie war eine gute Köchin und hatte deshalb viele Kunden. Sie verließ das Haus sehr früh am Morgen, um auf dem Markt zu arbeiten, und war erst spät nachts wieder da. Wenn sie so gegen Mitternacht heim kam, war sie müde und erschöpft. Sie arbeitete so hart, um unsere Schulden zurückzahlen zu können. Doch wenn sie nach Hause kam und mich krank daliegen sah, verlor sie alle Hoffnung und regte sich über die kleinsten Dinge auf. Unsere beiden Töchter wurden ohnehin schon von der Gesellschaft abgelehnt. Seit meine Frau ihr Geschäft eröffnet hatte, mühte ich mich ab, mich um unsere erste Tochter Miyoung zu kümmern, während Mikyung, unsere zweite, bei meiner Mutter im Hause meines Bruders aufwuchs.

„Wieso sieht sie ihrem Vater so ähnlich?"

Lag es daran, dass sie ihrem kranken Vater so ähnelte? Mikyung hatte aufgrund unserer Situation nicht einmal die Chance, viel von unserer Liebe zu empfangen. Wenn ich ab und an zu meinem Bruder ging und sah, wie sie mit einem Stück Lumpen im Mund spielte, brach es mir das Herz. Wegen meinem Zustand konnte ich sie nicht mit nach Hause nehmen. Das quälte mich. Damals litt ich unter einer Neurose, so dass ich auf die kleinsten Dinge sensibel reagierte. Wenn meine Frau etwas sagte, was meinen Stolz verletzte, kam es zu einem Streit. Dann sagte meine Frau, sie wolle die Scheidung und packte ihre Sachen, um wieder zu ihren Eltern zurückzugehen.

„Wie kannst du nur so weitermachen? Ich denke, ihr solltet euch scheiden lassen. Das wäre für beide Seiten das Beste".

Die Angehörigen meiner Frau kamen und zeigten mir ihre Missbilligung; sie kritisierten mich lautstark, so dass es alle Nachbarn hören konnten. Dann lief mein Gesicht vor Zorn und Verlegenheit rot an. Meine Frau, die unser Zuhause verlassen hatte, kam zurück und sagte: „Ich bin nicht wegen dir hier. Ich bin wegen unserer Tochter hier. Falls du irgendwann einmal wieder gesund werden solltest, werde ich mich von dir scheiden lassen. Ich würde es am liebsten gleich machen. Doch wenn ich das täte, würden die Leute mit dem Finger auf mich zeigen und behaupten, ich hätte meinen kranken Mann sitzen gelassen. Nur darum mache ich es jetzt noch nicht!"

Fleischliche Liebe ändert sich

Als ich mich 1972 anschaute, sah ich, dass mein Körper

voller unheilbarer Krankheiten war. Da ich so viele starke Medikamente genommen hatte, halfen weder Spritzen noch andere Arzneimittel. Meine Eltern, Brüder, Schwestern und andere Verwandte zeigten inzwischen mit dem Finger auf mich und distanzierten sich von mir. Meine Frau mied mich. Selbst meine Mutter gab mich auf. Sie war damals 70 und kam zu Besuch. Als sie ihren bettlägerigen Sohn sah, fing sie an bitterlich zu weinen. Sie dachte, mein Fall wäre hoffnungslos.

„Oh, wenn du schnell stirbst, wäre das das Beste für dich. So kannst du mich ehren".

Wie schrecklich muss meine Situation damals gewesen sein? Sogar meine Mutter, die mich mehr liebte als irgendjemand anders, hätte es am liebsten gesehen, wenn ich gestorben wäre. Das hätte sie geehrt. Ich dachte, meine Mutter würde mich nie verlassen, auch wenn sich die ganze Welt gegen mich wenden sollte. Damals wurde mir klar, wie vergänglich menschliche Liebe ist. Wenn die Umstände nicht stimmen, ändert sich diese Art der Liebe.

Wenn schon meine eigene Mutter mein Leiden nicht verstand, wie sollte mich da mein Bruder verstehen können? Eines Tages kam er vorbei. Er war betrunken und sagte er, er wolle mich trösten. Doch seine Worte verschlimmerten mein Leiden nur noch mehr, anstatt dass sie Trost brachten.

Misslungener zweiter Selbstmordversuch

Ich fühlte mich wie ein kleiner Vogel, der verzweifelt mit den Flügeln schlug, um zu überleben. Doch es war vergeblich.

Als meine Frau das erste Mal ihre Koffer packte und zu ihren Eltern zurückkehrte, ging ich dorthin, um sie zurückzuholen. Doch als sie es wieder tat, wagte ich es nicht, sie zurückzuholen. Die Verachtung und Geringschätzung von ihrer Familie wäre zu viel für mich gewesen. Jedes Mal, wenn ich an die Zukunft meiner Töchter dachte, sprudelte in mir ein starker Wille zum Überleben auf. Doch wenn ich vor der enormen Mauer der Realität stand, fühlte ich mich machtlos. Da ich dachte, es gäbe keine Möglichkeit aus dem Todesschatten freizukommen, häufte ich wieder Schlaftabletten an, um mein elendes Leben so schnell wie möglich zu beenden. Es war schon schlimm genug, dass ich wegen meiner Krankheiten so sehr litt. Doch noch schlimmer war, dass meine Frau nicht nett zu mir war, sondern mich verletzte. So hatte ich gar keinen Wunsch oder Willen mehr zu leben. Ich dachte mir, anstatt dass ich meine Frau aus ihrem Elternhaus wieder zurückhole, wäre es wahrscheinlich besser, wenn ich sterben würde. Darum nahm ich die 20 Schlaftabletten, die ich gesammelt hatte, auf einmal.

An dem Tag, an dem ich die Tabletten nahm, war meine Frau bei ihren Eltern. Sie konnte nicht schlafen und war sehr nervös. Sie sagte, sie könnte den Gedanken nicht loswerden, dass bei uns zu Hause irgendetwas nicht stimmte. Da sie immer unruhiger wurde, nahm sie sich ein Taxi und kam schnell zu uns nach Hause. Als sie mich fand, lag ich im Sterben. Sie brachte mich rasch ins Krankenhaus. Dort wurde ich wiederbelebt. „Ich kann nicht einmal mein Leben so beenden, wie ich will. Ich sollte besser nicht noch einmal versuchen, Selbstmord zu begehen". Nachdem ich im Krankenhaus wieder zu Bewusstsein gekommen war, dachte ich über meine zwei fehlgeschlagenen Selbstmordversuche nach und hatte das Gefühl, eine höhere Macht hatte wieder in meinem Leben eingegriffen. Darum beschloss ich, keinen Selbstmordversuch wieder zu begehen.

Katzen sollen bei Rheuma gut sein

Manchmal, wenn es mir besser ging, lief ich ein Stück am Stock. Doch wenn mein Zustand sich verschlechterte, war ich ans Bett gefesselt und konnte keinen Muskel bewegen. Sogar meinen Stuhlgang musste jemand wegbringen. Meine Frau hörte, Katzen wären gut bei Gelenkrheuma. Darum kaufte sie Katzen – nicht nur auf allen Märkten bei uns in der Gegend um Sungdong Ku, sondern auch von Märkten wie Dongdaemoon und Joongbu. Sie kochte sie mir zum Essen. Aber wenn sie manchmal nicht richtig gekocht waren, stank es so sehr, dass ich lieber sterben wollte, als davon zu essen.

Meine Mutter und meine Frau kauften alles, von dem die Leute sagten, es sei gut für mich. Sie kochten Tausendfüssler, Herzgespannkraut und die Borke vom Lackbaum für mich. Sie setzten mir auch die Gallenblasen von Hunden und Bären vor. Ich probierte sogar aus Schlangen gemachten Schnaps. Mein Kampf gegen all diese Krankheiten ging weiter. Dann hieß es, deutsche Tabletten gegen Aussatz wären eine Art „Gift" zur Behandlung von Aussatz. Da ich eine Hautkrankheit hatte, die meinen ganzen Körper bedeckte, nahm ich diese Arznei, in der Hoffnung, geheilt zu werden. Aber das Ergebnis war miserabel.

Ich trank 15 Tage lang Exkremente

Ich versuchte alle Medikamente, medikamentösen

Behandlungen, Hausmittel, pflanzliche Arznei und sogar Aberglauben und Exorzismus. Aber es schien, als ginge es mit meiner Gesundheit immer weiter bergab.

„Jaerock, ein sehr berühmter Arzt ist in der Stadt. Willst du dir von ihm eine Diagnose erstellen lassen?"

„Ja, warum nicht? Zu verlieren habe ich nichts". So beherzigte ich den Rat meiner Freunde in Keumho Dong und ging zu diesem Arzt. Er nahm meinen Puls und untersuchte mich. „Es ist ein Wunder, dass Sie noch leben. Ihr Puls scheint zu schlagen, aber das tut er gar nicht. Es ist ein wirklich Wunder, dass Sie noch leben. Es gibt eine Möglichkeit, Ihre Krankheiten zu heilen. Sie haben als Kind viele harte Sportarten gespielt, oder? Sind sie bei diesen Aktivitäten oft geschlagen worden? Sie haben am ganzen Leib Flecken mit toten und verstopften Blutzellen – wirklich überall am ganzen Leibe. Das ist der Grund für Ihren Gesundheitszustand".

„Oh wirklich? Was verschreiben Sie mir dagegen?"

„Auf einem Bahnhof auf dem Lande sind öffentliche Toilette. Die flüssigen Exkremente unten in diesen Toiletten verrotten schon seit zehn Jahren. Schöpfen Sie was ab und trinken Sie es 15 Tage lang. Dann werden all die Flecken mit den Blutergüssen in Ihrem Körper verschwinden und Sie werden wieder gesund sein".

Der Arzt gab detaillierte Anweisungen, wie man an die flüssigen Exkremente kommen würde. Ich brauchte nur Tannennadeln an den Rand eines Topfes anbinden um einen

Filter zu bauen, einen Stein an den Top zu binden und ihn auf den Grund der Toilette herunter zu lassen. Dann würde die klare Exkrementenflüssigkeit in den Topf laufen. Wenn ich nach dem Trinken dieser Flüssigkeit tatsächlich geheilt sein würde, so versprach ich dem Doktor, würde ich ihm eine stattliche Summe bezahlen. Meine Frau und ich waren glücklich, weil wir dachten, das wäre die ultimative Lösung. So fuhren wir zu der Bahnstation auf dem Lande und tanzten vor Freude. Meine Mutter hörte mich erklären, wie man diese Heilmittel gewann. So verbrachte sie die ganze Nacht damit, die Flüssigkeit in einer schönen Schüssel zu sammeln. Sie brachte sie sehr vorsichtig zu mir.

So trank ich 15 Tage die flüssigen Exkremente, ohne einen Tag auszusetzen. Der schreckliche Geruch machte es sehr schwierig, ihn auch nur einmal runterzuschlucken. Doch getrieben von einem starken Verlangen von meinen Krankheiten geheilt zu werden, trank ich sie mit einem Strohhalm, putzte mir danach die Zähne und nahm ein Bonbon, das mir meine Mutter gab. Doch der Geruch ging nicht weg. Am Ende der 15 Tage fand ich heraus, dass auch dies nichts geholfen hatte.

„Mutter, wenn ich sterben muss, will ich zu meinem Zuhause in Seoul zurückkehren und dort sterben".

Kapitel 2

Gott lebt wirklich!

Wenn das letzte Blütenblatt abfällt, vergeht auch mein Leben

Wie mich meine Schwester evangelisierte

Als unsere letzte Hoffnung, das Trinken der flüssigen Exkremente, nichts brachte, kehrten meine Frau und ich total verzweifelt nach Seoul zurück. Jetzt hatte ich nur noch den Wunsch, schnell zu sterben. So lag ich im Bett und sah zu, wie die Zeit verging. Meine tägliche Routine bestand darin, in unserem Haus aus Schlackenbeton Romane zu lesen und koreanischen Reisschnaps zu trinken. In diesem kleinen Haus gab es einen Container für den Reisschnaps und überall lagen Medizinschalen und geborgte Bücher herum.

In meiner Familie war meine Schwester die einzige Gläubige. Sie hatte ihr Sehvermögen in einem Auge verloren, weil sie als Kind einmal an sehr hohem Fieber gelitten hatte. Sie heiratete einen jungen Mann aus einem Nachbardorf und zog drei Söhne und zwei Töchter groß. Ihr Leben war von Treue geprägt. Eines Tages erzählte ihr jemand das Evangelium und sie fing an, in eine Gemeinde zu gehen. Meine Mutter und Brüder dachten, sie sei eine fanatische Gläubige und mochten es nicht, dass sie zur Kirche ging. „Du schuftest so hart in der Landwirtschaft und dann gibst du alles der Kirche. Am Sonntag arbeitest du nicht einmal, um zur Gemeinde gehen zu können. So wirst du der Armut nie entfliehen können. Wie willst du so jemals reich werden?" Doch selbst als unsere Mutter sie harsch anfuhr, lächelte sie immer nur und sagte: „Mutter, es ist solch eine Freude, an Jesus zu glauben. Warum kommst du nicht auch mit zur Kirche?"

Sie erledigte sonntags ganz früh ihre Hausarbeit und ging dann zur Kirche. Sie putzte die Kanzel und diente in der Gemeinde. Wenn sie Erstlingsfrüchte oder etwas anderes Kostbares hatte, brachte sie zum Haus des Pastors, ohne Bescheid zu sagen, und rannte dann heim. Sie liebte es, dem Knecht Gottes so zu dienen.

Sie ging eifrig zu Erweckungsveranstaltungen und streckte sich ernstlich nach der Gnade Gottes aus. Sie gab sogar ihren goldenen Ring – etwas, was damals als sehr kostbar galt – in einem Opfer. „Gott hat mir Glauben gegeben, der so kostbar ist wie Gold. Gib mir Glauben wie Gold, der sich nie verändert – auch nicht im Laufe der Zeit".

Schon von Kindesbeinen an war sie meine Lieblingsschwester. Als ich in Seoul studierte, lebte ich praktisch bei ihr, wenn ich Ferien hatte. Wann immer sie konnte, erzählte sie mir das Evangelium. Sogar nachdem ich krank wurde, hatte sie großes Mitleid mit mir. Sie drängte mich immerzu, mit in die Kirche zu gehen: „Bruder, wenn du in die Gemeinde gehst, wird Gott dich heilen. Dann wirst du wieder ganz gesund".

„Schwester, mach dich nicht lächerlich. Wir leben in einer Zeit, in der Menschen mit Raumschiffen auf den Mond fliegen. Wo um alles in der Welt ist Gott denn? Wenn Er lebt, dann zeige Ihn mir".

Meine Schwester drängte mich oft, an Gott zu glauben. Doch weil ich starrsinnig war, beharrte ich darauf, dass sie Ihn mir zeigen müsste, wenn Er wirklich existierte.

Wenn das letzte Blütenblatt abfällt, vergeht auch mein Leben

Ich fühlte mich wie die Heldin in einem berühmten Roman, die in ständiger Verzweiflung, ohne Hoffnung auf morgen lebte. Sie glaubte, dass eines Tages, wenn das letzte Blatt einer bestimmten Kletterpflanze wegen der heftigen Windböen herunterfiele, würde auch ihr Leben zur Neige gehen. Auch ich lebte in ständiger Verzweiflung und hatte keine Hoffnung auf morgen mehr.

Im April 1974 waren rosafarbene Azaleen und gelbe Goldglöckchen auf den Hügeln und Feldern im gesamten Umland zu sehen. Ihren Duft konnte man überall wahrnehmen. Doch mein Leben verwelkte und mit jedem Atemzug hatte ich das Gefühl, ich wäre dem Tod ein Stück näher gerückt.

„Alles in der Schöpfung wächst und gedeiht in dieser Jahreszeit. Aber wann wird mein Leben, das am seidenen Faden hängt, zu Ende gehen?"

Keiner freute sich, mich zu sehen. Reis und Fleisch konnte

ich nicht essen, aber dafür Alkohol trinken. Er war mein einziger Freund. Zu der Zeit, als ich es gerade so von einem Tag zum nächsten schaffte, „verließ" ich mich auf Alkohol. Meine Eltern, Brüder und Schwestern besuchten mich immer seltener. Schon bald erwartete ich gar nicht mehr, dass mich irgendjemand besuchte. Doch eines Tages klopfte jemand an der Tür. Es war meine Schwester – die, die mir am liebsten war.

„Schwester, was führt dich nach Seoul? Komm doch rein!"

„Ich hatte etwas in Seoul zu tun".

Es war für die Landwirtschaft die arbeitsreichste Zeit – so war ich zwar froh, sie zu sehen, aber auch sehr überrascht.

Die Bitte, ihr den Weg zu zeigen

„Bruder, tu mir doch einen Gefallen? Du musst mir helfen, etwas zu finden. Es gibt einen Ort, den ich schon sehr lange besuchen wollte. Bitte bringe mich hin".

„Wie bitte? Was meinst du denn? Du weißt doch, dass ich nicht gut laufen kann". – „Ja, ja, das weiß ich. Aber ich will unbedingt dahin und deshalb bitte ich dich um Hilfe".

Zuerst weigerte ich mich und sagte, ich könnte sie nicht hinbringen, weil ich krank war. Doch sie bat mich so eindringlich, dass sie mir leid tat und ich mich schließlich nicht mehr weigern konnte, sie hinzubringen.

Sie wollte zu einer Heilungsveranstaltung, die die Diakonin

Shin-ae Hyun abhielt. Sie war wegen ihrer Heilungsgabe sehr bekannt. Da meine Schwester ständig für mich betete und mich irgendwie in die Gemeinde bringen wollte, lernte ich die Diakonin Hyun später kennen. Meiner Schwester war klar, ich hätte mich geweigert, wenn sie mich direkt gedrängt hätte, in die Gemeinde zu gehen, um dort geheilt zu werden. Beim Beten hatte Gott ihr gezeigt, dass es weise wäre, mich zu bitten, sie zu begleiten – nur so würde ich in der Gemeinde landen.

Bevor ich an Gott glaubte

Da man mir in der Schule die darwinsche Theorie beigebracht hatte, war ich Atheist. So konnte ich kühn behaupten, es gäbe keine Geister. Doch Tatsache war, dass ich tief in mir drin nicht leugnen konnte, dass Gott existierte. Ich zog viele Dinge in Erwägung und konnte die Gedanken nicht ausradieren, dass es ein Leben nach dem Tode gab. Tief im Herzen gab ich zu, dass Gott, der Schöpfer, existierte. Ich hatte mir überlegt: „Wenn es Gott wirklich gibt, dann gibt es die Hölle wahrscheinlich auch – so wie ich das mal in einem Film gesehen habe. Wie wird dann mein Leben danach aussehen?"

Da ich tief im Herzen die Existenz Gottes nicht leugnen konnte, musste ich auch eingestehen, dass es auch ein Leben nach dem Tod gab. In einer Ecke meines Herzens hatte ich auch Angst vor der Hölle. Darum hatte ich, noch bevor ich an Gott glaubte, versucht, ein gutes Leben zu führen und gerecht zu sein.

Also jedenfalls bat mich meine Schwester nicht, zu einem Heilungsgottesdienst zu gehen, sondern sie nur zu einem Ort für eine christliche Veranstaltung zu begleiten. Darum lenkte ich ein. Am 17. April 1974 stand sie früh auf und machte sich fertig; sie sagte, wenn sie nicht früh dort ankam, würde sie vorn keinen Platz mehr bekommen. Es war das erste Mal seit langem, dass ich außer Haus ging. Es fiel mir schwer, den Berg von Keumho Dong hinunterzugehen. So brauchten wir lange dazu. Dann stiegen wir in einen Bus nach Seodaemoon und kamen in der Gemeinde von Diakonin Shin-ae Hyun an.

Sind denn hier alle verrückt?

Obwohl meine Trommelfelle damals kaputt waren, konnte ich etwas hören, wenn auch nur schwach. Auf der zweiten Etage waren schon überall Leute. Darum gingen wir auf die dritte Ebene hoch. Die Treppen hatten nur einen leichten Anstieg, um es Behinderten leichter zu machen. Da ich am Stock ging, fiel es mir schwer, mit meiner Schwester Schritt zu halten.

Es war scheinbar eine Zeit zum Gebet in der Gruppe. Die Leute um mich herum erhoben ihre Hände und schrien sehr laut. So etwas hatte ich noch nie gesehen und wusste darum auch nicht, was ich machen sollte. So schaute ich mich um. Mir fiel auf, dass meine Schwester kniete und betete; dabei zitterten ihre erhobenen Hände.

Alle sahen aus, als seien sie verrückt, einschließlich meiner Schwester. Mir wurde heiß und mein Gesicht lief rot an. Ich wollte nur weg von dort. Doch es kamen immer mehr Menschen herein und setzten sich hinter mich. So konnte ich nicht mehr raus. Dabei wollte ich unbedingt sofort weg. Aber was hätte ich tun sollen? Ich konnte meine Schwester kaum dort lassen und allein heimgehen! Da ich noch keinen Menschen so hatte beten sehen, geschweige denn eine ganze Gruppe, war es mir peinlich, die Leute auch nur anzuschauen, wie sie ihre Hände erhoben und so laut beteten. Da ich aber nicht einfach so heimgehen konnte, blieb ich. Dann dachte ich mir, ich könnte mich ja ebenso gut auch hinknien. So kniete ich nieder und schloss meine Augen. Plötzlich fing ich auf dem Rücken so an zu schwitzen, so dass mir der Schweiß herunter lief. Es war zwar Frühling, aber nicht heiß. Ich war sehr dünn – praktisch nur Haut und Knochen – so dass es gar nicht möglich war, dass ich so schwitzte. Es war sehr merkwürdig und ich dachte: „Hier zu sein, muss mir wirklich sehr peinlich sein Wahrscheinlich schwitze ich deshalb so sehr!"

Erst einige Zeit später wurde mir klar, dass in dem Augenblick, wo ich mich niedergekniet hatte, Gott begann, alle meine Krankheiten mit dem Feuer des Heiligen Geistes auszubrennen. Auf einer sehr weit entfernten Kanzel predigte die Diakonin Shin-ae Hyun, die in weiß gekleidet war, leidenschaftlich. Die Lautsprecher waren sehr laut; dennoch konnte ich es nicht gut hören. Nur hier und da nahm ich einige Worte war. Da dachte ich mir: „Wie schön wäre es doch, wenn ich deutlich hören könnte, was diese Frau sagt!"

In meinem Herzen hatte eine Veränderung stattgefunden, nachdem ich so geschwitzt hatte. (Tatsache war, dass ich vom Heiligen Geist berührt worden war.) Ich wollte die Botschaft der Diakonin hören. Meine Schwester fragte mich: „Bruder, warum lässt du nicht wie die anderen Leute, die hierher gekommen sind, für dich beten?"

Nach der Predigt, leuchtete das Gesicht meiner Schwester, als sie mich drängte, für mich beten zu lassen. Auf die Anweisung meiner Schwester hin ging ich umgeben von einer Traube anderer Leute mit nach vorne – dahin, wo die Diakonin saß.

Es war immer noch etwas von den Lautsprechern zu hören – und zwar die Zeugnisse derer, die durch das Gebet geheilt worden waren. Ich bekam den Inhalt brockenweise mit. Eine Frau sagte, sie hätte das Feuer des Heiligen Geistes empfangen und wäre geheilt worden, als Diakonin Shin-ae Hyun ihr die Hände aufgelegt hatte.

„Sie müssen durch das Gebet geheilt worden sein. Aber ich kann das immer noch nicht glauben".

Die Diakonin legte den Menschen kurz die Hand auf den Kopf, dann auf den Rücken und schob sie dann zur Seite. Das war's auch schon. Sie berührte meinen Kopf und Rücken und schob mich weg – so wie die anderen Leute auch. Ich dachte: „Sie behandelt die Leute ja wie Gepäckstücke! Ich glaube, sie beschwindelt die Menschen". Es war wohl wegen der großen Anzahl an Menschen, dass sie nicht für jeden einzeln betete, sondern uns stattdessen nur kurz berührte und dann zu Seite schob. Aber ich war beleidigt.

In dem Augenblick fiel mir etwas aus meiner Grundschulzeit ein. Eine Frau aus der Gegend von Jung-eup war für ihre Heilungsgabe bekannt. Da für ihre Veranstaltung in der Tageszeitung geworben wurde, versammelten sich viele Leute in

Jung-eup. Auch mein Neffe ging zu einer ihrer Veranstaltungen, weil eines seiner Ohren nässte. Etwas zwei Wochen später kam heraus, dass sie eine Lügnerin war und sie wurde festgenommen. Einige Zeitungen berichteten groß darüber. So fragte ich mich, ob auch diese Frau hier die Leute belog, wie die Frau in Jung-eup damals. Ich war tief in Gedanken und dann bemerkte ich, wie ich die Treppen schon hinuntergegangen war.

„Das ist ja merkwürdig! Ich bin ohne Schmerzen oder Schwierigkeiten hier herunter gekommen".

Ich kann hören! Ich kann hören!

Meine Schwester war so froh – es war, als wäre ihr Wunsch in Erfüllung gegangen. Wie stiegen in den Bus. Plötzlich hörte ich etwas sehr lautes – wie Donner. Ich dachte: „Wie merkwürdig! Warum kann ich das so laut hören?"

Das Donnern hörte auf, als ich am Keumho Dong-Markt ausstieg. Ich verabschiedete mich von meiner Schwester und ging zu der Snackbar, die meine Frau auf dem Markt betrieb. Es gab viel Verschiedenes, auch Fleischgerichte. In der Bar konnte ich die Gespräche der Kunden hören, während sie aßen und tranken. Ich war so glücklich, dass ich mit der Faust auf den Tisch schlug.

„Ich kann hören! Ich kann hören!"

Meine Frau fragte mich überrascht: „Was? Du kannst hören?

Was hörst du denn und warum kannst du jetzt wieder hören?"

„Ich kann deutlich hören, was diese Kunden da sagen. Schatz, ich habe Hunger. Ich will etwas essen. Gibst du mir etwas Reis und Fleisch?"

„Was? Dann kriegst du nur Verdauungsstörungen und hast überall Ausschlag!"

„Mir geht's gut. Ich habe den Eindruck, ich hätte sie schon verdaut. Mach dir keine Gedanken und gibt mir einfach etwas zu essen".

Ich aß den Reis und das Fleisch, sobald meine Frau mich bedient hatte. Gewöhnlich konnte ich nur ein bisschen Reis essen. Aber jetzt war es anders, es war einfach wunderbar. Ich hatte den Eindruck, als würde ich das Essen gut verdauen. Ja, ich bekam überhaupt gar keine Probleme.

Unbestritten – ein Wunder!

Am nächsten Morgen ging ich wie gewöhnlich gleich nach dem Aufwachen zur Toilette. Bis dahin gehörte es zu meiner morgendlichen Routine im Badezimmer, ein Streichholz mit Watte zu umwickeln um den Ausfluss aus meinen Ohren zu entfernen. Ich tat es, weil ich nicht wollte, dass meine Frau sich darüber Sorgen machen würde. So versuchte ich, meine Ohren wie sonst sauber zu machen, doch sie waren es schon. Da war nichts. Sie waren sauber. Noch ungewöhnlicher war etwas anderes. Normalerweise konnte ich beim Aufwachen meine Blutarmut spüren. Ich war so blutarm, dass ich mich erst einen Moment sammeln musste, bevor ich aufstehen und ins Bad gegen konnte. Doch an dem Tag war ich, wie mir dann später einfiel, gleich ins Bad gegangen. Das war noch nicht alles. Wegen schwerer Arthritis hatte ich gewöhnlich Eiter auf dem Handrücken, an den Ellenbogen, Knien, Knöcheln und anderen Gelenken. Doch an jenem Tag war der weiße Eiter weg; stattdessen war da nur schwarz gewordener Schorf.

„Ich kann das nicht verstehen. Wie merkwürdig!"

Plötzlich fing mein Herz an zu pochen. Noch ganz begeistert, ging ich ins Zimmer zurück. Ich zog mich aus und untersuchte meinen Körper genau. Beim Schlafen hatte ich meinen Hals nicht richtig bewegen können und auf einer Seite schlafen müssen – wegen der Entzündung der Lymphknoten. Doch die traubengroße Beule in meiner Lymphdrüse war vollkommen weg. Dann erinnerte ich mich an etwas, das passiert war, als ich noch krank war. Es war Winter und wir hatten immer einen Topf mit heißem Wasser in der Küche. Wie sonst beugte ich mich an jenem Morgen hinunter um mir etwas von dem heißen Wasser zu nehmen. Der Topf war nur halbvoll und das Luftrohr war offen, so dass die Briketts viel Sauerstoff hatten. Das Wasser war siedend heiß.

Als ich mir mit einer Schale Wasser nehmen wollte, war heißer Dampf in mein Gesicht gestiegen. Bei dem Versuch, dem Dampf ausweichen, hatte ich unabsichtlich heißes Wasser über meinen Körper gegossen und mir die Arme und den Oberkörper verbrüht. Dadurch hatte ich hässliche Narben und zog mein Hemd normalerweise nicht aus.

Doch selbst diese Narben waren weg! Es war ein solch unbeschreibliches Wunder. Plötzlich stimmte an meinem Körper alles.

In dem Augenblick erinnerte ich mich, was am Vortag passiert war. Ich konnte die Treppen problemlos hoch – und runtergehen. Auf dem Heimweg hatte ich den Donner hören können – und die Kundschaft in der Snackbar meiner Frau. Seit jenem morgen litt ich nicht mehr an Blutarmut, meine Ohren nässten nicht mehr und ich konnte die Knie ohne Schmerzen beugen.

„Hat Gott mich wirklich geheilt?"

Ich fand eine Realität vor, die ich selbst nicht glauben konnte, so überrascht war ich. Ich hatte keine Medikamente genommen und keine Operation – nichts! Aber alle Krankheiten waren geheilt! Über zehn verschiedene Krankheiten, die trotz aller möglichen medizinischen Behandlungen nicht geheilt werden konnten, waren auf einmal geheilt!

„Gott lebt wirklich".

Ich war ein törichter Mensch, aber wie konnte ich da noch zweifeln? Ich kniete nieder und hob meine Hände zum Himmel hoch.

„Oh, Gott! Du bist wirklich lebendig! Wie hast Du mich nur auf einmal heilen können? Bitte vergib diesem törichten Mann. Ich habe alle Prediger ignoriert, die mich drängten, an Gott zu glauben. Aber Du lebst wirklich und Du hast mich vollkommen geheilt!"

Ich versuchte, es anzuzweifeln – als sei es nur ein Zufall, aber ich konnte es nicht anzweifeln. Ich hatte das Gefühl, ich würde fliegen. Dennoch konnte ich die Realität all dessen noch nicht richtig begreifen. Meine Frau, die draußen gewesen war, hörte mich beten und kam sehr überrascht ins Zimmer.

„Schatz, komm her und schau mich an. Gott hat mich geheilt!"

Überrascht schaute sich meine Frau meinen Körper genau an und auch sie glaubte, dass Gott mich geheilt hatte. Sie war so froh, umarmte mich und fing an laut zu weinen. Wir weinten lange Zeit. Alle Sorgen und Schmerzen waren wie weggeschmolzen und wir waren voller Freude und Dankbarkeit.

Der, der mich heilte

In dem Augenblick, in dem ich mich in der Kirche niedergekniet hatte, hatte mich Gott durch das Feuer des Heiligen Geistes vollkommen von allen meinen Krankheiten geheilt. Noch bevor Diakonin Shin-ae Hyun für mich betete, hatte mich Gott schon durch das Feuer des Heiligen Geistes geheilt. Ich war ein Atheist, glaubte nicht an Gott und hatte Ihn auch nicht gebeten, mich zu heilen. Warum heilte Er mich dann? Ich denke, Gott erhörte die Gebete meiner Schwester, die lange für meine Errettung gefastet und gebetet hatte. Wahrscheinlich auch deshalb, weil Gott wusste, dass ich nachdem ich den lebendigen Gott einmal kennen gelernt hatte, mich nicht wieder der Welt zuwenden oder Ihn betrügen, sondern nur gemäß Seinem Wort leben und Ihn bis zum Ende lieben würde.

Scheidung und die Rückkehr meiner Ehefrau

Drei Monate Glück

Wie in der Geschichte „Der blaue Glücksvogel" hatte ich den Eindruck, Glück hätte in meiner Familie Einzug gehalten. Die bedeutendste Veränderung für meine Familie war, dass wir nun sonntags zum Gottesdienst in eine Kirche in der Nähe gingen. Das taten wir, weil ich durch die Gnade des lebendigen Gottes geheilt worden war und wir den Eindruck hatten, wir müssten uns für diese Gnade erkenntlich zeigen.

Wir hatten allerdings immer noch sehr viele Schulden und es gab andere Situationen, die sich nicht änderten. Dennoch waren wir glücklich und voller Freude. Ich war einfach dankbar, dass ich frei war von all den Schmerzen, die die Krankheiten verursacht hatten. Jetzt hatte ich wieder Hoffung und träumte davon, endlich arbeiten und selbst Geld verdienen zu können.

Mit meiner Frau besprach ich unsere Zukunft. Da alle

Krankheiten weg waren, würde ich in ein paar Monaten wieder arbeiten können. Dann wollten wir unser Schulden zurückzahlen und unseren Laden erweitern. Wir wollten gemeinsam fleißig arbeiten, viel Geld verdienen und ein großes Restaurant eröffnen. Damals gab es jemanden, der sehr geschickt war bei der Herstellung von Taucheranzügen. Dort arbeitete ich als Aushilfe, denn ich nahm an, dass ich so meine körperlichen Kräfte wiedergewinnen würde. Am Anfang wurde ich schon nach kurzer Zeit müde. Aber es dauerte nicht lange, bis ich wieder zu Kräften kam. Ich verdiente etwas Geld und schmiedete Zukunftspläne. Damals planten wir auch den Geburtstag meines Vaters. Das war 90 Tage nachdem ich geheilt worden war.

Dein Sohn wurde wegen mir krank?

Am 10. Juli 1974 versammelten sich alle Familienmitglieder zum Geburtstag meines Vaters zu Hause in unserer Heimatstadt. Ich war schon einige Tage vorher dort, aber weil meine Frau in ihrem Laden zu arbeiten hatte, kam sie erst am Abend vor dem Geburtstag.

Es war zwar keine triumphale Rückkehr, doch ich war sehr glücklich. Wenn ich davor in meine Heimatstadt zu Besuch kam, sperrte ich mich praktisch in meinem Zimmer ein, um den Blicken der Leute zu entgehen. Ich nahm einfach Medizin und kehrte dann nach Seoul zurück. Ich fürchtete, meine Nachbarn würden mich als Behinderten bezeichnen. Wie glücklich war ich nun, dass ich wieder ein vollkommen gesunder Mann war!

Ich gab Gott die Ehre: „Ich hatte wegen der vielen unheilbarer Krankheiten nur noch auf den Tod gewartet. Doch dann ging ich mit meiner älteren Schwester zum Altar bei Shin-ae Hyun und empfing diese mächtige von Heilung".

Ich bezeugte, dass Gott der Heiler war und ist, der mir begegnete und mich heilte. Damals wusste ich wenig vom Wort Gottes, der Bibel, doch ich bezeugte, dass Gott wirklich lebt und erzählte meinen Eltern und Geschwistern voller Freude davon.

Nach dem Mittagessen am Geburtstag meines Vaters packte meine Frau ihre Sachen, um nach Seoul zurückzukehren. Ich trank mit meinen Brüdern etwas, bevor ich los musste. Dann gab es draußen einen Streit. Ich hörte, wie eine Tür zugeknallt wurde. Als ich hinausschaute, sah ich meine Frau mit ihren Taschen wegrennen und hörte, wie sie sagte, sie würde sich scheiden lassen. Meine Schwester und Schwägerin folgten ihr, um sie einzuholen. Folgendes war geschehen.

„Meine Tochter, es war direkt nachdem mein Sohn dich heiratete, dass er krank wurde und du hast viel gelitten. Doch jetzt kommen gute Tage, wenn du von jetzt an hart arbeitest". Meine Mutter war so glücklich, dass ihr Sohn, von dem sie dachte, dass er sterben würde, seine Gesundheit wiedererlangt hatte. Darum gab sie ihrer Schwiegertochter diesen Rat. Doch meine Frau legte es so aus, als wäre ich wegen ihr krank geworden und hätte so viel gelitten. Sie wurde kreidebleich.

„Willst du damit sagen, dass dein Sohn wegen mir krank geworden ist? Okay. Dann verschwinde ich aus dieser Familie. Ich lasse mich scheiden. Darauf kannst du dich verlassen!"

„Schwester, das ist ein Missverständnis. Du weißt doch, dass Mutter das nicht so meint, wie du es verstanden hast!"

Meine Frau fuhr sofort nach Seoul zurück. Da sie unser Zuhause so verlassen hatte, schlug die Party-Stimmung um. Es fühlte sich eher wie eine Beerdigung an. Meine Mutter war zornentbrannt. Sie sagte: „Du konntest so lange nicht geheilt werden, weil du so eine Frau geheiratet hast! Jaerock, vergiss das alles. Auf uns wartet ein schönes Abendessen. Lass uns unser Essen genießen!"

„Vergiss es?" fragte ich, „wie konntest du nur so etwas sagen? Wie kann ich das einfach so vergessen?"

Meine Brüder und Schwestern sagten ein paar Worte, um mich zu trösten, doch was sie sagten, machte das Ganze nur noch schlimmer. Ich war so zornig über das, was meine Brüder sagten, dass ich in die Küche ging. Ich nahm eine Flasche Soju-Schnaps und trank sie auf einmal.

Mein Vater war schockiert, weil ich so viel Aufheben machte. Er war gerade 70 Jahre alt, aber er konnte gut sehen und erfreute sich auch sonst guter Gesundheit. Er konnte immer noch chinesische Bücher und Zeitungen lesen. Doch wegen des Schocks, der durch diese Ereignisse ausgelöst wurde, verlor er sein Augenlicht. Bis er starb, konnte er nichts mehr sehen. Mein atypisches Verhalten in dieser Situation hatte mein Vater als respektlos angesehen. Die ganze Geschichte bereitet mir große Schmerzen und das wird mein Leben lang so bleiben.

Aus Sicht meiner Frau hatte sie sieben Jahre so viel Leiden und so viele Schwierigkeiten durchmachen müssen, um sich um ihren kranken Ehemann zu kümmern und den Unterhalt für die Familie zu verdienen. Sie dachte, ihre Schwiegermutter hätte gemeint, an all dem wäre sie schuld gewesen. Darum muss es für sie eine große Enttäuschung gewesen sein. Sie empfand Kummer, als sie sich daran erinnerte, wie erschöpft sie in diesen sieben Jahren war. Ihr muss die Verzweifelung darüber eingefallen sein, wie viel sie hatte ertragen müssen. Dabei hatte sie noch nicht einmal jemanden gehabt, mit dem sie hätte darüber reden können. All das muss so stark in ihr hochgekommen sein, dass sie es nicht unterdrücken konnte.

Nach vier Monaten Schmerzen

Ich fuhr am nächsten Tag mit unserer ältesten Tochter Miyoung zurück nach Seoul. Ich suchte nach meiner Frau. Doch sie war nicht zu Hause. Auch im Laden fand ich sie nicht. Am folgenden Tag kehrte sie nach Hause zurück. Aber sie war eine völlig andere Person.

Sie sagte: „Jetzt werde ich mich scheiden lassen. Wir müssen die Scheidung in unserer Heimatstadt vornehmen lassen. Komm mit und unterschreibe die Unterlagen". Ich versuchte, sie umzustimmen. Umsonst. Auf Bitten meiner Frau fuhr ich in unsere Heimatstadt und unterzeichnete die Dokumente.

Da es eine kleine Stadt war, wussten sehr bald alle Leute Bescheid. Es tat mir wegen meiner Eltern sehr leid und es war mir zu peinlich, als dass ich die Nachbarn besucht hätte. Wie auf der Flucht kehrte ich schnell nach Seoul zurück. Nie hätte ich gedacht, dass meine Frau sich wirklich scheiden lassen würde. Ich wartete immer noch darauf, dass sie nach Hause zurückkommen würde. Einige Tage danach kam sie tatsächlich – mit ihren Angehörigen.

Ich hörte, wie sie sagten: „Jetzt, wo ihr zwei geschieden seid, wollen wir unsere Hochzeitsgeschenke wieder zurück. Wir wollen auch die Kaution für den Laden auf dem Markt zurück".

Da wir, seit ich krank geworden war, 17 Mal umgezogen waren, hatten wir keinen normalen Hausrat. Dennoch packten meine Frau und ihre Familienangehörigen alles ein, was sie mit in die Ehe gebracht hatte. Ich empfand für sie alle große Verachtung. Während sie die restlichen Dinge einpackten, ging ich auf den Keumho Dong-Markt, um die Kaution für den Laden zu holen.

Der Markt war voller Leute. Schon damals verstand die fünfjährige Miyoung, was da geschah. Sie hielt sich am Rockzipfel ihrer Mutter fest.

„Mama, geh nicht! Bleib bei mir! Lass mich nicht alleine! Ich werde sterben, wenn du gehst!" Miyoung weinte und lief ihr nach. Dabei verlor sie ihre Schuhe. Doch meine Frau schüttelte sie kalt ab.

„Papa, sie ist nicht mehr meine Mutter. Von jetzt an werde ich sie nicht mehr Mama nennen. Lass sie nie mehr nach Hause kommen". Da ihr Herz so verletzt und vernarbt war, flossen diese Worte wie eisige Nadeln aus dem Mund meiner kleinen Tochter.

Damals lernte ich auf Baustellen zu arbeiten, wie meine Freunde. Aber auch während ich nicht mit meiner Frau zusammen war, verpasste ich keinen Sonntagsgottesdienst. Da ich sonntags in die Gemeinde gehen wollte, rauchte und trank ich ab Samstagabend nichts mehr, weil ich befürchtete, dass mein Atem sonst am Sonntagmorgen in der Kirche schlecht riechen würde. Erst nachdem ich im Gottesdienst morgens und abends gewesen und wieder nach Hause zurückgekehrt war, rauchte und trank ich wieder, wogegen ich den ganzen Tag lang hatte ankämpfen müssen.

Ich wusste zwar gar nicht, wie man betet, aber ich kniete mich trotzdem hin und betete laut: „Gott, Du weißt es ja, oder? Ich wurde wieder gesund und kann jetzt selbst Geld verdienen, aber dennoch haben sich die Dinge so entwickelt. Bitte schicke mir meine Frau zurück. Ich kann sie glücklich machen, ohne dass sie je wieder leiden muss. Lass sie bitte schnell wieder zurückkommen und uns eine glückliche Familie sein".

Ich aß morgens sehr früh, ließ Miyoung bei meinem ältesten Bruder und ging arbeiten. Abends, wenn ich von der Arbeit heimkam, holte ich Miyoung wieder ab. Es war jeden Tag das Gleiche. Später musste ich sie zu ihrer Großmutter in meine Heimatstadt schicken. Doch kurz nachdem ich sie zu meinen Eltern geschickt hatte, rief mich meine Mutter an. Miyoung hatte am ganzen Körper Geschwüre und es war so ernst, dass die Medizin nicht wirkte. Es war so schlimm, dass die Geschwüre viel bluteten und Miyoung Maden in der Kopfhaut hatte. Man brachte sie ins Krankenhaus, doch es sah aus, als würde sie nicht überleben.

Selbst da suchte und rief sie unbewusst nach ihrer Mutter. Man bat mich, sie ihre Mutter noch einmal sehen zu lassen, bevor sie starb. Mir war nicht bewusst, dass wir juristisch geschieden waren und ging so zum Haus des älteren Bruders meiner Frau in Keumho Dong. Glücklicherweise war meine Schwiegermutter da, der ich die Sache erzählte. Ich bat um Erlaubnis, meine Frau sehen zu dürfen. Doch alle reagierten alle kalt. „Wenn deine Tochter stirbt, wäre es besser, wenn du wieder heiratest. Lass sie einfach in Ruhe". So bekam Miyoung ihre Mutter nicht zu sehen. Doch sie überlebte, wenn auch gerade so.

Ein Hochzeitstreffen

Um die düstere Realität meines Lebens zu vergessen, rauchte und trank ich. Ich war enttäuscht von meiner Frau, die wegen ein paar Worten meiner Mutter unser Zuhause verlassen hatte. Doch die Angehörigen meiner Frau hasste ich noch mehr, weil sie sie gedrängt hatten, sich schieden zu lassen. Um all die zu vergessen, die ich hasste, musste ich trinken. Einmal hatte ich mein Geld über meine Schwester investiert und alles verloren, weil sie einen Fehler gemacht hatte. So ging ich zu ihr und bat sie um Geld, damit ich ein Geschäft aufmachen konnte. Doch dann verbrachte ich meine Tage in einer Bar, bis das Geld alle war. Ich hatte weder die Kraft noch den Willen, weiterzuleben.

Meine Angehörigen versuchten sich etwas einfallen zu lassen, um mich zu retten. Meine Schwester sagte: „Mutter, lass uns dafür sorgen, dass er wieder heiratet. Wenn wir ihn so lassen, wie er ist, wird er sterben-wie schon einmal". Schließlich rief mich meine Mutter an. Sie sagte, es gäbe da eine nette Frau für mich und ich solle in meine Heimatstadt kommen, um sie kennen zu lernen.

Doch ich glaubte: „Meine Frau kommt zurück. Ich werde nie mit einer anderen Frau leben!" Auch glaubte ich, dass sich meine Liebe für meine Frau nie ändern würde und konnte mir nicht einmal vorstellen, mit einer anderen Frau zu leben.

„Junge, nur einmal! Das ist meine letzte Hoffnung", flehte

mich meine Mutter an. Da konnte ich mich nicht länger weigern einzulenken und einem Treffen mit dieser Frau zuzustimmen. So tat ich es. Ich beschloss, ihr nur der Form halber guten Tag zu sagen und dann wieder zu gehen. Doch Gottes Vorsehung war größer!

Als ich zu dem Treffpunkt ging, siehe, da war die perfekte, ideale Frau. Von so einer Frau hatte ich immer geträumt. Ich liebte weiße Kleider und sie trug ein weißes Kostüm. Ihr Haar war lang, floss über ihre Schultern und ihren Rücken hinunter. Sie saß da wie gemalt. Ich traute meinen Augen nicht. Ihre Mutter war sehr abergläubisch. Sie hatte einer Wahrsagerin geglaubt, die gesagt hatte, bevor ihre Tochter glücklich werden würde, müsste sie einen Mann heiraten, der schon einmal verheiratet war. Darum arrangierte ihre Mutter ein Treffen mit mir. Wir mochten einander und beide Familien schmiedeten rasch Pläne für eine Hochzeit.

Bis zu dem Zeitpunkt dieses Treffens hatte ich darauf gewartet, dass meine Frau zurückkommen würde. Ich sah mich nie nach einer anderen Frau um. Doch ich hatte meine Meinung dahingehend geändert, dass ich ausschließlich mit meiner Frau zusammenleben wollte. Auch für mich war es ein Schock, dass ich meine Meinung geändert hatte. Das Datum wurde festgelegt und wir tauschten Geschenke aus. Dann kam plötzlich meine Frau. Sie hatte erfahren, dass ich wieder heiraten wollte und sie wollte meine Einstellung und mein Herz prüfen. Doch als sie herausfand, dass sich mein Herz von ihr abgekehrt und ich wirklich beschlossen hatte, eine andere Frau zu heiraten, war sie überrascht.

Vergebung für meine Frau

Bis dahin hatte meine Frau – im Unterschied zu anderen Leuten – fest geglaubt, dass sich meine Liebe ihr gegenüber nie verändern würde. Sie war anscheinend schockiert, als sie hörte, dass ich eine schöne junge Frau heiraten würde. So wurde ihr klar, dass sich mein Herz von ihr abgewandt hatte. Am nächsten Morgen kam sie mit ihrem Gepäck nach Hause. Ich schlief noch, als ich plötzlich ein dumpfes Geräusch auf dem Boden hörte. Meine Frau war mit samt Koffern zurück nach Hause gekommen. Aber war es jetzt nicht zu spät? Ich hatte schon versprochen, eine andere Frau zu heiraten. Darum warf ich ihr Gepäck aus dem Haus. Dann gab es einen großen Auflauf, während wir die Koffer hin-und hertrugen.

Ich sagte zu ihr: „Ich bin wegen deiner Familienangehörigen sehr verärgert und habe mich vor meiner eigenen Familie schämen müssen. Außerdem haben wir schon einen Hochzeitstermin festgelegt. Was soll ich der Familie denn sagen?"

„Ich werde auf beiden Seiten jeden um Vergebung bitten und sie auch empfangen. Und in Zukunft werde ich dir gehorchen und alles tun, was du sagst".

„Selbst wenn ich dir vergebe, werden dir meine Eltern, Brüder und Schwestern nicht vergeben!"

Sie war starrköpfig.

„Mir wird vergeben werden und wenn ich sterbe, dann als

Teil dieser Familie".

Sie hatte sich auf erstaunliche Art und Weise verändert und war wie ein sanftes, demütiges Schaf. All meine Liebe für sie war bereits verschwunden, aber ich dachte an unsere beiden Töchter. Es wäre besser, dachte ich mir, wenn sie bei der eigenen Mutter aufwachsen würden. So stimmte ich zu, ihr zu vergeben – mit bestimmten Auflagen. Sie musste zustimmen, mir bedingungslos zu gehorchen und alle Familienmitglieder und Verwandten um Vergebung bitten. Ich forderte auch, dass ihre Familie zu mir kam und sich entschuldigte. Dann nahm ich meine Ex-Frau wieder auf und wir waren wieder zusammen. Das war 120 Tage nachdem sie unser Zuhause verlassen hatte.

Der Frau, die ich hatte heiraten wollen, erzählte ich die ganze Geschichte offen und bat sie um Verständnis. Unerwarteter Weise verstand sie die Situation sehr gut. Erst viel später wurde mir klar, dass all dies in der Vorsehung Gottes gelegen hatte.

Warum musste sich meine Frau erst scheiden lassen?

Als meine Frau den Lebensunterhalt verdiente und sich um ihren kranken Ehemann kümmerte, hatte sie im Leben keinerlei Hoffnung mehr. Im Laufe der Zeit verschwand ihr sanftes und reines Herz und ihr Charakter wurde ziemlich grob.

„Tod und Leben sind in der Gewalt der Zunge, und wer sie liebt, wird ihre Frucht essen" (Sprüche 18,21).

„Man kann von der Frucht seines Mundes Gutes

essen, aber die Begierde der Treulosen ist Gewalttat.
Wer seinen Mund behütet, bewahrt sein Leben; wer
seine Lippen aufreißt, dem droht Verderben" (Sprüche
13,2-3).

Da sie wusste, dass ich sie wahrhaftig von Herzen liebte,
obwohl sie mich ein paar Mal verlassen hatte, kam sie zurück.
Wir wussten, dass unsere Herzen einander treu waren. Sie
hatte ihren Ehemann, der im Leben keinerlei Hoffnung mehr
hatte, nicht verlassen. Doch sie sagte wiederholt, sie würde sich
scheiden lassen, sobald ich wieder gesund würde. Ihre negativen
Worte türmten sich auf und wurden zu einer Falle des Satans.
Am Geburtstag meines Vaters wurden sie dann Realität. Wenn
wir negative Worte aussprechen, verklagt uns der Teufel mit dem
Gesagten. Unser gerechter Gott muss dann gemäß den Regeln
der geistlichen Welt Dinge zulassen. Meine Frau hatte ihre Art
zu denken und zu fühlen und damit auch die Scheidung nicht
mehr unter Kontrolle. Doch Gott führte uns so, dass wir wieder
vereint wurden und sorgte dafür, dass uns alle Dinge zum Besten
dienten.

Kapitel 3

Meine Berufung

Der Beginn des echten Christenlebens

Bei einer Erweckung wurde mir klar, dass ich ein Sünder war

Gott nahm das Temperament meiner Frau und veränderte es zu dem eines Schafes. Nachdem wir erneut in der Ehe vereint worden waren, hatten wir zum ersten Mal seit langem Frieden und waren glücklich. Nachdem sie nach Hause zurückgekehrt war, tat meine Frau ihr Bestes, um allen zu dienen. Sie bedauerte die Vergangenheit von Herzen und wandte sich nun ihren Familienmitgliedern hingebungsvoll zu. Doch unsere älteste Tochter, Miyoung, weigerte sich, sie „Mama" zu nennen und war ihr gegenüber sehr kalt. Meine Frau versuchte es lange und vergoss viele Tränen, um Miyoungs Herz und Einstellung zu ändern. Am 25. November 1974 gingen wir, weil der Vermieter unseres neuen Zuhauses darauf bestand, zu einer Erweckungsveranstaltung der Sungdong-Gemeinde in Oksu

Dong. Meine Frau und ich besuchten fleißig alle Veranstaltungen – frühmorgens, tagsüber und abends. Pastor Byeong-ho Park, von der Evangelikalen Kirche der Heiligkeit in Korea war der Sprecher. Er predigte eine Botschaft mit dem Titel „Gib alles und werde ein Bettler". Er gab sein Zeugnis und berichtete darin, dass jedes Mal, wenn er alles gab, was er nur geben konnte, Gott ihn reichlich segnete. Als er alles gab, um eine Gemeinde zu bauen, segnete ihn Gott, der alles weiß, über die Maßen. Meine Frau und ich saßen in der ersten Reihe und empfingen viel Gnade. Durch die Botschaften lernte ich, dass wir die Bibel lesen müssen, dass Jesus Christus der Retter ist und dass ich mit dem Rauchen und Trinken aufhören musste. Ich lernte auch zu beten, wie man den Zehnten richtig gibt und Dankopfer darbringt. Das heißt, ich lernte die Grundlagen des Christseins.

Da ich immer versucht hatte, ein ordentliches Leben zu führen, war ich stolz auf mich. Andere Leute sagten über mich, ich sei jemand, der „nicht einmal ein Gesetz" braucht. Doch gleich am ersten Tag wurde mir bewusst, dass ich ein Sünder war, als ich mich im Spiegel von Gottes Wort betrachtete. So fing ich an, unter Tränen und mit laufender Nase Buße zu tun. Ich war ein sehr schüchterner und in mich gekehrter Mensch. Es war praktisch unvorstellbar, dass ich im Beisein anderer Tränen vergoss. Doch es war möglich, weil Gott mächtig wirkte und mir Gnade schenkte.

Beginn des echten Christenlebens

Am letzten Tag der Erweckungsveranstaltung versprach ich, für den Bau der Kirche ein Opfer zu geben. Damals lebten wir in einem Haus, das ich für eine Kaution von 100.000 Won gemietet hatte. Das entsprach etwa 100 Dollar. Für die Gnade Gottes war ich so dankbar, dass ich Ihm alles geben wollte, was ich hatte. Doch leider hatte ich nichts, das ich geben konnte. Ich war darüber im Herzen tief betrübt, aber dann nahm ich mir fest vor, 300.000 Won zu geben. Darüber sprach ich mit meiner Frau und auch sie hatte es auf dem Herzen, 300.000 Won zu geben. Wir beschlossen, das Geld innerhalb von drei Monaten zu geben.

Der Tag rückte immer näher, aber wir hatten das Geld nicht. Darum liehen wir uns Geld zum höchsten Zinssatz und gaben die 300.000 Won als Opfer für den Gemeindebau. Da es wichtig war, unser Versprechen Gott gegenüber einzuhalten, mussten wir den Termin einhalten, auch wenn wir dafür sehr viel Zinsen zahlen mussten. Von dem Zeitpunkt an, wo wir diese Erweckungsveranstaltungen besucht hatten, fing für meine Frau und mich unser Leben als Christen erst wirklich an. Wir lernten durch das Wort Gottes, den Zehnten und Opfer zu geben. Ich hörte auf zu trinken und zu rauchen und wir fingen an, zu morgendlichen Gebetstreffen zu gehen. Da ich auf dem Bau arbeitete, ging ich an den Tagen, an denen ich nicht arbeitete, früh auf den Berg und betete. Ich hatte nicht genug geistliches Wissen, um zu wissen, dass es Gottes Willen war, dass wir Ihn im Gebet anrufen und fasten. Vielmehr folgte ich einfach dem Ruf meines Herzens.

Rufe mich an und Ich werde dir antworten!

Im Jahr 1975 ging ich eines Morgens auf den Berg Chilbo in Suwon. Ich legte eine Decke auf einen Felsen und betete dort. Dann hörte ich plötzlich eine Stimme vom Himmel her. Sie war klar und doch kräftig und hatte Autorität. *„Schlag Lukas Kapitel*

22, Vers 44 auf!" Schnell schlug ich die Bibel auf und las es.

"Und als er in Angst war, betete er heftiger. Es wurde aber sein Schweiß wie große Blutstropfen, die auf die Erde herabfielen ".

Gott gefallen Gebete, bei denen man eifrig zu Ihm ruft. Um zu verstehen, warum Gott mir diesen Vers gegeben hatte, betete ich und durch eine eindeutige Inspiration wurde mir die Auslegung geschenkt.

Israel befindet sich in einer Wüstengegend, weshalb die Temperaturen nachts drastisch sinken. Jesus wurde im April gekreuzigt. Zu der Zeit war und ist es praktisch unmöglich, nachts zu schwitzen. Wie ernst und eifrig muss Jesus gebetet haben, dass Sein Schweiß wie Blutstropen wurde, die auf den Boden fielen? Er rang im Gebet so eifrig und mit so viel Krafteinsatz, dass Seine Mühe dazu führte, dass haarfeine Blutgefäße aufplatzten und sich Blutstropfen bildeten. Sie kamen aus Seiner Haut heraus und fielen auf den Boden. Wenn Er leise gebetet hätte, wäre so etwas gar nicht möglich gewesen.

Das Geheimnis, im Gebet laut zu rufen

Von dem Zeitpunkt an fand ich beim Lesen der Bibel, dass es viele Verse sowohl im Alten als auch im Neuen Testament gab, die uns sagen, dass wir im Gebet rufen sollen. Mir wurde auch klar, dass unsere Vorfahren im Glauben ihre Gebetserhörung empfingen, wenn sie im Gebet laut riefen. Es ist der Wille Gottes, dass wir im Gebet zu Ihm rufen. *"Rufe mich an, dann will ich dir antworten und will dir Großes und Unfassbares mitteilen, das du nicht kennst"* (Jeremia 33,3). Jona war Gott ungehorsam und landete im Magen eines großen Fisches. Doch in Jona 2,2 steht, dass er zu Gott rief und Er ihn rettete. In Johannes 11,43-44 lesen wir, dass der tote Lazarus herauskam, nachdem Jesus mit lauter Stimme gerufen hatte. Lazarus war schon vier Tage tot gewesen, aber er kam lebendig heraus, auch wenn er an Händen und Füßen noch mit Grabtüchern umwickelt war. Ob Er es laut oder leise tat, hätte eigentlich keine Rolle gespielt, da Lazarus tot war. Jedoch war es Gottes Wille, dass Jesus in Seinem Gebet laut rief. Im 1. Mose 3,17 lesen wir: *„Weil du auf die Stimme deiner Frau gehört und gegessen hast von dem Baum, von dem ich dir geboten habe: Du sollst davon nicht essen! – so sei der Erdboden deinetwegen verflucht: Mit Mühsal sollst du davon essen alle Tage deines Lebens".*

Bevor der Mensch vom Baum der Erkenntnis des Guten und des Bösen aß, hatte er im Garten Eden im Überfluss an den Dingen, die Gott für ihn bereitgestellt hatte. Doch da die Menschen Gott nicht gehorchten, indem sie vom Baum aßen, kam Sünde in den Menschen. Damit war die Kommunikation mit Gott unterbrochen und von dem Zeitpunkt an waren sie gezwungen, sich ihr Brot im Schweiße ihres Angesichts zu erarbeiten. Wir können das, was wir wollen und brauchen, nur im Schweiße unseres Angesichts bekommen. Wie viel mehr sollten wir im Gebet schwitzen und arbeiten, um etwas zu bekommen, dass mit menschlichen Fähigkeiten nicht zu haben ist?

Die geistliche Bedeutung vom Beten in der „Kammer"

Manche fragen sich vielleicht: „Aber Jesus hat gesagt, wir

sollen in unsere Kammer gehen und im Verborgenen beten. Warum sollen wir dann laut beten? Hört Gott der Allmächtige uns nicht auch, wenn wir still beten?" In Matthäus 6,6 sagt Jesus: *„Wenn du aber betest, so geh in deine Kammer, und wenn du deine Tür geschlossen hast, bete zu deinem Vater, der im Verborgenen ist! Und dein Vater, der im Verborgenen sieht, wird dir vergelten"*. Doch wir lesen an keiner Stelle in der Bibel, dass Jesus in einer Kammer gebetet hätte. Laut Markus 1,35 betete Jesus nicht in einer Kammer, sondern ging frühmorgens an einen einsamen Ort, um dort zu beten. In Lukas 6,12 wird berichtet, dass Er auf dem Berg betete.

Daniel öffnete sein Fenster und betete in Richtung Jerusalem (Daniel 6,10); Petrus betete auf dem Dach (Apostelgeschichte 10,9) und der Apostel Paulus betete an einem Ort des Gebets. Der Grund, warum sie spezielle Orte zum Beten hatten, war, dass sie dort von ganzem Herzen und mit ganzer Seele beten und dabei laut rufen konnten. Der Ausdruck „in der Kammer" beten, bedeutet, dass wir von ganzem Herzen und aus der tiefsten Tiefe des Herzens beten sollen. Geistlich gesehen steht die „Kammer" für das Herz des Menschen. Wenn wir in die Kammer gehen und die Türe schließen, sind wir von allen weltlichen Gesprächen und dem Kontakt mit der Außenwelt abgeschnitten. Das Gleiche gilt fürs Gebet: zunächst müssen wir alle Gedanken, Bedenken und Sorgen dieser Welt abschneiden und dann von ganzem Herzen und mit vollkommener Konzentration zu beten.

Gott kennt die Schwäche des Menschen.

Anfangs finden alle, dass es schwer ist, laut im Gebet zu rufen.

Doch wenn wir jeden Tag beten, empfangen wir bald die Kraft von oben, mit Leichtigkeit zu beten und können dann gut beten. Und wenn wir die Fülle des Heiligen Geistes empfangen, kommt damit auch die Gabe der Zungenrede. Wenn wir allerdings still beten, ist es sehr wahrscheinlich, dass nutzlose Gedanken unsere Konzentration gefangen nehmen und die Sorgen und Bedenken dieser Welt hereinkommen. Dann müssen wir wahrscheinlich mit nutzlosen Gedanken und Sorgen über unsere Ehepartner, die Kinder, persönliche oder finanzielle Dinge kämpfen. So werden wir schnell müde und schlafen ein. Wenn wir dagegen im Gebet schreien oder von ganzem Herzen rufen, ist da kein Platz für nutzlose Gedanken. So können uns Müdigkeit oder Schläfrigkeit nicht übermannen. Dann erleben wir Siege in unserem Gebetsleben.

Da Gott die Schwäche der Menschen kannte und kennt, befahl Er uns, im Gebet zu rufen, damit wir den Sieg erlangen können. Als mir klar wurde, dass dies Gottes Willen war, fing ich an, im Gebet zu rufen. Wenn ich in der Gemeinde die ganze Nacht betete, rief ich sehr laut zum Herrn; allerdings wollte mein Pastor nicht, dass ich so laut betete, weil sich die Nachbarn hätten beschweren können. War der Pastor in der Gemeinde, konnte ich nicht so sehr beten, wie ich das eigentlich wollte. Darum ging ich, jedes Mal, wenn ich Zeit hatte zu Orten, die „Gebetsberg" genannt wurden. In einem Teil meines Herzen tat es mir leid, denn wenn mein Pastor mich in der Gemeinde hätte laut beten lassen, wäre der Feind durch die Gebete hinausgetrieben worden und dieses Gebetsfeuer hätte sich auf viele Gemeindemitglieder gelegt, so dass sie schnell reif geworden wäre. Da ich von Natur aus in mich gekehrt war, begab ich mich auf den Gipfel des Hügels, dort rief ich laut im Gebet zu Gott – von früh morgens bis abends.

Gott führte mich zu einer niedrigen Position

Ich entschied mich für die Baubranche, um den Tag des Herrn einzuhalten

In den Monaten, in denen meine Frau unser Zuhause verlassen hatte, hatten sich die Zinsen erhöht und meine finanziellen Schwierigkeiten waren noch gestiegen. Ich fing an, als Bauarbeiter zu arbeiten, wie man mir beim Arbeitsamt vorgeschlagen hatte. Man sagte, ich solle meinen Körper erlauben, langsam Kraft zurückzugewinnen, indem ich nicht so schwere Arbeiten auf seinem Bauplatz ausführte. Ich wollte meine Kraft aber schnell zurückhaben, nachdem ich sieben Jahre lang gelitten hatte. Fürs Baugewerbe entschied ich mich auch, weil ich so problemlos den Tag des Herrn heiligen konnte. Da ich nicht jeden Tag arbeitete, betete und fastete ich, wann immer ich konnte; zur Arbeit ging ich, wenn es welche gab.

Die Zinsen für meine Schulden wuchsen, doch ich glaubte fest, dass Gott mich nur segnen würde, wenn ich Ihm wohlgefällig lebte. Meine Brüder und Schwestern wollten mir Geld geben, damit ich ein Geschäft eröffnen konnte; doch ich weigerte mich. Ich wollte noch einmal von vorne anfangen – und zwar richtig. Da ich als jüngster Sohn der Familie auf dem Land aufgewachsen war, hatte ich nie wirklich schwer arbeiten müssen. Als ich auf dem Bau anfing, war viel Durchhaltevermögen gefragt und manchmal kamen mir die Tränen. Doch ich stand wieder auf und arbeitete weiter. In jener Zeit wurde ich zu jemandem, der alles tun konnte und außerdem gewann ich so meine körperliche Kraft wieder.

Ich mauerte, schaufelte und schob die Handkarren. Wenn es im Winter keine Arbeit gab, war ich als Manager tätig und kümmerte mich um die Lieferung von Kohlebriketts. Auch arbeitete ich im Büro der Wasserwerke. Ich erlebte viel. Meine Frau verkaufte gesalzene Muschelsauce und Meeresalgen, aber sie schleppte auch Steine auf der Baustelle. Es war die Führung des Heiligen Geistes, dass ich diese körperlich schwere Arbeit angenommen hatte – nur war mir das damals nicht bewusst. Es war ein harter Job, aber ich erlebte selber, in welch einem schwierigen Umfeld Bauarbeiter leben. So lernte ich sie zu verstehen. Wann immer ich Zeit hatte, gab ich Zeugnis darüber, wie ich Gott erlebt hatte und predigte ihnen das Evangelium.

Im Sommer 1975 wurde Soojin, unsere dritte Tochter geboren. Sie war empfangen worden, als wir bei den Erweckungsmeetings die Gnade Gottes erlebten. Bei ihrer Geburt weinte sie auch nicht – wie ich, als ich geboren wurde. Sie hatte immer ein Lächeln auf dem Gesicht. Ich sah sie nie weinen bis sie sechs war. Für kurze Zeit trugen meine Frau und ich Steine an einem Berg, auf dem einige Gebäude errichtet wurden. Soojin war gerade zwei Monate, aber wie hatten niemanden, der sich um sie kümmern konnte. Darum stellten wir an einer Ecke der Baustelle einen Sonnenschirm auf und legten sie dorthin. Dieser Schirm konnte sie nicht vollkommen vor der Sonne schützen, aber sie weinte nicht. Als wir erfuhren, dass unsere Häuser für ein neues Bauprojekt abgerissen werden sollten, mussten wir mit dieser Arbeit aufhören.

Damals lebten wir in einem Dorf am Hang an der Grenze zwischen Keumho Dong und Osku Dong. Der Hausbesitzer informierte uns, die Regierung habe ihm mitgeteilt, dass das Haus abgerissen werden sollte. Wir müssten umziehen, sagte er. Zu der Zeit betrug unsere Miete 100.000 Won (umgerechnet etwa 100 Dollar). Er sagte, er habe eine Abfindung von 150.000 Won bekommen. Außerdem hatte er das Recht, sich eine Wohnung in den neu zu errichtenden Gebäuden zu sichern. Wenn er verkaufte, würde er 400.000 Won dafür bekommen.

Er sagte, er könne mir gar kein Geld geben, weil sein Haus komplett verschwinden würde. Da ich nicht mit ihm streiten wollte, versuchte ich gar nicht erst, das Geld von ihm zurückzubekommen. Aber ich hatte nichts anderes, wo wir hätten hingehen können. Beinahe hätten wir ein Zelt auf der Straße aufschlagen müssen. Doch meine Frau konnte irgendwie 50.000 Won borgen. Mit diesem Geld mieteten wir ein kleines Zimmer neben der Kirche. Es war ein schäbiges Zimmer ganz ohne Tageslicht.

Fasten und gründliche Buße nach Beschwerden bei Gott

Etwa einen Monat, nachdem wir umgezogen waren, kam eine neue Abrissankündigung. Der Hausbesitzer gab uns die Kaution zurück und sagte, wir müssten ausziehen. Allerdings war es nicht einfach, ein so billiges Zimmer wieder zu finden. Meine Frau und ich gingen nach Boolkwang Dong, um etwas Billiges zu suchen. Doch alle unsere Bemühungen waren umsonst. Wir ließen das Mittagessen ausfallen und aßen dann nicht einmal zu Abend. Als wir endlich nach Hause kamen, war es schon dämmrig.

„Gott, wie konntest du nur mein Gebet nicht erhören. Hast du denn nicht einmal ein Zimmer für uns vorbereitet?"

Mit diesen Worten beschwerte ich mich bei Gott. Doch in dem Augenblick lief ich bei einem Immobilienmakler vorbei und so fragte ich noch einmal nach.

„Jemand kam gerade, der ein Zimmer zu vermieten hat. Sie können einziehen – gleich morgen".

„Wie viel kostet es?"

„Sie können es für 50.000 Won haben".

Wir gingen hin, um es uns anzuschauen. Es war ein hübsches Zimmer und noch ein kleiner Raum, den man sogar als Laden benutzen konnte. Hier war der für uns vorbereitete Ort – und wir konnten schon am nächsten Tag einziehen! Nachdem ich heimgekommen war, betete ich und weinte unendlich. „Gott, warum kann mein Herz nicht beständiger sein! Warum habe ich ein so böses Herz? Du warst es nicht, der mich krank machte und mich Armut erleben ließ. Aber ich habe mich trotzdem bei Dir beschwert, Gott! Wenn ich keinen vorbereiteten Ort vorgefunden hätte, hätte ich einfach auf der Straße schlafen können. Ich sollte so dankbar sein, dass du alle meine Krankheiten geheilt hast. Warum habe ich mich nur beschwert?"

Es zerriss mir das Herz und ich tat tränenreich Buße, weil ich mich bei Gott beschwert hatte. Auch ging ich in ein dreitägiges Fasten, weil ich mich entschlossen hatte, mich unter keinen Umständen mehr bei Gott zu beschweren.

Keine Kompromisse beim Einhalten des Schabbats

Für die Arbeit auf der Baustelle hatte ich mich entschieden, weil ich den Schabbat einhalten und fürs Gebet frei sein wollte; mein schwacher Körper sollte durch das Ausruhen auch stärker werden. Während wir in einem kleinen schäbigen Zimmer wohnten, rief mich eine meiner älteren Schwestern an. Sie hatte ein gutes Restaurant und außerdem ein Gebäude. Sie wollte, dass ich das Restaurant managte und meine Frau wollte sie auch anstellen. Dann wäre es kein Problem mehr gewesen, unseren Lebensunterhalt zu bestreiten; ja, wir wären damit finanziell sogar gut gestellt gewesen.

„Bruder, ich gebe dir dazu eine Wohnung und ein gutes Gehalt. Warum übernimmst du nicht das Managen meines Restaurants? Du musst allerdings zwei Sonntage pro Monat arbeiten".

„Tut mir leid, Schwester. Aber sonntags muss ich auf jeden Fall in die Gemeinde. Das kann ich nicht machen".

Nachdem ich das Angebot meiner Schwester mit der Begründung, dass ich sonntags in die Kirche gehen müsse, ausgeschlagen hatte, erreichte diese Neuigkeit schnell meine Mutter sowie meine anderen Schwestern und Brüder. Meine Mutter war enttäuscht, dass ich den Vorschlag meiner Schwester abgelehnt hatte, weil ich doch nur zwei Sonntage pro Monat arbeiten musste. Sogar meine Brüder und Schwestern konnten mich nicht verstehen und schüttelten nur mit dem Kopf, weil ich die Chance vertan hatte, alle Schulden, die ich hatte, zurückzubezahlen und gut situiert zu sein.

Wie kann ich nach dem Wort Gottes leben?

Wie kann ich die sündige Natur ablegen?

Nachdem die Erweckungsveranstaltung zu Ende war, fing ich an, meine Bibel sehr sorgsam zu lesen. Bevor ich die Bibel las, wusch ich mich und zog frische Sachen an. Ich lass sie mit aufrechter Körperhaltung. So begann ich im Matthäusevangelium zu lesen. Bei Lesen fand ich viele Worte, wie zum Beispiel „meide das Böse", „lege Zorn ab", „lüge nicht", „hasse niemanden", „liebe deine Feinde" und so weiter...

Nachdem ich schon einige Zeit als Christ gelebt hatte, prüfte ich mich um zu sehen, wie ich den Worten der Bibel gehorchte. Wenn ich ein bestimmtes Gebot im Wort nicht einhielt, schrieb ich das in ein Notizbuch. Über diese Dinge betete ich zu Gott und bat Ihn, mir die Kraft zu geben, diese Dinge zu praktizieren und dann bemühte ich mich, sie in die Tat umzusetzen.

Weil ich versuchte, das Wort Gottes wahrhaftig und von Herzen umzusetzen, schenkte mir Gott Seine Gnade, so dass ich die Dinge, die ich ablegen sollte, schnell beiseite tun konnte.

„Ich liebe, die mich lieben; und die mich suchen, finden mich" (Sprüche 8,17).

„Wenn ihr mich liebt, so werdet ihr meine Gebote halten" (Johannes 14,15).

„Denn dies ist die Liebe Gottes: dass wir seine Gebote halten; und seine Gebote sind nicht schwer" (1. Johannes 5,3).

Später, nachdem ich Pastor geworden war, wurde mir Folgendes klar: Sünde kann im Allgemeinen in zwei Kategorien eingeteilt werden. Eine betrifft die „Werke des Fleisches", die tatsächlich in Handlungen begangen werden. Bei der anderen handelt es sich um die „Dinge des Fleisches", das heißt Sünden, die wir im Verstand begehen. Wenn sich die „Dinge des Fleisches" entwickeln, kann sich das in „Werken des Fleisches" äußern.

Der Versuch, alles Böse abzulegen

Während ich krank im Bett gelegen hatte, hatte ich manchmal mit meinen Nachbarn koreanische Kartenspiele gespielt, um mir die Zeit zu vertreiben. Aber selbst nachdem ich den Herrn angenommen hatte, wusste ich nicht, dass Spielen Sünde ist, weil ich das Wort Gottes nicht kannte. Bevor ich gläubig wurde, gewann ich die meiste Zeit. Doch nachdem ich den Herrn angenommen hatte, fing ich an zu verlieren. Ich verlor, ganz egal wie sehr ich versuchte, mein Bestes zu geben. Da wurde mir klar, dass Gott keinen Wohlgefallen am Kartenspielen hatte. So überlegte ich mir, damit aufzuhören. Eines Tages konnte ich der Versuchung allerdings nicht widerstehen und fing an, mit meinem Gehalt der letzten zwei Wochen, Karten zu spielen. Ich verlor das ganze Geld, bis auf den letzten Cent, als ich jene Nacht durchspielte. Am nächsten Morgen versuchten diejenigen, die Geld verloren hatten, zumindest das, was sie ursprünglich mit an den Tisch gebracht hatten, zurückzugewinnen. Da hörte ich ein vertrautes Geräusch draußen. Ein Pastor der Gemeinde kam den Hausbesitzer und seine Familie besuchen.

Ich hörte das zwar, spielte aber still weiter. Schließlich verlor ich mein ganzes Geld. Als ich aus dem Haus des Besitzers Lobpreislieder hörte, durchbohrte es mir das Herz. Der Pastor ging, nachdem er eine Nachricht hinterlassen hatte. „Da ein Pastor gekommen war, hätte ich den Hausgottesdienst beim Besitzer besuchen sollen. Wie kann ich von jetzt an mit solch einem Gewissen in die Gemeinde gehen?" Seit dem Zeitpunkt, tat mein Herz weh. Ich langweilte mich in den Gottesdiensten und konnte nicht beten. Vorher war ich sogar glücklich, wenn ich auf der Baustelle arbeitete, aber jetzt kamen dabei weder Lob noch Dank mehr aus meinem Mund. Im Herzen spürte ich nur Bedrängnis. Es vergingen zwei Wochen und ich machte Qualen durch. Eines Abends, machte ich das Fenster auf und schaute hinaus. Ich sah Ddooksum und das Ufer des Han. Elektrisches Licht fiel auf den Fluss und es schaute wie rote Kreuze aus. „Was ist passiert?" Ich fühlte etwas Merkwürdiges und schaute noch einmal hin. Die Lichter schauten wirklich wie aufgereihte rote Kreuze aus. „Warum schauen die Lichter wir Kreuze aus und nicht wie vorher?" In dem Augenblick gab der Gott der Liebe mir Seine Gnade von oben und ich erinnerte mich, dass ich den Pastor hätte begrüßen sollen, der zu unserem Haus gekommen war. Doch mein Herz war von dem verlorenen Geld besessen gewesen. Ich hatte mich vor dem Pastor versteckt und war nicht zum Gottesdienst im Haus gegangen. Ich tat Buße und weinte. „Gott, ich werde Karten nie wieder anrühren". Nachdem ich gründlich Buße getan hatte, gab mir Gott die Fülle des Heiligen Geistes wieder, die ich verloren hatte. Als die Mauer der Sünde gegen Gott gebrochen war, dachte ich, ich fliege. Die zwei vorangegangenen Wochen waren schwierig gewesen; doch mir war auch klar geworden, wie gefährlich es ist, auf die Welt zu schauen. So gab ich das Spielen auf.

Gebet zum Ablegen von in Gedanken begangenen Sünden

Die „Werke des Fleisches", die in Handlungen begangen werden, können relativ leicht abgelegt werden, wenn wir fest entschlossen sind. Wir können einfach aufhören das zu tun, von dem die Bibel sagt, dass wir es nicht tun sollen und stattdessen das tun, was uns die Bibel aufträgt. Bei zwei Dingen hatte ich allerdings Schwierigkeiten. Es ging um Hass und ehebrecherischer Gedanken. Diese Gedanken kamen in meinen Sinn, egal, was mein Wille wollte. Ich konnte nicht anders, als mir darüber Sorgen zu machen.

Damals gab es viele Leute, an denen ich mich rächen wollte. Zum einen meine Brüder, die sich geweigert hatten, mir Geld zum Anmieten eines Zimmers zu leihen, als ich krank war; zum anderen meine Schwiegermutter, die mich als ihren „behinderten

Schwiegersohn" bezeichnete und die Angehörigen meiner Frau, die mich verachteten, weil ich nicht in der Lage gewesen war, Geld zu verdienen. Gegen all diese Menschen verspürte ich einen tiefen Hass. Alles, was ich denken konnte, war: „Wenn ich wieder gesund bin, werde ich viel Geld verdienen und ihnen allen zeigen, wie gut es mir geht!"

Es schien nicht einfach zu sein, meine Feinde zu lieben, wo ich so viel Hass und Abneigung gegenüber der Familie meiner Frau hatte. Dazu kamen ehebrecherische Gedanken. Jesus sagte, wenn man eine Frau anschaut und dabei solche Gedanken hat, hat man bereits Ehebruch im Herzen begangen (Matthäus 5,28). Ich beging zwar nicht buchstäblich Ehebruch, aber meine Gedanken gerieten durcheinander, wenn ich Bilder von attraktiven Schauspielerinnen sah.

Wenn wir die sündige Natur unseres Verstandes stimulieren, indem wir Bilder, Filme, Internetseiten oder Frauen auf der Straße anschauen und wenn wir immer mehr Zeit darauf verwenden, ist es dann in Gottes Augen nicht Ehebruch? Ich war sicher, ich könnte andere Befehle in der Bibel ausführen, jedoch musste ich mir über diese zwei Dinge Gedanken machen.

Aber in den Erweckungsveranstaltungen sagte der Sprecher, wir könnten Gebetserhörungen für alles empfangen, wenn wir wirklich im Glauben beten. Ich war überzeugt, dass mit Glauben nichts unmöglich war und fing an zu fasten und zu beten, um die sündige Nature aus meinem Herzen zu verweisen.

„Gott, lass mich bitte keine ehebrecherischen Gedanken oder Gefühle haben, ganz egal, welche Frau ich sehe".

Bevor ich den Herrn annahm, hatte ich einige Fotos

und Kalender mit Bildern von Schauspielerinnen zu Hause aufgehängt. Doch seit ich das Wort Gottes las, gab es so etwas nicht mehr im Haus. Ich fastete und betete so lange, bis ich die sündige Natur, das heißt die ehebrecherischen Gedanken, verwarf. Ich wollte den Herrn mit Seinen Segnungen verherrlichen. Auch wollte ich von Ihm zu einem Ältesten in der Kirche machen würde, der den Bedürftigen mit von Gott geschenkten finanziellen Segnungen helfen konnte. In der Missionsarbeit wollte ich ebenso gerne helfen und Gott durch den Segen, den Er mir gab, die Ehre geben – so wie ich es auf dem Herzen hatte. Nachdem wir in die Wohnung mit dem Nebenraum für einen Laden eingezogen waren, eröffnete ich einen kleinen Komikbuchladen. Meine Frau verkaufte als Vertreterin Kosmetika und ich war allein im Laden. Meine Brüder schauten auf meinen verarmten Zustand und boten mir ihre Hilfe an, damit ich etwas anderes machen konnte. Aber ich weigerte mich. „Gott arbeitet an mir; Er wird mich ganz sicher segnen". Wenn ich die Hilfe meiner Brüder damals angenommen hätte, was hätte ich dann in der Folgezeit zu meinen Brüder sagen sollen, als Gott mir finanziellen Segen sandte?

Ich musste ihre Hilfe ausschlagen, um allein nach dem Willen Gottes zu leben. Meine Brüder hätten sonst Sachen gesagt wie:
„Welche Segnungen von Gott denn? Wir waren es, die dir geholfen haben, als du in Not warst, damit du überhaupt überleben konntest".

Drei Jahre zum Ablegen von ehebrecherischen Gedanken

Den Komikbuchladen konnte man ohne viel Kapital

betreiben. Um in einen größeren Laden umzuziehen, fastete und betete ich drei Tage lang. Nachdem das Fasten vorbei war, sah ich mir einen Laden unter dem Keumho Dong-Theater an. Er gefiel mir und ich unterschrieb den Vertrag. Ich eröffnete den Laden und weil es in der Nähe viele Bars gab, gehörten zu den Stammkunden viele Frauen, die in den Bars arbeiteten. Eine gewisse Frau setzte sich immer zu mir, wenn sie ins Geschäft kam. Jedes Mal, wenn sie das tat, stand ich sofort auf. Wenn eine Frau sich verführerisch verhielt, mied ich sie. Sie verhielten sich alle unterschiedlich. Aber mein Herz ließ sich davon nicht mehr erschüttern.

„Schaust du auf mich herab, weil ich in einer Bar arbeite?"

„Bist du aus Stein? Hast du denn keine Gefühle?"

„Besuche mich doch nach der Arbeit; dann kriegst du kostenlose Getränke".

Es gab ganz unterschiedliche Versuchungen, aber ich gestattete es meinem Herzen nie, sich ihnen hinzugeben. Ich lehnte jegliche Annäherungsversuche ab und das machte mich stark. Später spürte ich, dass die sündige Natur der ehebrecherischen Gedanken ganz und gar verschwunden war. Ich betete, wurde stark, überwand die Versuchungen durch mein Handeln und so wurden diese Gedanken samt Wurzeln herausgezogen. Diese Gebetserhörung erlebte ich drei Jahre, nachdem ich angefangen hatte, dafür zu beten, dass ehebrecherische Gedanken aus meinem Herzen verbannt würden.

Mein einziger Wunsch

Die Bibel sollte die einzig gültige Antwort geben

Mein großer Herzenswunsch war es, die Worte der Bibel vollkommen zu verstehen und ich wollte mich ganz danach richten. Ich ging zu jedem Erweckungsmeeting, von dem ich erfuhr, um Gottes Gnade zu empfangen.

Da es viele Verse in der Bibel gab, die ich nicht verstand, besuchte ich solche Versammlungen fleißig. Während der Botschaften war ich dann immer sehr froh, weil ich das Wort Gottes begreifen konnte. Auch an den Meetings, die immer in den Gebetszentren abgehalten wurden, nahm ich teil.

Dennoch gab es viele Passagen, die schwer verständlich waren, weshalb ich meinem Pastor Fragen stellte. Er konnte mir jedoch auf einige Fragen keine konkrete Antwort geben.

„Pastor, welches Buch kann mir am schnellsten ein klares Verständnis dafür geben, was der Wille Gottes ist?"

„Bruder Lee, wenn du so darauf aus bist, die Bibel zu verstehen, kannst du Bibelkommentare lesen, die die Bibel erklären und auslegen". Es freute mich sehr, das zu hören. Zu dem damaligen Zeitpunkt hatte ich so viele Schulden, dass es schwierig war, auch nur einen Cent zu sparen; doch irgendwie konnte ich das Geld zusammenlegen, um einen Bibelkommentar zu kaufen. Am Berghang lass ich die Kommentare betend, aber einige Teile waren immer noch schwer verständlich. Daraus konnte ich wirklich keine tiefschürfenden Erkenntnisse erlangen und so war ich frustriert. Die Kommentare zeugten nicht wirklich von der Wahrhaftigkeit von Gottes Wort; vielmehr stand darin, dass einige Teile Mythen seien. Außerdem raubten verschiedene Auslegungen einem eher den Glauben. Später las ich auch andere Kommentare; wobei allerdings jedes Buch andere Interpretationen enthielt. In der Bibel darf es nur eine Antwort geben – und die Kommentare verwirrten mich nur noch mehr.

Gott, bitte erkläre mir die Worte der Bibel!

Es war im Jahr 1976, als ich den Willen Gottes, der in Seinem Wort enthalten war, wirklich verstehen wollte. Da hörte ich von einem anderen Kirchenmitglied, das gerade von einem Erweckungsmeeting in Daegu zurückgekehrt war, etwas, das mich überraschte.

„Ein Pastor fastete zwei Mal 40 Tage lang. Da kam ein Engel und erklärte ihm die Bibel drei Jahre lang". In dem Moment, in dem ich das hörte, brannte mein Herz. Ich hatte das Gefühl, Feuer wäre auf mich gefallen. Manche würden vielleicht sagen, es sei absurd, dass ein Engel Gottes Wort auslegte, aber ich konnte das glauben. Ich wollte glauben und beten. So fing ich an, ohne Unterlass zu Gott zu beten.

„Gott, ich glaube alle 66 Bücher der Bibel. Die Bibel ist das auf die Inspiration des Heiligen Geistes hin geschriebene Wort Gottes. Gib mir bitte Deine Inspiration und erkläre mir alle 66 Bücher. Oder schenke mir die Erklärungen durch einen Engel oder komm zu mir, Herr, und gib mir Verständnis".

Wenn es Teile in der Schrift gibt, die ich nicht verstehe, kann ich den Willen Gottes nicht verstehen. Nur wenn ich die echte Bedeutung der Bibel verstehe, kann ich auch nach dem Willen Gottes leben. Erst wenn wir das Wort Gottes korrekt verstehen, können wir Sein Wort richtig halten.

Da ich die Bedeutung von Gottes Wort unbedingt begreifen wollte, betete ich eifrig. Es war Gottes Führung, dass ich so betete und Er legte es mir auch aufs Herz zu fasten. Wenn es für mich auf der Baustelle nichts zu tun gab, ging ich auf einen Berg hinauf und betete dort. Mein Gebet war es, dass Gott mir die Bibel erklären möge. Dies betete ich viele Jahre lang.

Gottes sanfte Hand

Innerhalb von zwei Monaten lernte ich, den Laden zu führen und mit dem Glauben, den ich erlangt hatte, dachte ich, ich könnte alles schaffen. Mit dem Laden, den ich damals betrieb, konnte ich kaum Profit erwirtschaften; aber ich hätte auch nicht mehr erwarten können. Obwohl ich nicht viel Geld hatte, wollte ich mein Geschäft ausbauen, denn ich glaubte, ich könnte alles tun. „Gott, lass mich an einen besseren Standort ziehen".

Am dritten Tag, nachdem ich so gebetet hatte, kam jemand auf mich zu und fragte, ob ich ihm meinen Laden überlassen würde. Damals besaß er eigentlich einen größeren Laden. Ich überließ ihm meinen Laden für eine Kaution von 150.000 Won (umgerechnet 150 Dollar) und so hatte ich abzüglich der 50.000 Won für das Mobiliar im Laden noch einen Profit von 100.000 Won. Nachdem meine Frau und ich drei Tage gefastet hatten, suchten wir einen anderen Laden in der Gegend auf. Es gab ein Geschäft, das sehr gut lief und man suchte nach einem Mieter zu einem Preis von 500.000 Won, einschließlich Provision und Miete. Den Vertrag schloss ich mit den 100.000 Won, die ich hatte; doch es standen noch weitere 400.000 Won aus. Damals war das für mich ein großer Betrag. Da wurde ich an zwei Gemeindemitglieder erinnert und bat meine Frau, von ihnen etwas Geld zu borgen. Sie weigerten sich allerdings gleich. Daraufhin lieh sich meine Frau zwar 150.000 Won von unseren Nachbarn, doch wir konnten die übrigen 250.000 Won nicht auftreiben. Dennoch sprachen wir mit dem Eigentümer des Gebäudes und vereinbarten, für den Betrag von 250.000 Won Zinsen zu zahlen.

Gemeindemitglieder sollten untereinander kein Geld leihen. Später begriff ich das Wort Gottes und warum mich Gott nicht von den Mitgliedern meiner Gemeinde Geld leihen ließ. Der Grund war, dass es nicht der Wille Gottes ist, dass Gemeindemitglieder einander Geld leihen oder sich borgen. Selbst natürliche Geschwister werden wegen Geld zu Feinden. Wenn wir innerhalb der Gemeinde Geld verleihen oder es uns borgen, kann der Feind leicht wirken; darum will Gott nicht, dass wir das tun. So lehre ich in meinem Dienst, dass sich die Gemeindemitglieder untereinander kein Geld leihen sollen. Aber ich musste auch feststellen, dass wenn Mitglieder diesbezüglich ungehorsam waren, und sich Geld borgten oder es verliehen, sie in Schwierigkeiten gerieten. Wir sollten als Glaubensgeschwister nie Schulden haben – außer dass wir einander Liebe schulden. Mit dem Profit, den wir im Laden erwirtschafteten, konnten wir die Zinsen für unsere Schulden zwar zahlen, aber wir konnten die Schulden nie ganz abarbeiten. Es gab in der Innenstadt viele Leute, die große Buchläden betrieben. So betete ich zu Gott, dass Er mir meinen Traum von einem größeren Geschäft erfüllen würde.

Auf dem Weg zu finanziellen Segnungen

Damals gab es auf dem Keumho Dong-Markt einen beliebten Laden. Es war auch bekannt, dass dort die besten Verkaufszahlen in der ganzen Gegend erreicht wurden. Nun stand der Laden zur Vermietung; allein die Kaution belief sich auf 1 Million Won (umgerechnet 1.000 Dollar) und dazu kam noch die Miete. Zu der Zeit bekam ein Arbeiter am Tag nur 1.500 Won (circa 15 Dollar). Das heißt es war für mich ein mächtiger Betrag. Der Besitzer sagte, er könnte auf 950.000 Won herunter gehen – aber nicht weiter. Später erfuhr ich, dass nachdem ich bei ihm gewesen war, zwanzig Tage lang niemand kam. Jemand erzählte mir, ich könnte mit dem Besitzer ein gutes Geschäft machen, weil er den Landen aus privaten Gründen schnell loswerden wollte. Allerdings hatte ich nur 500.000 Won. Praktisch gesehen war es unmöglich, damit zum Vertragsabschluss zu kommen. Doch nachdem ich die ganze Nacht intensiv gebetet hatte, ging ich zu ihm, um das Geschäft mit ihm abzuschließen. Ich bat ihn, mir den Laden für 500.000 Won zu überlassen, denn das war alles, was ich hatte. Er dachte einen Augenblick nach und sagte, er würde sich auf 500.000 Won einlassen.

Schließlich unterzeichneten wir den Vertrag für 500.000 Won. Ich stimmte zu, die Kaution jeden Monat mit der Miete zu bezahlen. Also zogen wir in den Laden auf dem Keumho Dong-Markt. Sobald wir den Laden öffneten, kamen viele Kunden. Dann erzählten viele Leute, wie sehr sie das Geschäft eigentlich auch gern genommen hätten, allerdings sei ihnen nicht gewusst gewesen, dass es zu vermieten war. Einige sagten, sie würden mir 1,2 Millionen Won als Provision geben, wenn ich ihnen den Laden überließe. Als jemand 1,3 Millionen Won anbot, sprach ich mit meiner Frau darüber, denn von dem Geld hätten wir uns auch ein Haus kaufen können. Aber wir hatten beide kein gutes Gefühl dabei, den Laden abzugeben, nachdem uns Gott Seinem Willen entsprechend gerade erst an diesen Ort geführt hatte.

Darum beschlossen wir, unsere Schulden mit dem Profit zurückzuzahlen, den wir mit dem Laden machen würden. Es war im Juli 1977, als wir den Laden eröffneten. Sonntags schlossen wir das Geschäft und wir ließen auch keine Studenten rein, die tranken oder rauchten. Da die Mitglieder meiner Familie zu Hause ständig Lobpreislieder sagen, konnten die Leute auch im Laden Loblieder hören. Es kamen mehr Kunden ins Geschäft als beim früheren Besitzer. Tagsüber war der Laden geöffnet und abends beteten wir. Das war unsere tägliche Routine.

Training zur Unterscheidung der Stimme des Heiligen Geistes

Im Osanri-Gebetshaus

Wie ein Hirsch nach frischem Wasser lechzt, war ich durstig danach, Gottes Wort noch besser zu verstehen. Im Jahr 1977 besuchte ich ein Treffen im Osanri-Gebetshaus. Da hörte ich die Stimme Gottes zum zweiten Mal. Ich hörte der Predigt des Pastors zu. Dieser sagte: „Da uns Gott die Weisheit gegeben hat, Medizin herzustellen, ist es auch Gottes Wille, dass wir ins Krankenhaus gehen und Medikamente nehmen". Dem konnte ich nicht mit einem Amen zustimmen. Das stand im krassen Gegensatz zu dem, was ich selbst mit Gott, dem Allmächtigen, der alles kann, erlebt hatte. Nach dem Gottesdienst begab ich mich in einen Gebetsraum und betete ernsthaft: „Gott, ist es Dein Wille, dass wir Medizin nehmen oder nicht?"

Ich weiß nicht, wie viel Zeit verging. Plötzlich hörte ich die

Stimme Gottes sagen: „*Schlag 2. Chronik, Kapitel 16 auf*".
Ich schlug die Bibel auf und es ging da um König Aas von Israel.
Am Anfang seiner Regierungszeit verließ er sich auf Gott allein.
Deshalb gewann er alle Schlachten und es herrschte eine Zeit
des Friedens. Doch gegen Ende seiner Regierungszeit verließ
er sich nicht auf Gott, sondern auf andere Armeen. Er verlor
Kämpfe und warf sogar einen Propheten, der ihn auf seinen
Fehler hinwies, ins Gefängnis. Dann erkrankte Asa an den
Füßen. Doch obwohl sein Leiden schwerwiegend war, wandte er
sich selbst dann nicht an den Herrn, sondern an die Ärzte. Zwei
Jahre später starb er. Durch dieses Kapitel war ich mir sicher, dass
Gott will, dass Seine Kinder einen festen Glauben an Ihn haben
und sich auf Ihn allein verlassen, anstatt ihren Glauben und ihr
Vertrauen auf die Welt zu setzen.

Wie übt man sich im Hören der Stimme des Heiligen Geistes

Man muss zwischen der Stimme Gottes und des Heiligen
Geistes unterscheiden. Was mich betrifft, so habe ich persönlich
die Stimme Gottes nur zu ganz besonderen Gelegenheiten
vernommen, das heißt, ich habe sie nur sehr selten gehört. Die
Stimme des Heiligen Geistes kann man immer deutlicher hören,
wenn man Jesus Christus annimmt, den Heiligen Geist empfängt
und weiter eifrig betet, um Sünden und böse, fleischliche
Gedanken abzulegen.

Schon als neuer Gläubiger, fing ich an die Stimme des
Heiligen Geistes zu hören. Als ich eines Tages in der Gemeinde
saß, erlaubte mir Gott, das Hören der Stimme des Heiligen

Geistes zu trainieren. Während des Sonntagsgottes¬dienstes verspürte ich ein intensives Drängen im Herzen, während ich der Botschaft aufmerksam zuhörte. Ich wurde dazu gedrängt, einem gewissen Pastor der Gemeinde 30.000 Won zu geben. So entschied ich mich dafür und sagte: „Gott, ich werde 30.000 Won besorgen und sie dem Pastor geben!"

Dazu entschloss ich mich noch während des Gottesdienstes. Doch danach fielen mir beim Hinausgehen am Tor der Gemeinde andere Dinge ein. Ehrlich gesagt waren 30.000 Won eine ganze Stange Geld. Ich dachte, wenn ich es sie hätte, würde ich sie ihm geben. Aber woher sollte ich so viel Geld kriegen? Seiner Familie schien es besser zu gehen als meiner. Vielleicht waren es auch nur so ein paar Gedanken während des Gottesdienstes gewesen. So vergaß ich das Ganze.

Doch am nächsten Tag kam die Schwiegermutter des Pastors, eine der langjährigen Diakoninnen der Gemeinde, zu mir in meinen Laden am Keumho Dong-Markt. „Meine Tochter lag die ganze Nacht in Wehen. Als sie ins Krankenhaus fuhr, brauchten wir dringend 30.000 Won. Es war für mich nicht einfach das Geld aufzutreiben. Ich brauchte es gerade so zusammen und fuhr auch ins Krankenhaus. Ihre Wehen waren sehr schlimm". Ich war schockiert, das zu hören. „Diakonin, während ich am Sonntagmorgen im Gottesdienst saß, legte mir der Heilige Geist etwas aufs Herz, aber ich gehorchte Ihm nicht, sondern dachte, es sei nur mein Gedanke. Dann dachte ich nicht mehr daran. Doch genau darum ging es".

Ich tat sofort Buße und beschloss, beim nächsten Mal gehorsam zu sein. Ich dachte: „Ich habe die Stimme des Heiligen Geistes gehört, aber nicht gehorcht und das hat zu diesem Ergebnis geführt". Hätte ich der Stimme gehorcht, wäre es mir leicht gefallen, die 30.000 Won zu besorgen, die Gott schon vorbereitet hatte. Dann hätte die Familie des Pastors nicht wegen dieses Betrages die ganze Nacht leiden müssen. Außerdem hätte mich Gott für meinen Gehorsam reichlich gesegnet. So bedauerte ich, dass ich nicht gehorsam gewesen und mich stattdessen auf meine eigenen Gedanken verlassen hatte. Seit damals habe ich auch durch weiteres Üben gelernt, zwischen der Stimme des Heiligen Geistes und meinen eigenen Gedanken zu unterscheiden.

Ich lernte wie wichtig Gehorsam ist

Mir wurde durch ein Erlebnis bewusst, wie extrem wichtig es ist, Gottes Willen zu gehorchen. Ich diente fleißig in der Gemeinde und eines Tages rief mich mein Pastor an. „Wir haben zu wenige Lehrer für die Sonntagsschule. Warum unterrichtest du nicht die Kinder?" Ich lehnte zunächst ab: „Es tut mir Leid, Pastor, aber ich bin nicht sicher, dass ich die Kinder unterrichten kann. Ich selbst habe die Sonntagsschule nie besucht. Wenn ich etwas mehr Zuversicht habe, kann ich es machen". Ich wusste zwar, dass ich dem Pastor gehorchen sollte, aber ich fühle mich nicht kompetent genug und lehnte die Anfrage ab. Nie hätte ich gedacht, dass so eine kleine Sache solch eine große Mauer der Sünde zwischen Gott und mich bauen würde. Dabei betete ich eifrig: „Gott, gib mir die Gabe der Zungenrede".

Damals beneidete ich Leute, wenn ich hörte, wie sie fließend in neuen Sprachen beteten. So betete ich immer wieder für die Gabe der Zungenrede, konnte sie aber nicht empfangen. Dann hörte ich, dass man die Gabe der Zungenrede auf dem

Han Ol San-Gebetsberg ganz leicht empfangen könnte. So ging ich hin und besuchte eine Versammlung, doch die Gabe kam nicht. Allerdings hatte der Sprecher, Pastor Chun Suk Lee in der Botschaft gescherzt: „Sogar mein Hund spricht in neuen Sprachen; darum sind die, die die Gabe der neuen Sprachen noch nicht empfangen haben, nicht besser als mein Hund". Nach der Veranstaltung dachte ich, ich sei nicht mehr wert als ein Hund und kickte einen Stein, der mir im Weg lag. Ich ließ das Mittagessen ausfallen und ging ins Tal. Dort hielt ich mich an einem Baum fest und betete zu Gott, er möge mir die Gabe der Zungenrede geben. Da fiel mir plötzlich wie aus heiterem Himmel etwas wieder ein: obwohl ich es mir nicht zutraute, hätte ich zu meinem Pastor ja sagen sollen, als er mich bat, die Sonntagsschule zu unterrichten. In Anbetracht meines Gehorsams hätte Gott mir geholfen. Doch ich war ungehorsam gewesen.

„Gott, bitte vergib mir, dass ich meinem gegenüber Pastor ungehorsam war. Ich werde nie mehr ungehorsam sein".

In dem Moment, wo es mir klar wurde, tat ich von ganzem Herzen Buße. Dann fing ich plötzlich an, in neuen Sprachen zu reden. Danach hatte ich mich so sehr gesehnt! „Gott, ich danke Dir!" Da wurde mir endlich bewusst, dass Gehorsam besser ist als Opfer – und wie sehr es Gott gefällt, wenn wir gehorsam sind. Aufgrund dieser Erfahrung beschloss ich wiederum, Gottes Willen bedingungslos zu gehorchen, ohne über die Realität einer Situation nachzudenken. Jedoch gab es für mich, der ich tief im Herzen begriffen hatte, wie wichtig es ist, gehorsam zu sein, eine Sache, bei der es mir sehr schwer fallen sollte, gehorsam zu sein.

Kapitel 4

Gottes Berufung

Herr, wie kannst du eine Person wie mich wählen?

Eines Tages im Mai 1978 hörte ich im Gebet die Stimme Gottes wie Donnergrollen:

„Mein Diener, den Ich erwählte, bevor die Zeit begann! Ich habe dich drei Jahre lang geläutert. Jetzt sollst du dich selbst drei Jahre lang im Wort zurüsten. Ich werde dich gebrauchen. Du wirst über Berge, Flüsse und Meere hinweg das Evangelium predigen und Ich werde bei der sein und du wirst Mein Diener sein, der allen Nationen durch Zeichen und Wunder zeigen wird, dass ich der lebendige Gott bin".

Dann sprach Er mit klarer, kräftiger Stimme weiter:

„Ich habe dich erwählt, bevor die Zeit begann und seit du im Leib deiner Mutter warst, habe Ich dich mit feurigen Augen bewahrt und dich selbst bis zu diesem Moment geleitet.

Deine Frau kann sich um den Laden kümmern und du fängst jetzt an, Mein Diener zu werden. Du wirst mehr verdienen, als wenn ihr beide zusammen arbeiten würdet. Das Geld in eurem Geldkasten wird nie ausgehen und euer Reistopf wird nie leer sein, sondern immer überfließen. Du wirst Bedürftigen helfen. Es war Gott, der dich an den niedrigsten Punkt brachte und es ist auch Gott, der dich bis jetzt geführt hat und Er wird dich auch von jetzt an führen. Du wirst begreifen, warum Ich dich an den niedrigsten Punkt geführt habe. Mit Meiner Macht, werde Ich dich an die höchste Position setzen. Du hast mich vor deinen Eltern geliebt, du liebst mich mehr als sie, deine Kinder und sogar als deine Frau. Du hast mich allein geliebt. Darum werde ich dir ein gedrücktes, geschütteltes, überfließendes Maß – ja das Hundertfache – zurückgeben!"

Ich hörte diesen Worten in der Fülle und Inspiration des Heiligen Geistes zu und empfing sie mit einem „Amen". Als ich dann noch einmal darüber nachdachte, war es für mich wirklich erstaunlich. Bis dahin hatte ich davon geträumt, Ältester zu werden, der Leuten helfen würde, die unter Krankheit und Armut litten wie ich früher. Hatte ich bis dahin für das Falsche gebetet? Ich hatte noch so viele Schulden zurückzuzahlen und es war täglich immer noch schwierig, mit dem Geld auszukommen. Mein Gedächtnis funktionierte noch nicht einmal richtig. Wie sollte ich da auf der Bibelschule Theologie studieren können? Was sollte aus meiner Familie werden? Das machte mir Kummer und ich sorgte mich die ganze Zeit. Alles, was ich denken konnte, war: „Wenn das Dein Wille ist, dann lass mich den Klang Deiner Stimme noch einmal hören".

Ich sprach mit meiner Frau darüber und überließ ihr alles, was den Laden anbetraf, so dass sie ihn komplett übernahm. „Könnte es sein, dass ich mich bezüglich der Stimme Gottes vertan hatte? Läuft da etwas schief?" So fing ich an zu bezweifeln, dass ich die Stimme Gottes gehört hatte. Darum betete ich wieder zu Gott: „Gott, jetzt habe ich immer dafür gebetet Ältester zu werden, aber Du sagst mir, ich solle Dein Diener werden! Ich bin so ein introvertierter Mensch, dass ich mir gar nicht vorstellen kann, vor anderen Leuten zu predigen. Ich bin auch schon recht alt. Ich habe kein gutes, leistungsstarkes Gedächtnis und ich schneide bei Prüfungen nicht gut ab". Doch für den Fall, dass Gott immer noch wollte, dass ich trotz dieser Einschränkungen Sein Diener werden sollte, bat ich Ihn: „Lass mich bitte Deine Stimme noch einmal hören".

Daraufhin ging ich in Gebetszentren, um die Stimme Gottes nochmals zu hören. Eine Woche lang betete ich, doch eine Antwort kam nicht. Darum ging ich zu einigen Dienern, die dafür bekannt waren, dass sie gute Prophetien gaben. Aber dennoch kam keine prophetische Antwort für mich. Ich begab mich von einem Gebetszentrum in den Bergen zum nächsten und verbrachte herzzerreißende Tage damit herauszufinden, ob es wirklich Gottes Wille für mich war, dass ich Sein Diener, genauer gesagt Pastor, werden sollte. So vergingen drei Monate. Fast gab ich auf und kehrte verzweifelt nach Hause zurück. An einem Samstag kam mein Pastor zu mir in den Laden. Ich war planmäßig an der Reihe, das Eröffnungsgebet zu sprechen; doch ich hatte das dafür notwendige Selbstvertrauen nicht. So sagte ich ihm unverwunden: „Pastor, seit Monaten habe ich keine Gebetserhörung erlebt. Darum kann ich am Sonntag im Gottesdienst nicht beten". Er sagte einfach: „Diakon, du musst es trotzdem tun".

Die Stimme Gottes hören

Mein Pastor hatte mir gesagt, ich müsse das Eröffnungsgebet im Gottesdienst dennoch sprechen; aber ich konnte nicht von ganzem Herzen „Amen" dazu sagen. Nachdem wir an jenem Tag im Laden fertig waren, schlossen wir ab und gingen heim. Da es heftig regnete, beschlossen meine Frau und ich, zu Hause zu beten, anstatt in die Gemeinde zu gehen. Um Mitternacht legten wir ein Tuch auf den Boden, knieten nieder und begannen zu beten und Gott zu preisen. Ich betete mit geschlossenen Augen, doch plötzlich sah ich eine Vision. Dabei öffnete sich die Decke und Licht vom Himmel kam herunter.

Ich hatte den Eindruck als sei das Dach weg; alles war sperrweit offen. Dann hörte ich so wie es in der Offenbarung geschrieben steht, eine würdevolle Stimme. Sie klang wie viele Wasser und dennoch klar und ruhig. Sie sprach: „*Sprich morgen das Eröffnungsgebet*". Das war zwar eine Antwort, aber sie hatte rein gar nichts mit dem Gebet zu tun, ob ich Diener des Herrn werden sollte. Dieses Mal war die Stimme warm, angenehm, autoritär und es war schwer ihr nicht zu gehorchen. Sie war voller Liebe und gnädiger Freundlichkeit.

Immer noch kann ich die Stimme deutlich spüren, aber das lässt sich mit Worten nicht ausdrücken. Als ich die Stimme hörte, schmolz alle Verzweiflung einfach wie Schnee. Alle fleischlichen Gedanken verschwanden und ich war vom Heiligen Geist erfüllt – und zwar so sehr, dass ich das Gefühl hatte, als wäre mein Körper so leicht wie Baumwolle oder als könne ich fliegen, wenn ich wollte. Freude, Dankbarkeit und Fröhlichkeit sprudelten aus der Tiefe meines Herzens hervor. In dem Moment dachte ich, so muss es wohl sein, wenn wir in den

Himmel emporsteigen, wenn der Herr zurückkommt! Als ich die Augen aufmachte, war das Licht weg und die Zimmerdecke sah aus wie sonst auch.

Meine Frau, die neben mir saß, hörte die Stimme zwar nicht, aber auch sie wurde mit dem Heiligen Geist erfüllt und ihr war bewusst, dass ich Gottes Stimme in den hellen Lichtern gehört hatte. So priesen wir Gott die ganze Nacht und gaben Ihm im Gebet die Ehre.

Erfüllt mit dem Heiligen Geist

Am nächsten Morgen ging ich früh zur Kirche, um mir die Gottesdienstordnung anzuschauen. Ich stand noch auf der Liste und sollte das Gebet leiten. Nach den Erlebnissen der vergangenen Nacht fühlte sich mein Körper immer noch so an, als würde ich fliegen, obwohl ich saß. Wie unbeschreiblich und erstaunlich das Ganze war! Von dem Augenblick an, da ich übers Mikrofon betete, gehörten mir meine Lippen nicht mehr. Der Heilige Geist ergriff mein Herz und meine Gedanken vollständig. Durch die Inspiration des Heiligen Geistes zitterte ich sogar, während ich betete; das Gebet durchflutete meine Gedanken und selbst wenn ich gewollt hätte, hätte ich es nicht stoppen können.

Ich selbst war überrascht, denn in dem Gebet wurden die Gemeindemitglieder getadelt. Folgende Worte kamen: „Wehe euch, die ihr Gott beim Zehntengeben beraubt. Ihr Starrköpfigen, die ihr Gott nicht dankt! Ihr sagt, ihr glaubt Gott, aber euer Glaube ist umsonst".

Ich konnte mich kaum kontrollieren und betete über

zehn Minuten lang. Damals fingen die Leute normalerweise an zu murren, wenn jemand länger als drei Minuten für den Gottesdienst betete. Nach dem Gebet ging ich zu meinem Platz zurück, aber ich konnte nicht aufschauen und den Pastor direkt ins Gesicht zu sehen. Ich wusste nicht, was ich tun sollte. Alles was ich denken konnte war: „Wie kann es sich ein Diakon erlauben, die gesamte Kirchengemeinde so zu schelten?"

Doch sofort im Anschluss an den Gottesdienst kam der Pastor zu mir und sagte: „Dein Gebet hat mich angerührt". Normalerweise gab er keine derartigen Kommentare ab. Doch weil ich schüchtern war, versuchte ich so schnell und leise wie möglich zu gehen. Allerdings kamen viele auf mich zu und sagten: „Diakon, du warst so vom Heiligen Geist erfüllt. Dein Gebet hat mich bewegt".

Allein im Gehorsam

Schließlich hatte ich die Gewissheit, dass Gott mich wirklich zu Seinem Diener berufen hatte. Ich bekannte es, indem ich sagte: „Gott, da Du mich als Deinen Diener berufen hast, werde ich diesen Weg einschlagen. Aber kümmere dich um alles, was mir Sorgen bereitet, wie zum Beispiel die Bibelschule, mein Gedächtnis und alles Andere, Gott".

Ich war 36 und überzeugt, dass Gott mich zu Seinem Diener berufen hatte. Sofort mietete ich ein Zimmer, um allein zu leben; es war circa fünf Minuten von mir Zuhause entfernt. So fastete ich, las meine Bibel aufmerksam und bat Gott um ein effektives, leistungsstarkes Gedächtnis. Ich wollte das Fleisch mit seinen Leidenschaften töten und entschloss mich, als Diener

Gottes allein Seinem Willen zu folgen. Es war nicht einfach, mich von meiner Familie fernzuhalten – doch all dies geschah auf die Führung des Heiligen Geistes hin. Ich besprach mich mit meinem Pastor in der Oksu Dong-Gemeinde, die ich von Zeit zu Zeit besuchte. Dann beschloss ich auf die Sung Kyul-Bibelschule zu gehen und fing an, für die Aufnahmeprüfung zu lernen. (Sung-Kyul bedeutet „Heiligkeit")

Dann war es soweit, dass ich die Prüfung machen sollte. Ich schrieb die Antworten für die Fragen über Themen, die die Bibel direkt betrafen. Aber für die anderen Themen wollte ich keine unreinen Antworten niederschreiben. Darum schrieb ich nur meinen Namen auf die leeren Blätter und reichte sie ein. Im Vorstellungsgespräch fragte mich der Dekan der Bibelschule, warum ich abgesehen vom biblischen Fragenkatalog leere Arbeitsblätter eingereicht hatte. Da erläuterte ich ihm, wie ich mein Erinnerungsvermögen verloren hatte.

„Wie wollen Sie denn ohne Gedächtnis Pastor werden?", fragte er.

Ich antwortete: „Gott hat mich dazu gebracht, diesen Weg in meinem Leben einzuschlagen".

„Nun, Sie haben die volle Punktezahl von 100 in der Bibelprüfung" sagte er.

Ich war der einzige, der 100 Prozent im Bibelteil der Prüfung erreichte. So qualifizierte ich mich bei diesem Eingangstest. Tatsache ist, dass ich mich qualifizierte, obwohl ich Bedenken hatte, es zu schaffen und in die Bibelschule aufgenommen zu werden.

Gott lässt uns ernten, was wir säen

Das Leben auf der Bibelschule

Gottes Diener müssen ein Leben führen, dass sich sichtbar vom Rest der Welt unterscheidet. Doch meine Mitschüler auf der Bibelschule folgten den Trends der Welt. Nach dem Unterricht trafen sie sich in Cafés und sprachen über weltliche Dinge. In den Ferien redeten sie übers Spaßhaben, anstatt zu beten und die Bibel zu lesen. Ich riet ihnen immer wieder, ihre Zeit nicht so zu verschwenden, sondern sich aufs Gebet zu konzentrieren, aber keiner gab darauf Acht. So war ich natürlich immer allein und vom Rest der Klasse getrennt.

In 1979 fing ich die Bibelschule im Alter von 37 Jahren an und betete ab der 1. Klasse, dass Gott mir den Namen für die Gemeinde geben sollte, die ich eines Tages gründen würde. Meine Schwester sagte, sie würde mir helfen, die Gemeinde zu eröffnen. Darum schaute ich mir verschiedene Räumlichkeiten an; aber nichts war passend.

Gottes Wohlgefallen und das Anlegen von Schätzen im himmlischen Königreich

Ich glaubte daran, dass Gott mich da, wo ich säte, ernten lassen würde und es mir entsprechend meiner Taten vergelten würde. Darum versuchte ich immer, Schätze anzulegen, die im himmlischen Königreich zählten. Selbst als ich noch auf dem Bau arbeitete, gab ich von ganzem Herzen meine Dankopfer, wenn ich bei einer Erweckungsveranstaltung Gnade empfangen hatte. Wenn ich kein Geld hatte, versprach ich Gott, es innerhalb einer bestimmten Zeitspanne nachzuholen. Natürlich gab ich dann auch das, was ich versprochen hatte. Wenn ich kein Geld für mein Gelübde oder Versprechen hatte, borgte ich mir das Geld, um das Gott gegebene Versprechen einlösen zu können.

Wenn ich vor Gott trat, tat ich dies nie mit leeren Händen. Jedes Mal, wenn ich Einnahmen hatte, gab ich Gott davon zehn Prozent, also den Zehnten. Oft gab ich zwanzig oder dreißig Prozent meines Einkommens. Nie hatte ich das Gefühl, es wäre verschwenderisch, Gott etwas zu geben. Ich wollte nicht berechnend sein, wenn es ums Geben ging.

Eines Tages besuchte mich mein Pastor zu Hause. Ihm war unsere schwierige finanzielle Situation und dass wir so viele Schulden hatten, nicht bewusst. Er erläuterte, dass die Gemeinde Not hatte und fragte, ob wir nicht einen größeren Betrag als Opfer für den Gemeindebau geben könnten. Wir sagten: „Amen. Das werden wir tun". Wie stimmten dem Pastor gerne mit Freunden zu. Obwohl wir Schulden hatten, legten wir auf die Bitte unseres Pastors hin ein weiteres Gelübde ab. Darum mussten wir wieder ein Darlehen aufnehmen. Auf diese Weise versuchten wir, im Himmel Schätze anzulegen. Als die Zeit reif war, öffnete Gott die Pforten des Segens.

Folge Gottes Willen auch im Kleinen

Es gab jemanden, der regelmäßig Bücher für meinen Laden lieferte. Er war schockiert, wenn er sah, dass wir jeden Sonntag geschlossen hatten. Er sagte, der Laden würde Pleite gehen. Doch obwohl es ein kleines Geschäft war, lag Gottes Wohlgefallen darauf und Er segnete uns mächtig, weil wir den Schabbat einhielten, den Zehnten und unsere Opfer gaben.

Der Laden war immer von morgens bis abends voll. Viele kamen, um von uns etwas zu lernen, denn es wurde auch in anderen Stadtteilen bekannt, dass wir erfolgreich waren. Deshalb wurden sie noch neugieriger, als sie erfuhren, dass wir jeden Sonntag geschlossen hatten und die Räume nicht die schönsten waren. Außerdem hatten wir keine Erotikbücher und Rauchen war streng verboten. So war es eine saubere und gesunde Atmosphäre. Darum kamen auch viele gute Universitätsstudenten zu uns.

„Was war das Geheimnis für den Erfolg unseres Ladens?"
Wir empfingen den Segen Gottes, weil wir sonntags geschlossen hatten und in den Gottesdienst gingen. So antworteten wir allen, die diese Frage stellten, auch wenn es Ungläubigen schwer fiel, das zu verstehen. Solange wir den Laden hatten, konnten wir viele Kunden evangelisieren. Als ich die Gemeinde eröffnete, gingen sie mit und wurden die

tragenden Mitglieder in unserer Mission für junge Erwachsene.

Mehrere Monate nachdem wir den Laden eröffnet hatten, konnten wir alle Schulden zurückzahlen, obwohl es eigentlich zu viele waren, als dass wir sie so früh hätten zurückzahlen können. Das war kurz bevor ich auf die Bibelschule ging. Da wir alle Schulden bezahlt hatten, konnten wir jetzt in den Opfern in der Gemeinde, die wir besuchten, freizügiger geben. Wir versuchten auch Familien zu helfen, die in Not waren. Wenn wir in der Bibelschule ein Picknick hatten, bereitete ich viele Portionen für Lehrkräfte und viele andere Mitschüler vor. Sonntags bereiteten wir das Mittagessen für den Chor zu. Im Verborgenen halfen wir bedürftigen Bibelschülern. Wir lebten in Mietwohnungen, aber zu besonderen Festen oder Feiertagen bat ich meine Frau, sich um die Stadt im Allgemeinen zu kümmern. Wenn eine Familie zu arm war, um ein feierliches Essen zuzubereiten, bat ich sie, ihnen Reiskuchen und Essen zu geben, auch wenn sie nicht gläubig waren. Wir taten es nicht, weil es uns finanziell so gut gegangen wäre. Wir taten es einfach im Glauben. Nachdem wir derart gesät hatten, versorgte uns Gott, der uns ernten lässt, was wir säen. Am folgenden Tag hatten wir mehr Einkommen als irgendeinem anderen normalen Tag.

Gott weckte mich während einer 200-tägigen Gebetsnachtwache

Nachdem ich den Herrn angenommen hatte, ging ich mit der Welt in keiner einzigen Situation einen Kompromiss ein. Ich versuchte, das Gesetz des Herrn strikt einzuhalten – in dem Maße, wie ich es vom Wort her gelernt hatte. Die vier Jahre, die ich auf der Bibelschule war, betete ich jede Nacht durch und fastete sehr oft. In den Ferien packte ich meine Sachen und begab mich in die Berge, um zu beten. Auch zu anderen Zeiten brachte ich ganze Nächte im Gebet zu – als Opfer, zu dem ich mich verpflichtet hatte. Ich betete gewöhnlich von Mitternacht bis vier Uhr morgens und in der Gott versprochenen Zeit war ich nie spät dran – nicht einmal eine Minute.

Nach dem Gebet ging ich allein zu meinem Zimmer zurück und legte mich um 5 Uhr schlafen. Allerdings stand ich um 7 Uhr schon wieder auf. Meine Tochter Miyoung, die damals in die Grundschule ging, brachte mir um 7:20 Uhr Frühstück. Nach dem Frühstück nahm ich meine Dose mit dem Mittagessen und ging zur Bibelschule. Nach dem Unterricht ging ich wieder heim und hatte meine Hausaufgaben zu erledigen. Manchmal musste ich mich auch um den Laden kümmern. Es gab viel zu tun. Da ich fortwährend so lebte, wurde ich müde. Ich ging erst um 5 Uhr früh schlafen und so war es schwierig, um 7 Uhr schon wieder aufzustehen. Doch der Herr weckte mich um 7 Uhr auf.

„Papa!", hörte ich meine Tochter draußen mit dem Frühstück rufen. „Bist du es, Miyoung?" Ich hatte definitiv die Stimme meiner Tochter gehört und so öffnete ich die Tür. Aber es war niemand draußen. Ich schaute mich nach ihr um, konnte sie aber nirgends finden. Als ich mit dem Waschen fertig war, das heißt zwanzig Minuten später, kam Miyoung erst. Am nächsten Tag hörte ich um 7 Uhr wieder „Papa!" – ich öffnete die Tür, aber es war keiner da. In dem Moment wurde mir klar, dass Gott mich durch einen Engel weckte.

Doch im Laufe der Zeit wurde ich dafür weniger empfänglich. Schließlich konnte ich nicht mehr aufstehen, obwohl ich die Stimme hörte, die „Papa!" rief. Dann benutzte Gott eine andere Methode. Ich hörte, wie viele Leute vor meiner Tür vorbeikamen, doch als ich aufmachte, um nachzusehen, war niemand da. Es war genau 7 Uhr.

In einer Zeit, in der ich versprochen hatte, einhundert Nächte lang zu beten, erfuhr ich am neunzigsten Tag, dass mein Schwiegervater verstorben war. So fuhr ich mit meiner Frau in ihren Heimatort in Mokpo. Dort beteten wir zusammen von Mitternacht bis 4 Uhr morgens. Nach der Beerdigung kehrten wir nach Hause zurück und hielten die verbleibenden versprochenen Gebetsnächte ab. Doch ich war nicht zufrieden. Ich hatte den Eindruck als könne ich Gott nicht wirklich gefallen. Darum fing ich von neuem an, einhundert Nächte zu beten und vollendete sie auch. So wurde daraus eine Zeit, in der ich 200 Nächte wie versprochen im Gebet verbrachte.

Wirf das Geld in die Toilette

Meiner Familie war sehr wohl bewusst, dass ich nichts akzeptieren würde, was dem Wort Gottes widersprach. Doch an einem Sonntag wollten meine Frau und drei Töchter nach dem Gottesdienstbesuch etwas zu essen kaufen. Meine Frau versuchte, meinen Gesichtsausdruck zu entziffern, als sie sagte:

„Die Kinder möchten eine Kleinigkeit zu Essen. Also möchten wir etwas kaufen".

„Kinder, wollt ihr wirklich etwas essen?", fragte ich.

„Ja!", sagten sie daraufhin.

Meine Töchter dachten, ich würde es ihnen an jenem Tag ausnahmsweise erlauben, obwohl sie wussten, dass es Sonntag war. Ich sagte, sie sollten mir Geld aus der Schublade holen. So brachten sie mir Geld für ihre Snacks.

Da sagte ich zu ihnen: „Auf geht's. Werft das Geld in die Toilette". Sie warfen ein paar Hundert Won und kamen wieder zu mir (heute entspricht das ein paar Tausend Won oder knapp zwei Dollar).

„Wisst ihr, warum ich euch das gesagt habe?"

„Ja, wir wissen es", antworteten sie zusammen.

Ich sagte weiter: „Sonntag ist der Schabbat. Gott verbietet es, sonntags Dinge zu kaufen oder zu verkaufen. Wollt ihr Gottes Gebot brechen? Wenn ihr einer einfachen Versuchung, etwas zu essen, nicht widerstehen könnt, dann kommen zwei oder drei. Das wird Gott nicht gefallen. Ihr habt den Schabbat schon gebrochen, als ihr zu mir gekommen seid und um Snacks gebeten habt. Denn es war praktisch so, als hättet ihr im Herzen schon etwas gekauft und gegessen. Darum habe ich euch gesagt, ihr sollt das Geld wegwerfen". Später bekannten unsere drei Töchter, dass diese Begebenheit in ihren Herzen einen tiefen Eindruck hinterlassen hatte und großen Glauben in ihnen bewirkte.

Menschenmengen kommen herein

Da sich der Laden an einer verkehrsreichen Straße befand, kamen nicht nur unsere Kunden, sondern auch unsere Pastoren oder Gemeindemitglieder oft zu uns. Während ich die Bibelschule besuchte, vereinbarten einige Diakonissen einen Termin zur Seelsorge bei mir. Sie erzählten mir, dass einige Gläubige eine Art Genossenschaftsbank bildeten. Ich riet ihnen, sich daran nicht zu beteiligen – aus den folgenden Gründen.

„Jesus sagte, Gottes Tempel ist ein Haus des Gebets und wies die Händler zurecht, die im Tempel Handel trieben. Es ist nicht recht, in der Gemeinde Dinge zu tun, die auf finanziellen Profit hinauslaufen. Gott sagte, wir sollen niemandem etwas schulden, als nur einander zu lieben. Darum dürfen wir in der Kirche keinen Geldhandel betreiben. Wenn Geld in eine Situation hineinspielt, fängt Satan an zu wirken und die Kirche hat ein Problem".

Schon bald verursachte die Genossenschaftsbank viele Probleme und versetzte die Gemeinde in eine schwierige Situation. Seit ich die Gemeine eröffnet habe, habe ich verboten, dass auch nur ein Basar stattfindet – egal zu welchem Zweck. Ich habe den Gläubigen immer gesagt, sie sollten untereinander keine finanziellen Transaktionen abwickeln. Als bekannt wurde, wie ich die Leute beraten hatte, die mich darum gebeten hatten, wollten viele zu mir in die Seelsorge. Eine Gläubige hatte keine Haare und kam mit einem Tuch auf dem Kopf. Doch ein paar Monate nachdem sie mich für sich hatte beten lasen, bekam sie wieder Haare und brauchte kein Kopftuch mehr zu tragen.

Einmal kam ein Gläubiger, der manchmal zu Wahrsagern ging und den Schabbat nicht einhielt. Als er in einen Verkehrsunfall verwickelt worden war, suchte er mich auf. Er bat mich, für ihn zu beten, da er nach dem Unfall so große Schmerzen litt.

Nachdem ich ernsthaft für ihn gebetet hatte, bezeugte er, dass die Schmerzen weg waren und er geheilt worden war.

Wenn wir den Schabbat einhalten, erkennen wir damit die geistliche Autorität Gottes an. Dann bewahrt Gott uns auch die ganze Woche lang vor Unfällen. Wenn man aber den Schabbat nicht richtig einhält, kann Gott, der Gerechte, uns nicht beschützen. Das traf besonders auf den Mann zu, weil er auch bei Wahrsagern gewesen war und damit vor Gott geistlichen Ehebruch begangen hatte, den Gott hasst.

Ich versuchte mit Gottes Wort, Glauben in die Menschen zu legen, die zu mir kamen. Einmal schaute ein gewisser Pastor bei mir vorbei, als er auf dem Weg zum Gebetshaus in den Bergen war, um dort eine Antwort auf sein Problem zu bekommen. Nach seinem Besuch bei mir konnte er voller Freude heimkehren, denn er hatte seine Antwort erhalten und sein Problem war gelöst. Manchmal hatte ich so viele Leute in der Seelsorge, dass ich nicht einmal Zeit fand, zum Unterricht zu gehen. Und wenn ich daheim war, quoll mein Zuhause über mit denjenigen, die Rat oder Gebet von mir wollten. Darum musste ich in den Ferien meine Sachen packen und in die Berge gehen. Ich musste die Leute meiden, um mich als Bibelschüler auf das Wort und aufs Gebet konzentrieren zu können.

Viel Fasten durch die Inspiration des Geistes

Wir können Sünden ablegen – selbst die in unseren Gedanken

Im August 1979 nahm ich während der Sommerferien am Ende meines ersten Bibelschuljahres an der Sommerbibelschule für Pastoren der Landwirtschaftschule „Kanaan" mit den Pastoren meiner Gemeinde teil. Das Wasser aus einem Springbrunnen sprudelte fröhlich in den heiteren Himmel. Ich hörte, wie einige Pastoren miteinander sprachen. Ich war überrascht, dass sie sich über viele verschiedene weltliche Dinge unterhielten. Damals dachte ich, alle Pastoren wären so heilig wie der Herr selbst. Darum war ich überrascht und enttäuscht, als ich hörte, wie sie über Dinge wie die Folgenden redeten:

„Obwohl wir Pastoren sind, können wir nicht wirklich etwas gegen die sündige Natur einer ehebrecherischer Gedanken tun oder die Gedanken davon abhalten, dass sie kommen. Darum ist es meiner Meinung nach und meinem Glauben gemäß keine Sünde".

„Das stimmt", sagte der andere. „Die Sünde wird erst begangen, wenn wir sie tatsächlich tun. Allein der Gedanke daran kann noch keine echte Sünde sein".

Ich war perplex, denn ich selbst hatte die sündige Natur eines ehebrecherischen Sinnes durch Fasten und Gebet schon abgelegt, bevor ich in die Bibelschule eintrat. Da die schlechte Wurzel herausgerissen worden war, konnte der Feind, das heißt der Teufel, derartige Gedanken nicht mehr zu mir bringen. Hätte Gott uns den Befehl gegeben, keinen Ehebruch zu begehen, wenn wir nicht fähig wären, dieses Gebot einzuhalten? Warum redeten sie so, wenn sie gleichzeitig glaubten, dass Sünde durch Gebet und Fasten abgelegt werden konnte? Jesus sagte doch, dass jeder, der eine Frau lüstern anschaut, bereits im Herzen mit ihr Ehebruch begangen hat. Außerdem sagte Er, dass dem, der da glaubt, nichts unmöglich ist. Also könne wir Sünde ablegen, wenn wir bis zum Blutvergießen dagegen ankämpfen.

Als die Studenten auf der Bibelschule einen der Dozenten dazu befragten, sagte dieser auch, der Mensch könne in Bezug auf die Gedanken nichts tun – wodurch der Gedanke allein keine Sünde darstelle. Ich beschloss, den Gläubigen beizubringen, dass wir Sünden ablegen können, wenn wir dafür die entsprechende Gnade und Kraft von Gott entgegennehmen.

„Gott, ich danke dir. Wenn ich gehört hätte, dass wir den ehebrecherischen Sinn nicht aus unserem Herzen verbannen können, hätte ich schon lange aufgegeben und in Gedanken weiter Ehebruch begangen. Aber Du hast mich versuchen lassen, mich nach dem Wort Gottes zu richten und du hast mich befähigt, den ehebrecherischen Sinn durch Gebet und Fasten abzulegen. Danke, Gott!"

Ich lernte, dass Fasten Gottes Wille ist

Auch nachdem ich die Bibelschule begonnen hatte, fastete ich oft drei, sieben, fünfzehn oder einundzwanzig Tage. Als ich neu bekehrt war, wusste ich gar nicht, warum ich fasten sollte, doch ich folgte einfach der Führung des Heiligen Geistes und fastete. Später als Diakon lernte ich, warum ich fasten sollte und was es für Vorteile mit sich brachte. Wenn ich Unwahrheit in mir fand, fastete ich drei, fünf oder sieben Tage, um sie abzuwerfen. Beispielsweise fand ich heraus, dass es in meiner Natur lag, Lügen zu erzählen; da begann ich sofort ein dreitägiges Fasten. Da mir das Fasten so schwer fiel, konnte ich das Erzählen von Lügen oder andere Unwahrheiten in mir schnell ablegen.

Es ist wichtig, dass wir nach einem Fasten das Richtige essen. Wenn wir eine gewisse Zeit lang gefastet haben, müssen wir eine Art Schonkost zu uns nehmen, zum Beispiel Haferbrei oder dünnen Reisbrei. Sie sollten das so lange essen, wie Sie gefastet haben. So gab es für mich nicht viele Tage, an denen ich etwas Festes aß. Fasten und Essen reichten sich die Hand. Als ich anfing, Erweckungsveranstaltungen zu besuchen, lernte ich Dinge über Fasten und Gebet, aber ich wusste nichts über Schonkost. Auch wusste ich nicht wirklich, warum ich fasten sollte, doch auf die Führung des Heilige Geistes hin beschloss ich, sieben Tage lang zu fasten und begab mich mit einer Decke und einer Bibel zum Chung-gye-Berg.

In der Nähe vom Gebetszentrum gab es so genannte „Gebetszellen" für individuelles Gebet. Sie waren feucht und der Boden bestand aus Holzbrettern mit Löchern, das heißt da krochen Insekten herum. Ich betete intensiv und brachte meine sieben Tage Fasten zu Ende. Als ich vom Berg herabstieg, zitterten meine Knie, aber ich war glücklich, das Fasten abgeschlossen zu haben. Als ich an der Bushaltestelle ankam, sah ich einen Straßenverkäufer, der Pommes und Donuts anbot. Ich aß ein paar Donuts und fuhr heim.

„Schatz, kochst du mir etwas?"

Meine Frau bereitete mir eine Mahlzeit vor und ich betete: „Ich glaube, dass ich es gut verdauen werde". Dann aß ich zwei Schüsseln Reis. Das hätte für meinen Magen auch schwierig werden können, doch er verdaute es gut. Einige Zeit später erfuhr ich, dass das Osanri-Gebetshaus in Paju, Kyeong-gi Do gebaut worden war. Auch dorthin begab ich mich, um zu fasten und zu beten. Während einer Versammlung, die ich innerhalb dieses dreitägigen Fastens besuchte, erfuhr ich, dass es notwendig ist, nach dem Fasten Schonkost zu essen. Der Pastor sagte, wir müssten leichtes, weiches Essen, wie Haferbrei, Reisbrei oder Gemüse essen. Doch ich war da anderer Meinung.

Nach dem Fasten kehrte ich wieder heim. Nachdem ich gebetet hatte: „Ich glaube, es wird gut verdaut werden", aß ich eine Reismahlzeit. Doch plötzlich schwoll mein Gesicht an und ich hatte im ganzen Körper noch andere Symptome. Sofort kniete ich mich hin und betete. Da hörte ich die Stimme des Heiligen Geistes.

„Er redet ohne Glauben über Dinge. Spricht ein Mann des Glaubens über Schonkost?" Mein Kopf war voller Fragen.

Der Nutzen von Fasten und Gebet

Ein sehr wichtiger Teil ist das fastende Gebet, wenn es darum geht, dass unsere Gebete erhört werden – und es hat viele Vorteile. Erstens ist es sehr schwierig zu fasten und dann für eine gewisse Zeit Schonkost zu essen, ohne dass man den Körper zum Gehorsam zwingt. Wenn wir fasten, schneiden wir das Fleisch ab und erlangen Kraft uns zu kontrollieren. Unser Geist ist aktiver und es hilft uns dabei als Menschen, die im Geist wandeln, zu wachsen.

Ich fastete so oft wie ich aß; wenn ich mich entschloss, ein Fasten anzutreten, überlegte ich es mir danach nicht wieder anders. Wenn wir uns das, was wir vor Gott beschlossen haben, durchhalten, genießen wir Sein Vertrauen. Wenn wir durch Fasten und Gebet Antworten empfangen, haben wir Glaubensgewissheit und bekommen dadurch auch Mut und Kraft in unserem Leben. Deshalb ist es der kürzeste Weg, wie man im Christenleben tatsächlich etwas erleben kann und ein guter Weg, ein erfolgreiches Glaubensleben zu führen.

So ist Fasten Gottes Wille und es ist einer der besten Wege, um das Königreich und die Gerechtigkeit Gottes zu erlangen.

Wie man fasten und beten sollte

Fastendes Gebet bedeutet, nichts zu essen und nur Wasser zu trinken. Das heißt, man betet mit einer Entschlossenheit, die sagt: „Und wenn ich umkomme, so komme ich um". Darum sollten wir nicht gedankenlos und ohne die entsprechende Abwägung ein Fasten antreten, das länger als zehn Tage geht und wir sollten dem Willen Gottes unter Führung des Heiligen Geistes folgen.

In Jesaja 58,6 steht: „*Ist nicht vielmehr das ein Fasten, an dem ich Gefallen habe: Ungerechte Fesseln zu lösen, die Knoten des Joches zu öffnen, gewalttätig Behandelte als Freie zu entlassen und dass ihr jedes Joch zerbrecht?*" Die ungerechten Fesseln beziehen sich an dieser Stelle auf alle Probleme, die verursacht werden, wenn man sich vom Wort Gottes entfernt. Anders ausgedrückt: wenn wir so fasten, wie es Gott gefällt, werden unsere Probleme gelöst. Doch manche Leute fasten nach ihrem Gutdünken 40 Tage und bekommen

Probleme, weil sich nicht von Gott beschützt werden. Wie sieht dann ein Fasten aus, das in Gottes Augen wohlgefällig ist?

Erstens: wir müssen mit einem unveränderlichen Herzen fasten.

Wenn wir erst einmal beschlossen haben, wie viele Tage wir fasten werden, dürfen wir es uns mittendrin nicht anders überlegen. Wir dürfen mittendrin nicht aufhören oder aufgeben, nur weil es schwer ist. Sollten Sie aus unvermeidbaren Gründen aufhören müssen, müssen Sie das ganze Fasten noch einmal von neuem anfangen, um die Zeit zu erfüllen, die Sie Gott versprochen haben. Wenn Sie vor Gott ein Versprechen abgeben, es dann aber aus diesem oder jenem Grund ändern, wie kann Gott Ihnen dann vertrauen oder Sie lieben? An das, was wir vor Gott beschlossen haben, müssen wir uns halten. Wenn wir dies tun, lernen wir Ausdauer und wir können Gottes Vertrauen gewinnen. Außerdem können wir so dem Willen Gottes folgen.

Zweitens: wir müssen beim Fasten zu Gott rufen.

Manche Leute beten nicht richtig, sondern neigen dazu mehr zu schlafen, wenn sie fasten. Dieses Verzichten auf Essen hat keinerlei Bedeutung. Nur wenn wir im Gebet zu Gott rufen, gibt Er uns Gnade und Kraft unser Fasten weiterzuführen. Dann erhört Er auch unsere Gebete und segnet uns.

So wie wir normalerweise drei Mal am Tag essen, sollten wir mindestens drei Mal am Tag beten, wenn wir fasten. Auf diese Weise können wir das geistliche Manna und das lebendige

Wasser von oben erhalten, um mit dem Heiligen Geist neu erfüllt zu werden und dann geht der Feind weg. Bei einem längerfristigen Fasten müssen wir mindestens fünf Mal am Tag beten, um das geistliche Brot von Gott zu bekommen. Außerdem sollte unser Fasten nicht nur etwas Äußerliches sein. Wenn wir unsere Herzen zerreißen und aus tiefstem Herzen beten, kann Gott uns Gnade und Kraft geben (Joel 2,12-13).

Drittens: wir müssen auf Unterhaltung verzichten.

In Jesaja 58,3 heißt es: „*Warum fasten wir, und du siehst es nicht, demütigen wir uns, und du merkst es nicht? – Siehe, am Tag eures Fastens geht ihr euren Geschäften nach und drängt alle eure Arbeiter*". Wenn Sie während Ihres Fastens fern sehen, zornig werden oder schlecht reden, kann Gott es nicht voller Freude entgegennehmen; darum brauchen Sie auch nicht zu erwarten, erhört zu werden. Darum müssen wir uns von Entertainment und bedeutungslosen Gesprächen fernhalten und nichts tun, was unwahrhaftig ist. Mit einem solchen Herzen kann man Gott wohlgefallen.

Viertens: wenn wir beten, müssen wir zunächst einmal für Gottes Königreich und Seine Gerechtigkeit beten.

Wenn wir habsüchtig entsprechend unseren Gelüsten beten, akzeptiert Gott unsere Gebete nicht. Dementsprechend erleben wir auch keine Gebetserhörung. Dann schadet das Fasten unserem Körper nur – und deshalb sollten wir sehr achtsam herangehen. Wir dürfen nicht für unseren Ruhm, weltliche

Autorität oder weltliches Wissen beten, sondern dürfen nur dafür beten, als ordentliche Gefäße, die Gott gebrauchen kann, geheiligt zu werden. Wir müssen beten, um mehr Seelen zu retten, mehr von Gottes Kraft sowie die Gaben des Heiligen Geistes zu empfangen. Gott wird unsere Gebete voller Freude annehmen, wenn wir für das Königreich, die Gerechtigkeit Gottes und die Pastoren der Gemeinden beten.

Fünftens: wir müssen mit geistlicher Liebe beten.

In Jesaja 58,7 steht: „*Besteht es nicht darin, dein Brot dem Hungrigen zu brechen und dass du heimatlose Elende ins Haus führst? Wenn du einen Nackten siehst, dass du ihn bedeckst und dass du dich deinem Nächsten nicht entziehst?* " Gott kümmert sich voller Liebe um Seine Kinder, wenn sie aufhören zu essen, um zu Ihm zu beten. Wenn sie gütig handeln und einander in Liebe begegnen, wie liebenswürdig müssen sie dann erst in Gottes Augen aussehen? Dann wird Er das Fasten mit größerer Freude empfangen und schneller Gebetserhörungen schicken.

Sechstens: wir müssen auch richtige Schonkost essen.

Wenn wir unser Fasten beenden, müssen wir, um das Fasten abzuschließen, so viele Tage Schonkost essen, wie wir vorher gefastet haben. Wenn wir die Schonkost korrekt zu uns nehmen, können wir Selbstkontrolle erlangen. Das wird unserem Körper nicht schaden, sondern ihn gesünder machen und auch unser Geist wird klarere Einsichten haben.

Manche sagen: „Ich habe einen kräftigen Magen, darum

brauche ich eigentlich keine Schonkost". Doch das ist eine falsche Vorstellung. Wenn wir richtig Schonkost essen, macht Gott unseren schwachen Magen stärker und heilt in dieser Zeit auch kleinere Krankheiten und Leiden.

Selbst wenn wir ein Fasten sehr gut abgeschlossen haben, geht uns Kraft verloren, wenn wir danach keine Schonkost essen; dann leidet unser Körper Schaden und wir bekommen vielleicht Probleme. Außerdem sollten wir in der Schonzeit nicht schwer arbeiten oder uns übermäßig sportlich betätigen. Auch könnte direkt nach dem Fasten eine Prüfung kommen; darum ist es besser, wenn wir schon während des Fastens dafür beten.

Richtige Schonkost.

Wenn wir in der Schonzeit zu viel essen, schwillt unser Gesicht an und es ist auch nicht gut für unseren Magen. Darum sollten wir vorsichtig sein. Normalerweise essen wir drei Mal täglich; wenn wir uns allerdings an Schonkost halten, beispielsweise Reisbrei oder Haferschleim, dann können wir vier Mal am Tag eine Tasse trinken.

Wir sollten Fleisch, Eier, Brot, kohlensäurehaltige Getränke und anderes Essen, das fettig, scharf, salzig oder sauer ist, meiden. Ebenso sollten wir Essen mit dem Geschmacksverstärker Natriumglutamat und anderen Gewürzen nicht essen. Besser ist es, Gemüse zu essen.

Nach einem dreitägigen Fasten können wir Reisbrei essen, doch nach einem längeren Fasten wird unser Magen wie der eines Neugeborenen. Darum müssen wir für mindestens zwei Tage sehr stark verdünnte Reissuppe, die fast wie Wasser ist, zu uns nehmen. Trinken Sie diese mindestens vier Mal am Tag.

Vielleicht können Sie auch vier Mal am Tag Apfelsaft (ohne Fruchtfleisch) trinken.

Nach drei, vier Tagen können wir dann eine etwas dickere Reissuppe trinken. Später könne wir Reismehl oder gekochten Kürbis unter den Reisbrei mischen und auch etwas mehr davon zu uns nehmen. Als Beilagen sollten wir Fleisch vermeiden und auch kein Natriumglutamat hinzufügen. Wenn wir wirklich Fleisch wollen, dann können wir etwas Fisch wählen. Der darf allerdings nur leicht gesalzen sein.

Außerdem sind manche Gemüsesuppen gut. Dies gilt besonders, wenn wir die Haut des Sesams entfernen und ihn unter den Reisbrei geben. So können wir schneller wieder zu Kräften kommen und außerdem haben wir das Gefühl, dass wir gesünder werden, wenn wir diese Schonzeit so angehen.

Um die Führung des Heiligen Geistes bitten

Ich war introvertiert. Wenn jemand neben mir war, konnte ich nicht laut beten. Darum betete ich die Nächte allein durch. Eines Nachts empfing ich, etwa dreißig Minuten nachdem ich angefangen hatte zu beten, die Fülle und Inspiration des Heiligen Geistes, um eine tiefe geistliche Gemeinschaft mit Gott zu haben. Manchmal kam eine so große Inspiration über mich, dass ich anfing, in anderen Sprachen zu singen und ab und an tanzte ich durch das Wirken des Heiligen Geistes und sang „Halleluja".

Ich betete hauptsächlich für die Pastoren meiner Gemeinde sowie für andere Pastoren, Älteste, für Erweckung in der Gemeinde, für andere Seelen sowie für andere Kirchen, für das Land und für unser Volk. Am Ende meiner Gebetszeiten betete ich kurz für meine Familie und mein Geschäft. Wenn ich Zeit hatte, ging ich in Gebetszentren und besuchte am frühen Morgen Gebetsversammlungen. Später ging ich dann auf den Bergkamm. Ich dachte es wäre Zeitverschwendung, zu warten bis meine Mittagspause vorbei war. Darum nahm ich früh am Morgen immer eine Decke mit und ließ das Mittagessen ausfallen.

Abends aß ich im Gebetszentrum und ging zu der Versammlung, die dort stattfand. Wenn ich im Herzen den starken Drang verspürte zu fasten, fastete ich am Abend weiter.

„Ebenso kommt aber auch der Geist unseren Schwachheiten zu Hilfe. Denn wir wissen nicht, was wir beten sollen, wie sich's gebührt; aber der Geist selbst tritt für uns ein mit unaussprechlichen Seufzern. Der aber die Herzen erforscht, weiß, was das Trachten des Geistes ist; denn er tritt so für die Heiligen ein, wie es Gott entspricht" (Römer 8,26-27).

Damals wusste ich noch gar nichts über den Heiligen Geist; ich folgte einfach Seiner Führung und betete. Gott erforscht das Herz. Weil der Heilige Geist in mir betete, folgte ich beim Beten Seiner Inspiration.

Gottes Hände bereiten die Gemeindeeröffnung vor

Das Überwinden von Glaubensprüfungen

Gott ließ Prüfungen meines Glaubens zu, damit meine Familie einen vollkommeneren Glauben haben konnte. Meine jüngste Tochter, Soojin, war im Jahr 1980 sechs. Eines Tages lief sie mit ihrer Schwester die Straßen hinunter, wo ein paar Gymnasiasten Ball spielten. Einer der Jungs drehte sich plötzlich nach dem Ball um und stieß dabei Soojin. Sie fiel hin und schlug mit dem Kopf auf dem Beton auf. Sie hatte eine Gehirnerschütterung. Da kamen die Eltern des Jungen und brachten sie ins Krankenhaus.

Meine Frau hörte davon und fuhr ins Krankenhaus. Die Ärzte sagten, Soojin müsste ins große Klinikum, denn ihr Gehirn hatte einen großen Schaden davongetragen. Deswegen würde sie möglicherweise geistige Probleme bekommen. Selbst im Falle einer Operation bestand die Gefahr, dass sie danach geistig behindert sein würde.

Ich war im Laden, als ich erfuhr, dass Soojin im Delirium war. Doch weil ich den Glauben hatte, dass sie durch Gebet geheilt werden konnte, nahm ich sie mit nach Hause, anstatt sie ins große Klinikum zu bringen.

Die Mutter des Schülers wusste nicht, was sie machen sollte. Sie arbeitete als Hausmädchen und befand sich wie wir in einer schwierigen finanziellen Lage.

Nachdem ich sie getröstet hatte, legte ich Soojin die Hand auf und betete für sie. Sie halluzinierte und stöhnte. Auch am folgenden Tag wachte sie nicht auf; meine Frau und ich beteten die ganze Nacht. Am Mittwoch wollte ich gerade zur Bibelschule zum Unterricht, da hörte ich Soojin mit klarer Stimme fragen: „Papa, ist heute nicht ein Tag, an dem wir in die Kirche gehen sollten?" Sie war wieder bei Bewusstsein.

„Danke, Gott! Du hast mein Gebet erhört und Soojin ist wieder bei Bewusstsein". Als ich vom Unterricht heimkam, war Soojin schon zum Gottesdienst in die Gemeinde gegangen.

Meine andere Tochter wurde von einem Lkw erfasst

Im Jahr 1981 hatte meine mittlere Tochter Mikyung einen Verkehrsunfall. Als sie aus dem Bus stieg und die Straße überquerte, übersah die ein Lkw-Fahrer und erfasst sie. Dabei wurde sie zu Boden geworfen. Leute kamen hinzu und der Fahrer brachte sie ins Krankenhaus.

Als meine Frau ins Krankenhaus kam, war Mikyungs Gesicht so angeschwollen, dass es aussah, als hätte sie ein Doppelkinn.

Das Innere ihres Mundes war sehr schwer verletzt. Es war schrecklich. Die Ärzte sagten, sie müsse im Krankenhaus bleiben, doch meine Frau nahm sie mit nach Hause. Mikyung war blutbedeckt und konnte die Augen nicht öffnen. Ihr Gesicht sah mit all den Verletzungen und Wunden schlimm aus.

Sie konnte nichts essen und war gerade einmal in der Lage, etwas Milch zu trinken oder Suppe mit einem Strohhalm zu sich zu nehmen. Als ich ihren Mund ein wenig öffnete, um hineinzuschauen, sah es gefährlich aus. So betete ich inständig und legte ihr die Hand auf. Doch trotz all der Verletzungen ging sie zur Schule. Ihre Lehrerin war geschockt und sagte, sie müsse ins Krankenhaus. Meine Frau und ich fasteten und beteten die ganze Nacht durch. Mikyung ging weiter zur Schule. Nach einem Tag sah ihr Gesicht blau aus, als hätte sie Blutergüsse; doch nach fünf Tagen fiel der Wundschorf ab und sie war vollkommen wiederhergestellt. Ihr Mund kehrte an die normale Stelle zurück, die Schwellung war weg und auch ihre Mundhöhle war geheilt und vollkommen unversehrt. Sie schrieb am Ende eines Briefes, dass sie von da an immer in die Kirche gehen würde.

Während der Sommerferien in jenem Jahr erhielten wir einen Brief von Miyoungs Lehrerin. Sie sagte, ihr wäre nun klar, dass Gott lebt und Seine Macht groß ist, denn sie hatte erlebt, wie Mikyung so schnell wieder gesund geworden war, ohne medizinisch behandelt worden zu sein oder Medikamente genommen zu haben.

Unsere Erstgeborene wurde geheilt, nachdem meine Frau Busse tat

Im Jahr 1981 war meine erstgeborene Tochter Miyoung in

der Grundschule. Ich ging während meiner Sommerferien zum Fasten und Beten zum Osanri-Gebetshaus. Als ich zurückkam sah ich, dass Miyoung am ganzen Leib Geschwüre hatte. Der Ausschlag war so dick, dass ihre Haut wie die Borke einer Kiefer aussah und unter der rauen, aufgerissenen Haut war alles infiziert. Aus den Rissen in ihrer Haut kam Ausfluss. Es war schrecklich. Da sie anfing zu bluten, sobald sie sich ein wenig bewegte, war sie gezwungen in einer Ecke des Zimmers zu bleiben.

Da meine Frau glaubte, dass Gott sie heilen würde, gab sie ihr keine Medikamente und brachte sie auch nicht ins Krankenhaus. Ich betete für Miyoung, aber sie wurde nicht sofort geheilt. Darum betete ich am nächsten Tag wieder für sie; dennoch gab es keine Besserung.

„Siehe, die Hand des HERRN ist nicht zu kurz, um zu retten, und sein Ohr nicht zu schwer, um zu hören; sondern eure Vergehen sind es, die eine Scheidung gemacht haben zwischen euch und eurem Gott, und eure Sünden haben sein Angesicht vor euch verhüllt, dass er nicht hört" (Jesaja 59,1-2).

Ich überprüfte mich um zu sehen, ob ich über irgendetwas Buße tun musste. Doch mir fiel nichts ein. Ich war auch sicher, dass Miyoung sich nicht falsch verhalten hatte. Sie war immer ein liebes Mädchen gewesen. Meine Frau sagte, sie sei in Bezug auf die Gebetstreffen am frühen Morgen faul gewesen, weil sie so beschäftigt war und tat deshalb vor Gott Buße. Nachdem sie Buße getan hatte, betete ich wieder für Miyoung und dieses Mal zeigte Gott Seine Macht. Die Haut, die stark von Ausschlag befallen war, der wegen der Infektion darunter gelb aussah, färbte sich innerhalb einer Nacht weiß und der Schorf fiel ab. Noch vor dem Ende der Ferien war sie wieder vollkommen gesund.

Als wir uns ganz und gar auf Gott verließen, bewahrte Er uns vor schwierigen Situationen. Uns war klar, dass es eine Prüfung war, die den Glauben unserer Familie stärken sollte – so wie Gott auch Hiob in einen vollkommeneren Mann verwandelte, nachdem er von Beulen geplagt worden war. So dankten wir Gott für Seine Liebe. Bevor wir die Gemeinde eröffneten, ließ Gott Prüfungen durch alle drei Töchter zu, um uns größeren Glauben zu geben.

Was soll ich machen?

Bei allem erkannte ich Gott und hatte Freude daran, um Seinen Willen zu bitten und Ihm zu gehorchen. Wenn ich in der Bibel las, berührte es mich immer besonders, wie David sich bei allem auf Gott verließ.

„Und es geschah danach, da befragte David den HERRN: Soll ich in eine der Städte Judas hinaufziehen? Und der HERR sprach zu ihm: Zieh hinauf! Und David sagte: Wohin soll ich hinaufziehen? Und er sprach: Nach Hebron!" (2. Samuel 2,1)

„Da befragte David den HERRN: Soll ich gegen die Philister hinaufziehen? Wirst du sie in meine Hand geben? Und der HERR sprach zu David: Zieh hinauf! Denn ich werde die Philister gewiss in deine Hand geben" (2. Samuel 5,19).

David wandte sich bei allem an Gott, selbst in den kleinen Dingen. Wie ein kleines Kind, dass seine Eltern fragt, was es tun soll, betete David und ließ sich von Gott leiten. Als David Gott fragte, antwortete Gott ihm jedes Mal wie ein großherziger Vater. Auch ich bat Gott in jeder Angelegenheit um Hilfe und Gott ließ mich die Stimme des Heiligen Geistes deutlich hören.

Ein 40-tägiges Fasten

Als ich 1981 im zweiten Bibelschuljahr Ferien hatte, legt Gott es mir aufs Herz, 40 Tage lang zu fasten. Bevor ich zum Gebetszentrum ging, nahm ich meine Bibel und ein Gesangsbuch sowie ein paar andere Bücher mit Predigten mit. Als ich losgehen wollte, hörte ich plötzlich laut und deutlich die kräftige Stimme des Heiligen Geistes.

„Nimm für dieses 40-tägige Fasten außer der Bibel und dem Gesangbuch kein anders Buch mit".

So machte ich meine Tasche auf und nahm die anderen Bücher, außer der Bibel und dem Gesangbuch schnell wieder heraus und begab mich zum Osanri-Gebetshaus. Da es Ferienzeit war, waren Tausende von Gläubigen dort. Es war seit 60 Jahren das kälteste Jahr. Ich besuchte alle Gottesdienste im Gebetszentrum und nahm mir drei Mal am Tag (vor Sonnenaufgang, am Nachmittag und 11 Uhr nachts) Zeit zum Beten. Wenn ich in die Gebetszelle kam, kniete ich nieder und hatte das Gefühl, ich würde erfrieren. Doch ich schrie im Gebet zu Gott, ohne die Gebetszeiten auch nur einen Tag ausfallen zu lassen.

Die Gebetskammer war voller Raureif und fühlte sich an wie ein riesiger Eiswürfel. Als ich 30 oder 40 Minuten lang im Gebetskampf gerufen hatte, gab mir Gott Gnade und ich konnte so ein paar Stunden lang beten. Da ich ein neuer Gläubiger war, fastete ich oft, beispielsweise fünf, sieben, fünfzehn oder zwanzig Tage lang. Ich tat das regelmäßig und besuchte auch die Bibelschule. Ich dachte, selbst ein 40-tägiges Fasten würde mir leicht fallen, wenn Gott mir half. So betete ich für das Königreich, die Gerechtigkeit Gottes und dass Gott mir Sein Wort erklären würde. Ich war als Sein Diener berufen worden, aber in meiner eigenen Kraft konnte ich nichts tun. Darum betete ich inständig um die Kraft Gottes für Sein Werk. Ebenso betete ich für die Eröffnung einer Gemeinde. Gott schenkte mir einen Traum über eine Gemeinde, die sich die Evangelisation der Welt zur Aufgabe machen würde.

„Es gibt Seelen, die an Krankheiten und Armut leiden. Lass deine Gemeinde denen helfen, die bedürftig sind; heile den Geist der Menschen und predige als Zeuge diese Gute Botschaft auf der ganzen Welt und erfülle den Missionsauftrag für die Welt. Lass deine Gemeinde aufstehen und strahlen. Ich habe dich erwählt und Ich werde dich vom Anfang bis zum Ende leiten. Du wirst dieses und jenes tun, wenn du erst einmal die Gemeinde eröffnet hast".

Da ich selbst lange an Schmerzen gelitten hatte, konnte ich die verstehen, die von Krankheiten betroffen waren. Um Glauben in Ungläubige zu pflanzen, so viele Menschen von ihren Schwachheiten und Leiden zu heilten und um die Ketten der Ungerechtigkeit zu lösen, die die Menschen dieser Welt an die Sünde binden, musste ich die große und grenzenlose Kraft

Gottes empfangen. Darum betete ich:

„Gott, gib mir Deine Kraft, damit die Menschen, wenn mein Schatten auf sie fällt oder der Saum meiner Kleidung sie berührt, heil werden und dass der Feind weicht, wenn ich ein Wort spreche".

Als ich so eifrig betete, empfing ich die Verheißung, dass Er mit die Autorität geben würde, um die Mächte des Feindes zu vertreiben. Mein Traum war es, noch mehr Kraft von Gott zu empfangen, um die Gute Botschaft zu predigen und in diejenigen Glauben zu pflanzen, die Gott noch nicht kennen oder an Krankheiten, Armut und unter den Sorgen dieser Welt leiden. Ich betete für Kraft, um eine Kirche zu gründen, die wachsen und das Evangelium an allen Enden der Welt predigen würde. Um den Traum der Weltmission zu verwirklichen musste ich grenzenlose Kraft von Gott empfangen. Darum betete ich sehnsuchtsvoll dafür, die Kraft zu empfangen, die Männer Gottes gehabt hatten, die von Ihm anerkannt und geliebt waren, die Wunder und Zeichen wirkten Mose, Josua, Elija, Elisa, Petrus und Paulus.

Als Diener Gottes bat ich nicht nur um die Kraft und Autorität die Welt zu überwinden, sondern auch um die zwölf Gaben des Heiligen Geistes zu empfangen. Ab dem 6. Tag, hielt mich Gott nicht mehr fest. Da Er mir nicht half, störte mich der Feind. Am 7. und 8. Tag war mir schwindlig und ich hatte in den Händen und Füßen Krämpfe. Ich dachte, ich würde verrückt und konnte nachts nicht schlafen. Ich dachte: „Ich werde vielleicht verrückt"; darum kämpfte ich um meine Sinne. In einem Traum zwang mich jemand etwas Reis zu essen. Nachdem ich aufgewacht war, tat ich Buße, dass ich diesen Traum gehabt

hatte.

Ich dachte daran, aufzugeben, weil ich der Ansicht war, dass ich Gott so vielleicht Schande brachte; doch wenn ich an dem Punkt aufgegeben hätte, hätte ich wieder von Neuem anfangen müssen. So kämpfte ich jeden Tag gegen die Schmerzen an.

Nach neun Tagen hörten die Symptome auf. Nach 20 Tagen hatte ich nicht einmal mehr dir Kraft, meine Bibel zu lesen. Darum kaufte ich ein paar Bücher mit Predigten eines Pastors. Ich las ein paar Kapitel, doch dann hatte ich keine Kraft mehr weiter zu lesen. So ging ich zwar in die Gebetszelle, aber ich konnte keine Kraft empfangen, um im Gebet laut zu rufen. Es war für mich solch ein Kampf zu beten. So betete ich: „Gott, gib mir die Kraft im Gebet zu rufen".

Wie viel Zeit vergangen war, wusste ich nicht, doch während ich so kämpfte, hörte ich eine Stimme, die an mein Herz klopfte und sagte: *„Ich habe dir doch gesagt, dass du außer der Bibel und dem Gesangbuch kein anderes Buch mitnehmen solltest. Warum hast du ein Buch, das von einem Menschen geschrieben wurde, gelesen?"*

Ich erlangte das Bewusstsein wieder, als ich die Stimme hörte. So sagte ich: „Gott, ich dachte, es wäre okay, aber da war ich ungehorsam. Bitte vergib mir". Es war schwierig gewesen, die Bibel zu lesen und ich hatte gedacht, dass ich stattdessen vielleicht ein anderes Buch würde lesen können. Mir wurde klar, dass es Ungehorsam war und tat deswegen gründlich Buße. Danach empfing ich neue Kraft und konnte wieder beten.

Am 28. Tag war ich nur noch Haut und Knochen. Ich hatte beträchtlich abgenommen. Am 30. Tag waren meine Gedärme trocken und klebten zusammen, so dass ich nicht einmal Wasser aufnehmen konnte. Ich hatte ein Völlegefühl als hätte ich Verstopfung. Selbst wenn ich nur ein bisschen Wasser trank, kam es wieder hoch. Wenn ich mich übergab, kam nur totes, schwarzes Blut heraus. Ich gehe davon aus, dass der Grund dafür zerstörte Venen in meinem Magen waren, so dass das trockene Blut beim Erbrechen mit hochkam.

Am 32. Tag kam mich meine erstgeborene Tochter, die damals in der Grundschule war, besuchen. Ich teilte das Zimmer mit vielen anderen Leuten; aber ich dachte, es würde sie stören, wenn ich mich übergab. So ging ich mit meiner Tochter heim. In dem Zimmer, das ich in der Nähe von unserem Zuhause gemietet hatte, führte ich mein Fasten fort. Es war ein purer Kampf gegen meinen Willen. Am 39. Tag verschwanden um 23 Uhr wie durch ein Wunder alle Schmerzen und Gott gab mir neue Kraft von oben. Ich hatte so viel Kraft wie ein völlig wieder hergestellter Mensch. Darum badete ich und zog frische Sachen an. Um Mitternacht feierte ich einen Anbetungsgottesdienst und beendete mein Fasten.

Wie ein Adler, der seine Jungen trainiert

Später fragte ich mich, warum Gott mich nicht während des 40-tätigen Fastens getragen hatte. Bis dahin hatte ich immer ohne große Schwierigkeiten gefastet, weil Gott mir geholfen hatte. Darum fragte ich Gott im Gebet, warum ich aus eigener Kraft mit so viel Schmerzen hatte fasten müssen. Gott gab mir das folgende Wort.

„Ich wandte Mein Gesicht nicht von dir ab, sondern trainierte dich absichtlich so. Wenn du das Fasten, das du mit

Meiner Hilfe leicht absolvieren konntest, mit einem Fasten vergleichst, dass du nur mit eigener Kraft und Ausdauer beenden konntest, ist der Unterschied in der Kraft, die du erlangt hast, um ein Vielfaches größer".

Das bedeutete, wenn ich ein Fasten allein mit meiner eigenen Kraft und mit meinem Willen durchführte, dann konnte ich mehr Kraft und Ausdauer erlangen. So würde ich in der Lage sein, alle möglichen schwierigen Situationen zu überwinden. Als ich diese Worte hörte, erinnerte ich mich an 5. Mose 32,11-12.

„Wie der Adler sein Nest aufstört, über seinen Jungen schwebt, seine Flügel ausbreitet, sie aufnimmt, sie trägt auf seinen Schwingen, so leitete ihn der HERR allein, und kein fremder Gott war mit ihm".

Adler bauen ihre Nester ganz oben auf hohen Klippen. Wenn ihre Jungen ein gewisses Alter erreicht haben, drängt die Mutter den jungen Adler aus dem Horst. Wenn die Jungen dann herausfallen, fangen sie instinktiv an, mit den Flügeln zu schlagen um zu überleben. Durch dieses Training werden die Adlerjungen stark, damit sie im Überlebenskampf erfolgreich sind und hoch oben im Himmel fliegen können. Ich konnte gar nicht anders, als Tränen zu vergießen, weil Gott mich so hart trainiert hatte – so wie ein Adler seine Jungen rabiat trainiert.

Kapitel 5

Beginn der
Gemeinde

Drei Jahre Vorbereitung im Wort Gottes

Ich habe dich geläutert

Ich dachte über die Bedeutung der „drei Jahre" nach. Es war am 9. Juli 1974, dem Geburtstag meines Vaters gewesen, dass sich der Vorfall ereignete, der die Scheidung zwischen mir und meiner Frau auslöste. Am 10. Juli 1977 eröffneten wir einen Laden auf dem Keumho Dong-Markt und unsere finanzielle Lage war stabil. Es waren genau drei Jahre, keinen Tag mehr oder weniger. Da die Bibelschule vier Jahre dauerte, konnte ich anfangs nicht nachvollziehen, warum Gott gesagt hatte, Er würde bei mir sein und es würden mir „Zeichen und Wunder" folgen, wenn ich mich erst einmal selbst im Worte drei Jahre vorbereitet hätte. Doch bald wurde mir auch die Bedeutung dieser Worte klar. Im Februar 1982 bat mich der Pastor der Ilman-Gemeinde von Masan, auf einer Erweckungsversammlung zu sprechen. Ich schloss mein letztes Bibelschuljahr im Februar 1982 ab, so dass es sich dabei auch um genau drei Jahre handelte, seit ich mit der Bibelschule begonnen hatte. Da fragte mich ein Ältester in der Gemeinde:

„Pastor, bitte komm zu meiner Gemeinde und sprich dort auf einer Erweckungsversammlung".

„Ich bin noch nicht einmal als Pastor geweiht, sondern nur ein Bibelschüler. Wie kann ich da auf einer Erweckungsveranstaltung sprechen? Bitte frage jemand anderen".

„Nein, ich bete schon seit einiger Zeit für diese Erweckungsveranstaltung und Gott ließ mich an dich denken. Es ist Gottes Wille, dass du bei dieser Erweckung sprichst".

„Dann werde ich darüber beten und mich dann bei dir melden".

Da es sich um die erste Erweckungsveranstaltung handelte und ich immer noch Bibelschüler war, war ich nicht besonders selbstsicher. Ich fastete drei Tage lang im Osanri-Gebetshaus; erst dann hatte ich Zuversicht und Gewissheit. Nachdem ich wieder zu Hause war, kniete ich nieder, um mich für die Botschaften vorzubreiten, die ich auf der Erweckungsveran-staltung predigen würde. In dem Augenblick gab mir Gott durch Seine Inspiration elf Botschaften im Detail samt der Bibeltexte und Titel – sogar für die Meetings am frühen Morgen. In dieser Inspiration erinnerte Gott mich sogar an ein Buch, das ich gelesen hatte: „Du hast das Buch schon einmal gelesen; benutze es als Beispiel". Ich war total beeindruckt. Es wurde mir erneut klar, dass für Gott nichts unmöglich ist. Ich bereitete alles vor, einschließlich der Einleitungen und Schlussworte für alle Predigten. So sprach ich auf der Erweckungsveranstaltung und leitete sie mit der Gnade Gottes. Alle Mitglieder dankten mir und sagten, sie hätten Gnade empfangen. Viele bezeugten, dass es das Wort des Lebens war, wie sie es bis dahin noch nicht erlebt hatten. Es veränderte ihren Geist und so wurden ihre Probleme gelöst.

Vom Zeitpunkt dieser Versammlungen an wurde ich von vielen Gemeinden eingeladen, auf ihren Erweckungsgottesdiensten zu sprechen. Jedes Mal begleitete der Heilige Geist wie ein starker Wirbelwind die Botschaften mit Zeichen und Wundern, die Gott wirkte. Als Er mich zu Seinem Diener berufen hatte, hatte Er gesagt: *„Drei Jahre lang! Bereite dich einfach drei Jahre lang im Wort vor"*.

Für den erfolgreichen Dienst

Im letzten Bibelschuljahr bereiteten sich meine Kommilitonen auch darauf vor, eine Gemeinde zu gründen. Sie waren damit beschäftigt, sich kundig zu machen und Informationen zu sammeln, wie man eine Gemeinde eröffnet; dafür besuchten sie Konferenzen über Gemeindewachstum und erstellten Fallstudien über Erweckungen in Gemeinden. Meine Kommilitonen sagten zu mir: „Pastor, wie kannst du einen mächtigen Dienst haben, wenn du die ganze Zeit nur fastest und auf dem Berg betest? Warum kommst du nicht mit und lernst noch dazu?" Natürlich kann es nützlich sein, Informationen zu sammeln und sich kundig zu machen, bevor man eine Kirche eröffnet. Doch ich hatte einen anderen Plan.

Ich wollte mir nicht die Methoden von Menschen über Gemeindewachstum aneignen, sondern die Methoden Gottes wie sie in der Bibel zu finden sind. Beim Lesen der Bibel sah ich, wie Väter im Glauben wie Petrus und Paulus immerfort beteten. Ich konnte das Wort Gottes verstehen, weil ich über die Bibel nachdachte und das Evangelium eifrig predigte.

In Apostelgeschichte 8,26 begab sich Philippus vom Heiligen Geist geführt in die Wüste und traf dort den äthiopischen Kämmerer, einen höheren Hofbeamten der äthiopischen Königin Kandake. Er war für die Schatzkammer zuständig. Dieser Beamte las in Jesaja und wollte gerne das Wort Gottes verstehen. So lehrte Philippus ihm Dinge über Jesus und taufte ihn. Auch der Apostel Paulus wollte in Asien predigen; doch der Heilige Geist ließ ihn dort nicht dienen, sondern leitete ihn stattdessen nach Mazedonien (Apostelgeschichte 16,6-10).

Durch das Nachsinnen über das Wort wurde mir offenbart, dass Gott selber uns, Seine Diener, leitet und führt. Mir wurde klar, dass für einen erfolgreichen Dienst nichts wichtiger ist, als intensiv mit Gott zu kommunizieren und Seinem Willen Folge zu leisten. Darum betete ich, wann immer ich Zeit hatte und ich versuchte, das Wort Gottes geistlich zu verstehen.

Meine Frau kümmert sich liebevoll um Seelen

Im März 1982 fing das neue akademische Jahr wieder an. Ich hatte zuvor nach meinem 40-tägigen Fasten entsprechend Schonkost zu mir genommen. Im neuen Schuljahr wurden die Zellgruppen in meiner Gemeinde neu eingeteilt. Meine Frau wurde die Gottesdienstleiterin für die Zelle und Diakonin Aeja Ahn wurde Leiterin der Zelle. Wir hatten fünf Mitglieder in unserer Zelle. Im April waren wir auf 25 Mitglieder angewachsen.

Meine Frau evangelisierte fleißig und sorgte sich um die Mitglieder. Auch hatte sie zu Hause täglich eine feste Gebetszeit mit Diakonin Aeja Ahn. Durch diese Gebetszeiten wurden familiäre Problem gelöst und weitere Angehörige hörten das Evangelium, so dass es eine große Erweckung gab. Da meine Frau eine gute Köchin war, kochte sie nach jedem Treffen köstliches Essen und servierte es den Mitgliedern.

Sonntags schickten wir unsere drei Töchter zu allen nach Hause; sie sollten ausrichten: „Heute ist der Tag, an dem wir in die Gemeinde gehen. Seid bitte um 10 Uhr bei uns zu Hause". Wenn sie bis 10 Uhr nicht kamen, gingen unsere kleinen Töchter wieder zu ihnen und klopften an ihre Türen; sie drängten sie, mit zum Gottesdienst bei uns zu kommen. Manchmal konnten sie die Einladungen unserer Töchter einfach nicht ausschlagen und kamen doch. Das heißt sonntags kamen etwas 30 Mitglieder in meine Zelle zum Gottesdienst. Meine Frau kümmerte sich liebevoll um sie; auf diese Weise bereitete sie sich selbst darauf vor, als Ehefrau eines Pastors zu dienen.

Mit sieben Dollar

Etwas Erstaunliches geschah

Als ich am 1. März mein letztes Bibelschuljahr antrat, verlor mein Laden, der immer voll gewesen war, plötzlich alle Kunden. Er war vollkommen leer. Zuerst schaute ich zurück um zu sehen, ob wir irgendwie eine Wand der Sünde gegen Gott errichtet hatten. Ich dachte, am nächsten Tag würde alles wieder in Ordnung sein. Doch dasselbe geschah. Meine Frau und ich beteten zu Gott, aber wir bekamen keine Antwort. Da wir sonst kein Einkommen hatten, wurde die Monatsmiete von der Kaution abgezogen, die wir hinterlegt hatten. Später wurde uns klar, dass dies der Vorsehung Gottes entsprach. Wie schlossen den Laden, um am 25. Juli die Gemeinde zu eröffnen. Zu dem Zeitpunkt war auch die gesamte Kaution aufgebraucht. Nachdem wir alle Steuern gezahlt hatten, hielten wir noch rund 7 Dollar in den Händen. Gott ließ alles, was wir in der Welt verdient hatten, zu nichts werden und ließ uns die Gemeinde mit gerade einmal 7 Dollar eröffnen.

Menschen mit Krankheiten kommen

Warum ist die Mama von Miyoung immer glücklich?

Da ich zu einem gewissen Zeitpunkt in meinem Leben nur noch auf meinen Tod gewartete hatte, wurde meine Frau am Anfang ihres Christseins Zeuge, wie ich von allen meinen Leiden geheilt wurde. Jetzt war sie immer glücklich und voller Freude. Obwohl wir für den nächsten Tag kein Essen hatten, waren wir dennoch dankbar. Egal ob sie Geschirr spülte oder etwas anderes tat, sie hatte immer ein Loblied auf den Lippen. Wem auch immer sie begegnete, erzählte sie, wie sie dem lebendigen Gott begegnet war und predigte das Evangelium. So verbrachte sie jeden Tag in der Fülle des Heiligen Geistes.

Noch bevor wir die Gemeinde eröffneten, verbreiteten sich die Nachrichten über meine Familie und es kamen immer mehr Leute, die wollten, dass ich für sie betete. Im April 1982 besuchte mich eine Gläubige. Sie war bis auf Haut und Knochen abgemagert. Sie berichtete, dass sie wegen einem angeborenen Herzfehler nicht mehr schnell laufen konnte.

„Pastor, drei Tage nach der Geburt meines Kindes schwoll mein ganzer Körper an und mein Zustand wurde sehr schlimm. Ich konnte mein Baby nicht einmal auf den Arm nehmen".

„Empfange das Gebet des Glaubens. Gott wird dich heilen".

Sie ließ einmal für sich beten und wurde sofort von ihrer

Herzkrankheit geheilt. Es handelt sich um Diakonin Seong Ja Kim, die derzeit als hingegebenes Mitglied in einer Gebetsgruppe in unserer Gemeinde dient. Ein anderes Mal besuchte mich eine Frau mittleren Alters in meinem Laden. Sie erzählte, wie sie von meiner Familie erfahren und uns gefunden hatte. Sie hatte eine Tochter, die schon über 20 war und unter einem ausgerenkten Hüftgelenkt litt. Ihre Beine waren unterschiedlich lang, so dass sie nicht richtig laufen konnte. Die Schmerzen, unter denen sie litt, waren so stark, dass sie mit Morphium behandelt werden musste. Inzwischen war sie vom Morphium abhängig und es schlug nicht mehr an. Auch sehr starke andere Schmerzmittel halfen nicht. So bat mich ihre Mutter für sie zu beten. Darum hielt ich bei ihr zu Hause einen Anbetungsgottesdienst ab. Der Heilige Geist legte mir aufs Herz, 21 Tage lang für die Familie zu beten.

Damals besuchte ich noch die Bibelschule, hielt auch meine nächtelangen Gebete ab. Dennoch predigte ich ihnen das Wort Gottes und betete 21 Tage lang für sie. Da kam die Tochter langsam zum Glauben und hörte auf ihre Medikamente zu nehmen. Sie fing an, sich auf Gott allein zu verlassen. Am 20. Tag verschwanden ihre Schmerzen. Am folgenden Tag legte sie ihr Zeugnis ab:

„Pastor, dieses Haus ist sehr alt und es gibt im Dachboden viele Ratten. Sie machten immer Geräusche. Nachts kamen sie sogar in mein Zimmer und machten Lärm. Das war schwer für mich. Aber letzte Nacht hatte ich einen Traum und als ich am Morgen aufwachte, passierte etwas Erstaunliches!"

Es gab dort so viele Ratten, dass man Gift und andere Sachen ausgelegt hatte, um sie los zu werden; doch nichts hatte geholfen. Die junge Frau war wegen ihrer Schmerzen immer nervös, schreckhaft und ruhelos gewesen. Nachts hatte sie wegen der Ratten nicht schlafen können. Dann hatte sie davon geträumt, dass ich für sie beten würde. In dem Moment, wo sie für sich beten ließ, verließen große und kleine Ratten in Grüppchen das Haus und am Ende ging auch eine sehr große Ratte, die wie ein König aussah, weg. Sofort verschwanden alle ihre Schmerzen und die Ratten aus dem Dachboden waren tatsächlich weg. Diese Schwester war so von dem Wirken Gottes überrascht und erstaunt, dass sie ihre Gefühle nicht verbergen konnte. Einige Tage später kam die Mutter dieser jungen Frau zu mir und sagte: „Pastor, meine Tochter liegt im Sterben! Bitte komm sofort mit und bete für sie!"

Es war schon mitten in der Nacht, als ich bei ihr zu Hause ankam. Ihre Tochter krümmte sich vor Schmerzen auf dem Boden. Sie hatte drei Tage gefastet und hätte drei Tage lang Schonkost zu sich nehmen sollen; stattdessen hatte sie nach dem Fasten ein Brathühnchen gegessen. Sie hatte akute Verdauungsstörungen. Als ich ihr die Hand auflegte und für sie betete, sah ich durch die Eingebung des Heiligen Geistes deutlich einen Knochen in ihrem Magen und konnte dann sehen, wie er weg schmolz. Sobald das Gebet zu Ende war, erbrach sie, was sie gegessen hatte. Sie atmete einmal tief durch und dann sah ihr Gesicht wieder normal aus.

Ein reines Gefäß

Ich fastete sehr häufig und gab mein Bestes, um alle Formen

des Bösen abzuwerfen und alle Gebote Gottes einzuhalten. So geschah es, dass ich alle neun Früchte des Heiligen Geistes hatte und erlebte, wie ich die Kraft und Gaben des Heiligen Geistes deutlich aufwies. Um diese Zeit – es war ungefähr sieben Jahre, nachdem ich Gott gebeten hatte, mir Seinen Willen verständlich zu machen – sandte mir Gott eine Prophetin. Im April 1982 besuchte uns ein Gemeindmitglied, welches das Evangelium von meiner Frau gehört und sich bekehrt hatte; sie sagte: „Pastor, mitten in der Nacht rief jemand meinen Namen drei Mal. Da öffnete ich die Augen. Das Licht, das erschien, war so grell, dass es mir schwer viel die Augen auf zu tun; aber Gott erschien darin und sagte: *‚Ich werde dich erwählen, dich unter den Nationen bekannt machen und zu Meinem Zeugen auf der ganzen Welt bestellen‘*. Aber ich habe keine Ahnung, was das bedeutet".

Damals wusste sie noch nicht einmal, wo 1. Mose und Matthäus waren; aber sie war durch Gebet von einem Magenleiden geheilt worden. Als wir Gebetstreffen für die Eröffnung der Gemeinde hatten, geschah das Wort Gottes durch ihre Lippen und ich war total überrascht, die selben Worte zu hören, die mir Gott gegeben hatte, als Er mich berief, Sein Diener zu sein: *„Hast du nicht um die zwölf Gaben des Heiligen Geistes gebetet? Ich habe sie dir alle gegeben. Also sprich ein Dankgebet"*.

Gott sprach in der Prophetie auch über Dinge zu mir, die nur ich selbst wusste. Von manchen Dingen wusste nicht einmal meine Frau etwas. Dadurch wurde mir klar, dass Gott mir die Gabe der Prophetie gegeben hatte. Es war Gottes Bestätigung für mich, dass Er mir das Wort wirklich gegeben hatte. Bis dahin hatte ich um die zwölf Gaben, einschließlich der neun Gaben des

Heiligen Geistes gebeten, wie sie im 1. Korintherbrief Kapitel 12 aufgelistet sind; aber ich hatte auch um die Gabe von Visionen, die Gabe einer göttlicher Sichtweise und um die Gabe der Liebe gebeten.

Was ist Prophetie?

Die Bibel berichtet über mehrere Methoden, wie man Gottes Stimme hören kann. Da ist zum einen die Stimme Gottes selbst und dann gibt es zum anderen die Stimme des Heiligen Geistes. Manchmal spricht Gott zu uns auch durch einen Engel, der wie ein Mensch ausschaut. Und Gott spricht auch durch Prophetien zu uns.

„Die Hand des HERRN kam über mich, und er führte mich im Geist des HERRN hinaus und ließ mich nieder mitten im Tal; und dieses war voller Gebeine... Und er sprach zu mir: Menschensohn, werden diese Gebeine wieder lebendig? Und ich sagte: Herr, HERR, du weißt es. Da sprach er zu mir: Weissage über diese Gebeine und sage zu ihnen: Ihr vertrockneten Gebeine, hört das Wort des HERRN! So spricht der Herr, HERR, zu diesen Gebeinen: Siehe, ich bringe Odem in euch, dass ihr wieder lebendig werdet. Und ich lege Sehnen an euch und lasse Fleisch über euch wachsen und überziehe euch mit Haut, und ich gebe Odem in euch, dass ihr wieder lebendig werdet. Und ihr werdet erkennen, dass ich der HERR bin. Und ich weissagte, wie mir befohlen war. Da entstand ein Geräusch, als ich weissagte, und siehe, ein Getöse; und die Gebeine rückten zusammen,

Gebein an Gebein" (Hesekiel 37,1-7).

„Denn das Zeugnis Jesu ist der Geist der Weissagung"
(Offenbarung 19,10).

Prophetie heißt, für jemand anderen zu reden. Bei den
Propheten gibt es die, die für Menschen und die, die für Gott
reden...
In Hesekiel Kapitel 37 sehen wir, dass Gottes Geist bei
Hesekiel war und Gott durch die Lippen von Hesekiel sprach.
Da Gott durch die Lippen eines Menschen sprach, waren es Sätze
in der Befehlsform. Prophetien kommen nicht von Menschen,
sondern vom Geist Gottes, das heißt vom Heiligen Geist. Der
Heilige Geist wirkt harmonisch durch einen Menschen, um den
Willen Gottes weiterzusagen. Darum handelt es sich um ein
echtes Wort, dass von Gott anerkannt und garantiert ist. Worum
handelt es sich dann beim Geist der Weissagung?

Wenn Sie durch den Heiligen Geist die Wahrheit sprechen,
geben Sie Zeugnis über Jesus ab, der die Wahrheit selbst ist.
Wenn vom Geist Jesu durch einen Menschen, der durch den
Heiligen Geist die Wahrheit redet, Zeugnis abgelegt wird, dann
prophezeit dieser Mensch. Dies ist der Geist der Weissagung.
Der Prophet Hesekiel gehorchte dem Wort Gottes und
weissagte. So können auch wir viele Offenbarungen bekommen,
wenn es einen Menschen gibt, der das Wort Gottes aussprechen
(weissagen) kann.
Jesus will, dass wir Offenbarungen empfangen. Das lesen wir
in Matthäus 11,27, wo Er sagt: *„Niemand erkennt den Sohn als
nur der Vater, noch erkennt jemand den Vater als nur der Sohn,
und der, dem der Sohn ihn offenbaren will"*. Und der Apostel

Pauls sagte im 2. Korinther 12,1: *„Gerühmt muss werden; zwar nützt es nichts, aber ich will auf Erscheinungen und Offenbarungen des Herrn kommen".*

Wenn wir wie der Apostel Paulus von Gott Offenbarungen empfangen, können wir Gott eindeutig verstehen und sogar künftige Dinge erfahren. Nur wenn wir wissen, welche Dinge sich in Zukunft ereignen werden, können wir uns auf die Zeit der Rückkehr des Herrn vorbereiten, der wie ein Dieb in der Nacht kommen wird.

Antwort für die Gemeindeeröffnung empfangen

Sie wollen Sie rauswerfen

Als ich mich auf die Eröffnung der Gemeinde vorbereitete, hatten wir mehrere Gebetstreffen. Wir führten auch eine Heilungsversammlung beim Diakonin Aeja Ahn durch und dabei war ihr ganzes Haus voller Leute. Das zweite Gebetstreffen hielten wir in unserem Laden ab. Eine Person, die sich den Arm gebrochen hatte und einen Gipsverband trug, wurde geheilt und nahm den Gips ab. Eine Frau, die nicht empfangen konnte, ließ auch für sich beten. Kurze Zeit darauf erfuhr ich, dass sie schwanger war. Das dritte Treffen wurde in den Bergen abgehalten. Daran beteiligten sich über 40 Leute. Manche von ihnen waren Bibelschüler und Pastoren. Es war auch eine Frau da, die am Rückgrat operiert worden war, doch das gleiche Leiden war wieder aufgetreten.

Es hieß, ihr Zustand sei sehr bedrohlich, aber sie wollte

dennoch am Gebetstreffen teilnehmen. Ein anderes Mitglied konnte sie gerade so auf den Berg hinauf tragen und während der Gebetszeit, tat ich dann für sie Fürbitte. Sie wurde dort auf dem Berg vollkommen geheilt und konnte ihn allein herabsteigen!

Die vierte Gebetsveranstaltung, die von vielen Bibelschülern besucht wurde, fand auch auf einem Berg statt. Da sprach Gott zu uns:

„Nach diesem Meeting wird es eine Prüfung für dich geben. Aber mache dir keine Sorgen, sondern glaube Mir einfach und bete. Ich werde es dir mit Segnungen vergelten".

Es dauerte nicht lange, bis ich durch eine Prüfung ging. Im Juni 1982 hatte ich eine Abschlussprüfung für das Semester und fuhr nach Hause. Doch einer der Dozenten reiste mir bis nach Hause nach. Ich wusste, dass das normalerweise nicht vorkam. Er fing wie folgt an: „Ich war schon auf vielen Gebetsbergen und habe viel gebetet, so dass auch ich schon eine ganze Menge über die geistliche Welt wusste. Du hast geistliche Tiefe und ich weiß, dass du mit vielen geistlichen Gaben gesegnet bist. Da du bald eine Gemeinde öffnen willst, ist der Feind gegen dich aufgestanden. Pastor, ich denke, du solltest die Pläne zur Eröffnung einer Gemeinde beiseite legen. Wir hatten heute ein Meeting unter den Dozenten und sie wollen dich ausschließen. Ich weiß, du bist nicht so jemand, aber..."

Die Werke des Feindes, der die Eröffnung der der Gemeinde stören wollte

Als ich seinen detaillierten Erläuterungen zuhörte, fand ich heraus, dass es nicht nur bei dem Dozenten, der mich durch die Bibelschulzeit begleitete, sondern auch beim Pastor meiner Gemeinde Missverständnisse in Bezug auf meine Person gab. Mir wurden Fragen gestellt wie: „Pastor, hast du bei den Gebetstreffen auf den Bergen gesagt, du wärst der Christus? Hast du eine Frau mitgenommen und hast du ihr erlaubt, anderen Pastoren die Hände aufzulegen?"

„Ich habe nie gesagt, ich sei der Christus und habe nie erlaubt, dass eine Frau anderen Pastoren die Hände auflegt".

Da jedes Mal, wenn ich in den Versammlungen für Menschen betete, viele Heilungen geschahen, hatte sich ein Kommilitone, der deshalb eifersüchtig war, falsche Anschuldigungen ausgedacht und diese gegenüber meinem Betreuer geäußert, wie zum Beispiel: „Pastor Jaerock Lee tut Dinge, die Spaltungen verursachen und er behauptet, der Christus zu sein".

Die völlig erfundenen Gerüchte verbreiteten sich innerhalb kurzer Zeit. Außerdem verwies mich der Dozent, der mich vier Jahre unterrichtet hatte nur, weil er diese Gerüchte gehört hatte, ohne dass er mich selbst dazu befragt hätte. Dennoch ging ich nicht zu anderen, um ihnen meine Unschuld zu beteuern. Für mich war es eine schwierige Situation, aber wenn ich zu Gott betete, sagte Er, ich solle danke sagen, mich freuen und für diese Leute in Liebe beten.

Im September fing das neue Semester an. Als ich zum Unterricht ging, hörte ich, wie meine Kommilitonen sich wegen meines Problems stritten. Sie sagten, derjenige, der Lügen über mich verbreitet hatte, hätte Buße getan und sich nicht für das neue Semester angemeldet. Darum ging ich zu ihm und drängte ihn, sich wieder anzumelden, denn ich war ihm gegenüber nicht verbittert und trug ihm nichts nach. Gott wirkte so wunderbar, dass alle Probleme reibungslos gelöst wurden. Auch derjenige, der mich dieser Dinge bezichtigt hatte, erlebte eine Veränderung. Nachdem ich die Gemeinde gegründet hatte, kamen viele Dozenten, einschließlich derer, die mich missverstanden hatten, zum Eröffnungsgottesdienst und wir feierten zusammen. Nach der Übergabe der Abschlusszeugnisse hielten wir eine Feier in meiner Gemeinde, um uns bei den Dozenten zu bedanken.

Die Antwort lautet: „Manmin-Gemeinde" (für die ganze Schöpfung)

Ich hatte erst recht spät in meinem Leben mit der Bibelschule angefangen und wollte die Gemeinde deshalb bald eröffnen. Da ich nicht mehr sehr jung war, hatte ich schon ab dem ersten Semester für einen Namen gebetet, aber keine Antwort bekommen. Erst direkt vor der Eröffnung der Kirche kam sie.

„Nenne sie ‚Manmin-Gemeinde'. Wenn die Zeit reif ist und du auf Reisen gehst, wirst du verstehen, warum Ich dir aufgetragen habe, sie ‚Manmin' zu nennen".

Jahre später, das heißt 1989, reiste ich ins Heilige Land. Im Garten Gethsemane hatte Jesus so lange gebetet, bis Sein Schweiß wie Blutstropfen auf den Boden fiel, weil Er die Vorsehung des Kreuzes erfüllen und alle Völker und alle Nationen retten sollte und wollte. An jenem Ort sah ich die „Gemeinde aller Nationen" und war überwältigt. Gott sandte Jesus Christus als Sühnopfer, um alle Nationen und Völker zu retten. Er möchte in diesen letzten Tagen erleben, wie Seine Vorsehung zustande kommt. Er möchte erleben, wie der große Missionsbefehl durch das heilige Evangelium erfüllt wird. Darum gab Er uns den Namen „Manmin", denn das bedeutet „für die gesamte Schöpfung".

Am Anfang nannten wir die Kirche „Manmin-Gemeinde"; da wir aber fest erwarteten, viele Tochtergemeinde zu bauen, nahmen wir den Zusatz „zentral" hinzu: „Manmin Joong-ang (Zentral)-Gemeinde".

Warum willst du es auf die schwierige Art und Weise tun?

„Pastor, warum willst du eine Gemeinde eröffnen? Weißt du, wie schwierig es ist, eine Gemeinde zu beginnen?" – „Da wirst du jahrelang nur Geld für Haferschleimsuppe haben. Willst du nicht, dass deine Kinder eine gute Ausbildung bekommen? Weißt du, wie schwierig es ist, heutzutage Gläubige zusammen zu bringen?" Solche Ratschläge nahmen kein Ende: „Und weißt du, wie ungehorsam Gläubige heutzutage sind? Lass uns doch einfach hier in der Gemeinde zusammenarbeiten". – „Pastor, wenn du erst einmal eine Gemeinde gegründet hast, wirst du viele Tränen vergießen".

Als ich kurz vor der Gemeindeeröffnung stand, gab es sehr viele Leute, die mich aufhalten wollten. Tatsache war, dass damals viele Gemeinden solche Probleme hatten. Manche Pastoren nahmen zur Eröffnung von Gemeindegebäuden Kredite auf. Wenn die Gemeinde dann nicht wie erwartet wuchs, litten sie unter den Schulden. Viele von ihnen waren ganz verzweifelt und fühlten sich hoffnungslos. Doch weil ich Gott, dem Allmächtigen glaubte, konnte mein Herz nicht erschüttert werden. Ich konnte denen, die mir solche Ratschläge gaben, nicht einfach direkt widersprechen, weil ich sie nicht peinlich berühren wollte. Doch mir selbst sagte ich: „Wenn ich erst einmal die Gemeinde eröffnet habe, wird sie gedeihen und es wird keine Probleme geben. Ich werde viele Seelen retten und die Gemeinde wird schnell wachsen. Dann werden wir Gott viel Ehre geben".

Ich verließ mich auf das Wort Gottes, denn im Philipperbrief 4,13 heißt es: *„Alles vermag ich in dem, der mich kräftigt"*. In Matthäus 9,29 steht, Dinge werden so geschehen, wie wir es glauben, und ich verließ mich auf Matthäus 13, 8, woraus ich die Gewissheit habe, dass wenn wir säen, Gott eine dreißig-, sechzig-oder hundertfache Ernte dessen verspricht, was wir gesät haben. Wenn man sich Diener Gottes anschaut, beispielsweise Mose oder den Apostel Paulus, die von Gott geliebt waren, sieht man, dass die Leute sie wie Götter betrachteten (2. Mose 7,1; Apostelgeschichte 14,11).

Wenn Gott mit uns ist, ist nichts unmöglich. Das glaubte ich. Ich glaubte, wenn ich mich als Sein Diener auf das Wort konzentrierte, betete und Seinem Willen folgte, würde Gott mich erhören und sich um die finanziellen Angelegenheiten, Räumlichkeiten und Mitarbeiter für die Gemeinde kümmern. Da ich glaubte, dass ich in Ihm, der mir Kraft verleiht, alles tun konnte, hatte ich eine Vision. Ich betete für die Vision und den Traum in allen Einzelheiten und bekannte alles mit meinen Lippen.

Der Führung des Heiligen Geistes gehorchen

Im Mai 1982 hatte Gott mir gesagt, dass ich eine Gemeinde
eröffnen würde, wenn die Sonne glühend heiß schien, und Er
führte mich in eine Teil von Shindaebang im Bezirk Dongjak
in Seoul. Es war ein Ort, von dem ich noch nie gehört hatte.
Da die Gegend damals noch nicht sehr weit erschlossen war,
standen dort nur wenige Gebäude und es war wenig Verkehr. Es
gab ein Gebäude mit rund 84 Quadratmeter. Die monatliche
Miete betrug rund 150.000 Won (150 Dollar) und die Kaution
rund 3 Millionen Won (3.000 Dollar). Als ich mich mit dem
Eigentümer zur Vertragsunterzeichnung traf, ging er mit der
Miete auf 120.000 Won herunter.

Gott bereitete das Geld für die Eröffnung der Gemeinde vor

Gott gab uns das für die Eröffnung der Gemeinde nötige
Geld durch Diakonin Aeja Ahn. Damals betete sie täglich für
fünf Stunden. Ihr Sohn war in einen Unfall verwickelt gewesen
und hatte 3 Millionen Won als Entschädigung bekommen.
Sie versprach, dieses Geld Gott zu geben – als Opfer für den
Gemeindebau. Doch weil ihr ungläubiger Mann das Geld für
andere Dinge ausgab, hatte sie immer eine Last im Herzen. Sie
glaubte, sie müsse immer noch 3 Millionen Won als Opfer für
den Bau einer Gemeinde geben. Später lernte sie meine Familie
kennen und schloss sich uns an, als ich die Gemeinde eröffnete.

Da das Möbelgeschäft ihres Ehemannes nicht gut ging, hatte
sie eine Hypothek auf ihrem Haus. Sollten sie ihre Schulden

nicht zahlen können, würde ihr Haus zu einem sehr niedrigen Preis verkauft werden. Darum bot das Paar sein Haus zum Preis von 20 Millionen Won (rund 20.000 Dollar) zum Verkauf an. Aber es gab nicht einmal Interessenten, die sich das Haus ansehen wollten. Da gingen sie mit dem Preis auf 15 Millionen Won runter. Immer noch wollte keiner das Haus kaufen. In dieser Zeit empfing Diakonin Aeja Ahn beim Gebet auf dem Samgak-Berg ein Wort vom Herrn: *„Faste drei Tage lang und biete dein Haus zum Verkauf an. Erhöhe den Preis, soweit es dir dein Glaube erlaubt und dann werde Ich wirken. Benutze drei Millionen Won vom erhöhten Preis für die Eröffnung der Gemeinde".*

So kam ihr Haus wieder auf den Markt, obwohl es seit vielen Jahren keiner kaufen wollte. Wenn sie den Preis erhöhten, mussten sie davon ausgehen, dass sie der Immobilienmakler auslachen würde. Deshalb dachte Diakonin Aeja Ahn intensiv darüber nach und erhöhte den Preis schließlich um 3 Millionen. Dann bot sie es für 18 Millionen Won an. Der Makler war sprachlos.

Aber auf dem Heimweg vom Maklerbüro folgte ihr jemand und schaute sich das Haus an. Er sagte, nun habe er sein Lieblingshaus gefunden und unterschrieb den Vertrag für 18 Millionen Won. Der Diakonin tat es leid, denn sie hätte es auch für 20 Millionen Won verkaufen können, wenn sie größeren Glauben gezeigt hätte. Gott griff für sie ein, so dass sie ihr Haus verkaufen konnte, dass für so lange Zeit zum Verkauf gestanden hatte. Nun konnte sie die Schulden ihrer Familie begleichen und spendete die 3 Millionen Won, die für die Eröffnung der Gemeinde nötig waren.

Gründliche Buße, weil ich mich auf Menschen verlassen hatte

Als ich die Eröffnung der Gemeinde vorbereitete, erwartete ich irgendwie, dass ich mindestens 40 Leute um mich herum haben würde, wenn ich so weit war. Ich ging einfach davon aus, sie würden die Gemeinde ab der Eröffnung besuchen, weil ich dachte, sie kannten mich gut und liebten mich. Allerdings war die Realität anders. Am 25. Juli 1982 fand der Eröffnungsgottesdienst statt. Unerwarteter Weise kam keiner von denen, die ich erwartet hatte. Als ich sah, dass meine Schwester, die versprochen hatte zu kommen, nicht bei der Eröffnung dabei war, wurde mir klar, dass Gott sie davon abgehalten hatte. Er wollte nicht, dass ich mich auf irgendeins von meinen Geschwistern verließ. Ich betete: „Gott, ich danke Dir, dass Du mich hast sehen lassen, dass ich den Wunsch habe, mich auf meine Verwandten zu verlassen. Bitte vergib mir, dass ich mich auf Menschen verlassen habe. Jetzt ist mir Dein Wille klar. Ich werde mich nicht mehr auf Menschen verlassen, sondern nur noch auf Dich und ich werde alles mit Gebet begleiten".

Nach dem Eröffnungsgottesdienst wurde mir klar, dass ich mich immer noch auf Andere verlassen wollte. Deshalb tat ich gründlich vor Gott Buße und bat Ihn, mir Gemeindemitglieder zu schicken. Danach war das Heiligtum jeden Sonntag mit Gläubigen gefüllt, die Gott gesandt hatte.

Mit Nichts anfangen

Neun Erwachsene und vier Kinder

Als wir die Gemeinde eröffneten, war das Gebäude noch nicht ganz fertig. Es gab weder Fensterscheiben noch eine Kanzel und auch keinen Bodenbelag. Es sah aus wie braches Land. Wir teilten den Raum mit einem Vorhang in zwei Teile. Ein Teil diente meiner Familie als Wohnraum und die andere Hälfte als Heiligtum und Gebetsraum. Mit meiner Familie waren wir beim 1. Gottesdienst neun Erwachsene und vier Kinder. Außer meiner Familie gab es wenige andere Besucher. Ich predigte eine Botschaft mit dem Titel „Glaube ist der kostbarste Schatz". So fing die Manmin Joong-ang-Gemeinde bei Null an. Da wir sie gerade eröffnet hatten, war kein Geld mehr da, obwohl wir viele Ausgaben hatten. Dennoch lieh ich mir nie von einem Verwandten oder von anderen Leuten Geld. Ich betete einfach zu Gott. Ich war bereit selbst dann zu fasten, wenn Gott mir nichts gab. Aber wenn wir nichts zu essen hatten, gab uns Gott irgendwie über andere Menschen Essen. Ich konnte sogar den ganzen Sommer lang Wassermelone essen, die ich so gerne mag.

Täglich beteten wir fünf bis sechs Stunden gemeinsam

Nach dem Eröffnungsgottesdienst betrug das Opfer rund 30.000 oder 40.000 Won pro Woche, aber das reichte nicht einmal für die monatliche Miete für das Heiligtum. Vier oder fünf Mitglieder kamen jeden Tag für fünf bis sechs Stunden bei glühender Hitze zum Gebet zusammen. Da wir praktisch keine Gemeindemitglieder hatten, brauchte ich niemanden zu besuchen und mich um keinen kümmern. Wenn wir im Gebetsraum beteten, waren wir durchgeschwitzt. In Jeremia 33,3 steht: *„Rufe mich an, dann will ich dir antworten und will dir Großes und Unfassbares mitteilen, das du nicht kennst"*. Als wir im Gebet zu Gott riefen, sandte uns Gott Gläubige und gab uns das, was für die Gemeinde nötig war.

„Gott, gib uns ein Mikrofon".

Nachdem wir eine Woche lang gebetet hatten, bekamen wir ein Mikrofon. In der Woche danach brauchten wir ein Telefon; wir beteten dafür und bekamen eins. Da es zu dem Zeitpunkt nicht viele Gemeindemitglieder gab, nutzte Gott die Gottesdienste, die freitags die ganze Nacht lang gingen. Andere Gemeindemitglieder, die freitags zu uns kamen, empfingen viel Gnade und einer nach dem anderen bot an, das zu kaufen, was die Gemeinde brauchte. So bekamen wir Vorhänge, eine Kanzel, ein Klavier, elektrische

Ventilatoren und sogar einen Glockenturm mit einem Kreuz. So hatten wir zwei Monate nach der Eröffnung alles, was wir brauchten.

In der Apostelgeschichte heißt es, dass sich der Diener Gottes auf das Wort und das Gebet konzentrieren soll. Darum überließ ich die Wartung und alles andere, was die Kirche betraf, den Mitgliedern und konzentrierte mich nur auf das Wort Gottes und das Gebet. Da ich damals noch nicht so viel aus dem Wort Gottes kannte, predigte ich freitagabends das, was ich vom Willen Gottes wusste und sonntags aus der Inspiration des Heiligen Geistes heraus.

Obwohl ich nicht sehr redegewandt war, empfingen die Zuhörer während der Predigten Leben und Glauben, weil es reine geistliche Botschaften waren. Auch folgten dem Wort Taten. Jedes Mal, wenn die Mitglieder das Wort in die Tat umsetzten, wuchs ihr Glaube und sie empfingen Gebetserhörungen. Von der Eröffnung an sandte uns Gott jede Woche neue Gläubige und sie empfingen durch die Botschaften Leben. Als sie die Wunder Gottes sahen, die Freitagnacht geschahen, empfingen sie Gnade und ihr Glaube nahm zu.

Die Antwort in der Bibel finden

Da die ersten Gemeinden von den Aposteln gegründet wurden, die direkt von Jesus unterwiesen worden waren, folgten sie dem Willen des Herrn. Gott hatte Wohlgefallen an ihnen und Er fügte neue Menschen hinzu, die gerettet wurden. Die Urgemeinde wurde zu meinem Ziel, das mir bis zur Wiederkunft des Herrn als Vorbild dienen sollte. Die beste Art von Gemeinde, die Gott will, ist nicht einfach eine Kirche, die ein sehr großes Gebäude oder viele Mitglieder hat, sondern eine, die der Urgemeinde ähnelt. Wenn wir dem Beispiel der ersten Gemeinden folgen, die Seinem Willen entsprachen, segnet uns Gott mit dauerhafter Erweckung in der Gemeinde.

„Es kam aber über jede Seele Furcht, und es geschahen viele Wunder und Zeichen durch die Apostel. Alle Gläubiggewordenen aber waren beisammen und hatten alles gemeinsam; und sie verkauften die Güter und die Habe und verteilten sie an alle, je nachdem einer bedürftig war. Täglich verharrten sie einmütig im Tempel und brachen zu Hause das Brot, nahmen Speise mit Jubel und Schlichtheit des Herzens, lobten Gott und hatten Gunst beim ganzen Volk. Der Herr aber tat täglich hinzu, die gerettet werden sollten" (Apostelgeschichte 2,43-47).

Wir nahmen uns die Urgemeinde zum Vorbild, die versuchte, sich jeden Tag im Heiligtum zu versammeln. Wir trafen uns jeden Tag und verkündigten das Wort, nahmen das Brot der Liebe, das heißt das Wort Gottes (Johannes 6,48), und setzten es in die Tat um. Gott war bei uns und wirkte Seine Zeichen und Wunder. Da sich jede Woche neuen Menschen als Mitglieder eintragen ließen, wuchs die Gemeinde sehr schnell.

Sich allein aufs Wort verlassen

Nach der Eröffnung der Gemeinde mussten wir jeden Cent sparen. Doch ich kannte das Geheimnis zum Empfangen von Segnungen, wie es in Lukas 6,38 geschrieben steht: *„Gebt, und* *es wird euch gegeben werden: ein gutes, gedrücktes und gerütteltes und überlaufendes Maß wird man in euren Schoß geben; denn mit demselben Maß, mit dem ihr messt, wird euch wieder gemessen werden "*. Ich versuchte, den Bedürftigen zu helfen und verließ mich auf das Wort.

Damals hatten wir zehn Bibelschüler in der Gemeinde, denen wir helfen mussten. Es war schon schwierig, die Miete für den Gemeindesaal zu zahlen, die damals 120.000 Won (oder 120 Dollar) betrug. Ein paar Wochen nach der Gemeindeeröffnung kamen ein paar Opfer herein und so nahmen wir, in dem Glauben, dass Gott uns dafür segnen würde, etwas von diesem Opfer und sandten es an andere neue Gemeinden in unserer Konfession. Seit der Gründung hatte jedes Mietglied versprochen, eine Million Won (1.000 Dollar) zu spenden, damit unsere Konfession ein Gebäude für die Bibelschule errichten konnte. Wir gaben unser Bestes und wurden zu einer Gemeinde, die anderen hilft, sich auf das Wort zu verlassen.

Als ich die Gemeinde eröffnete, suchte ich in der Bibel nach einer vorbildlichen Gemeinde und fand die Urgemeinde in der Apostelgeschichte.

Wenn ihr nicht Zeichen und Wunder seht, glaubt ihr einfach nicht

Der Einweihungsgottesdienst

Als ich für den Gottesdienst zur Gemeindeeinweihung betete, gab mir Gott ein Wort: *„Feiere den Gottesdienst zur Einweihung, wenn alle Früchte reif sind – vor dem ersten Frost"*. So hielten wir den Einweihungsgottesdienst am 10. Oktober 1982 ab und zu dem Zeitpunkt hatten wir schon 100 Mitglieder. Seit der Eröffnung der Gemeinde hatte uns Gott viele Mitglieder geschickt und der Versammlungsraum war inzwischen schon zu klein geworden. Freitagnachts kamen über 100 Leute zum Gottesdienst und dabei hatten wir nur 50 Quadratmeter Platz, so dass manche in Gebetzellen waren oder auf der Treppe standen. Nach der Einweihung mieteten wir dann auch den Keller an.

Nachdem ich für die Weihnachtsveranstaltung gebetet hatte, sandte uns Gott talentierte Menschen, die ein biblisches Stück

Einweihungsgottesdienst

vorbereiteten, damit wir eine gute Veranstaltung haben würden. Dann sandte uns Gott jemanden, der Blumen schön arrangieren konnte und eine Schauspielerin, die eine gute Tänzerin war. Sie unterrichtete in der Sonntagsschule ein paar Tänze und Handbewegungen. Schon bald konnten die Mitglieder Ereignisse selbständig vorbereiten. Zu dem Zeitpunkt predigte ich pro Woche über zehn Botschaften – in verschiedenen Gottesdiensten, einschließlich der Gebetstreffen am frühen Morgen. Außerdem ging ich noch auf die Bibelschule, denn das alles geschah noch vor meinem Abschluss. Dazu hatten wir noch Gebete in der Nacht, wobei ich um 4 Uhr morgens auch immer das morgendliche Gebet leitete. Als bekannt wurde, dass viele Heilungen geschahen, kamen viele Patienten aus dem ganzen

Land zu uns und ich betete für jeden – über den ganzen Tag verteilt.

Eine Veränderung in der Familie

Ein Herr Youngsuk Kim war, bevor er zu Jesus kam, stark alkoholabhängig. Als sein Husten nicht weggehen wollte, kam er ins Krankenhaus. Man stellte Tuberkulose im Lymphsystem fest. Er hätte eine Operation haben und sich danach ein Jahr lang ausruhen sollen, doch das konnte er sich nicht leisten.

Seine Frau litt seit der Geburt ihres Kindes an einer Blasenentzündung. Sie war deshalb so entmutigt, dass sie versuchte, sich das Leben zu nehmen, doch sie überlebte. Im Oktober 1982 erfuhr Youngsuk Kim von unserer Gemeinde und wurde Mitglied. Er versprach, zehn Tage lang morgens zu fasten und zum Frühgebet zu kommen. Er hatte sehr hohes Fieber und hustete schrecklich. Doch als er sah, wie viele andere Menschen geheilte wurden, bekam er den Glauben, dass er auch geheilt werden könnte. Ich betete häufig für ihn. Am 10. Tag sank das Fieber und der Husten hörte auf. Er war sich sicher, die Heilung empfangen zu haben und ließ sich untersuchen. Man sagte ihm, er habe keine Tuberkulose mehr. Sie war durch das Feuer des Heiligen Geistes völlig geheilt worden. Danach wurde auch seine Ehefrau Gemeindemitglied und auch sie wurde bald darauf von ihrer Blasenentzündung geheilt. Ihre Tochter wurde ebenfalls geheilt. Aus Dankbarkeit für die Gnade Gottes fing Youngsuk Kim an, Theologie zu studieren. Inzwischen dient er als Pastor.

Gottesdienst Freitag nachts mit Zeichen und Wundern wie in der Bibel

Die Gottesdienste freitagabends waren voll, die Leute kamen aus dem ganzen Land. Es hatte sich eine Art interkonfessioneller Gottesdienst entwickelt. Der enge Gottesdienstraum quoll über. Das Feuer des Heiligen Geistes brannte heiß und die Decke war voller Wassertropfen. Die Besucher priesen Gott leidenschaftlich und beteten zu Ihm, wobei der Gottesdienst um 22 Uhr anfing und bis 6 Uhr morgens ging. Sie waren dabei, wenn in den Versammlungen kranke Menschen geheilt wurden, aufstehen, gehen und sogar vor Freude hochspringen konnten; darum kamen auch immer mehr Leute dazu.

Diejenigen, denen man im Krankenhaus ein Todesurteil gegeben hatte, wurden geheilt, sobald sie in die Gemeinde kamen und die mit Gehhilfen kamen, konnten wieder laufen und springen. Blinde wurden sehend, die Stummen konnten wieder reden und Frauen, die keine Kinder bekommen konnten, wurden schwanger. Jemand, dessen Hand gebrochen war, konnte sie, nachdem wir für ihn gebetet hatten, wieder problemlos bewegen.

Von Leukämie geheilter Patient

Einmal kam eine Frau, die extrem blass war, zu mir, um für sich beten zu lassen. Sie berichtete, dass ihr die Ärzte gesagt hatten, sie würde nur noch zwei Wochen leben. Es folgt ihre Lebensgeschichte: Sie war schon als Kind in der Sonntagsschule Christ geworden. Später machte ihr ein Ungläubiger einen Heiratsantrag. Sie sagte, sie könnte nur einen Gläubigen heiraten, weshalb er Gemeindemitglied wurde und eine Zeit lang hinging.

Die Frau glaubte, ihr Mann würde ein Leben als guter Christ leben. Doch einige Monate später wurde sie von ihrer Schwiegermutter gezwungen, an Buddha zu glauben. „Unsere Familie ist schon seit vielen Generationen buddhistisch; deshalb musst auch du Buddhistin werden". Da sie der Aufforderung ihrer Schwiegermutter nicht folgte, schlossen sich ihr Mann und ihre Schwiegermutter zusammen und verboten ihr, in die Kirche zu gehen. Er schlug und verfolgte sie. Gab es in der Familie ein Problem, gaben ihr alle die Schuld dafür.

Oft wurde sie aus dem Haus geworfen, doch sie ertrug alles. Als ihr Ehemann allerdings mit einer Anderen eine Affäre anfing, konnte sie es nicht mehr ertragen und ging nicht mehr in die Kirche. Sie wusste, dass sie eigentlich in die Kirche hätte gehen sollen, doch sie war verzweifelt und bekam sogar Leukämie.

Obwohl sie aufgehört hatte, in die Gemeinde zu gehen, beendete ihr Ehemann seine Affäre nicht und schlug sie weiterhin.

Auch als sie an Leukämie litt, waren ihr Mann und ihre Schwiegermutter ihr gegenüber kalt und fuhren sie nicht einmal zum Krankenhaus.

Nachdem man ihr im Krankenhaus gesagt hatte, sie befände sich im Endstadium, erfuhr sie von unserer Gemeinde und kam, denn mit letzter Hoffnung klammerte sie sich an Gott und daran, dass mein Gebet ihr helfen würde. Gott heilte diese Frau. Nach einer gewissen Zeit kam sie zu mir. Man sah ihr an, dass sie gesund war und sie bedankte sich, bevor sie wieder heimging.

Zwei verschiedene Arten von Zeichen

Jesus heilte die Kranken und belebte die Toten wieder. In Seinem Dienst wirkte Er verschiedene Wunder. Er sagte: *„Wenn ihr nicht Zeichen und Wunder seht, so werdet ihr nicht glauben"* (Johannes 4,48). Ein Wunder ist ein Werk Gottes, das eine rasche Veränderung bewirkt oder das Wetter ändert. Zu Zeiten Josuas fand bei Gibbon eine Schlacht statt und die Sonne verweilte am Himmel (Josua 10,31). Zu Jesajas Zeiten ging der Schatten um zehn Stufen zurück (2. Könige 20,11) und die drei Weisen beobachteten auf ihrer Reise nach Bethlehem einen sich bewegenden Stern (Matthäus 2).

Zeichen sind Werke Gottes, wofür es sichtbare Beweise gibt. Manchmal spielt Gott der Vater beim Wirken von Zeichen die wichtigste Rolle. Zeichen geschahen im Alten Testament und eines steht in Offenbarung 15,1. In Markus 13,22 lesen wir: *„Es werden aber falsche Christusse und falsche Propheten aufstehen und werden Zeichen und Wunder tun, um, wenn möglich, die Auserwählten zu verführen"*. In diesem Vers steht „wenn (falls) möglich" und damit wird ausgedrückt, dass so etwas in der Realität eigentlich unmöglich ist. Gemeint ist, dass falsche Propheten nicht die Kraft haben, Zeichen zu wirken; aber „falls möglich", würden sie versuchen, Menschen zu betrügen, sogar die Auserwählten. Beispiele für Zeichen, die Gott der Vater wirkte, sind die zehn Plagen in Ägypten (5. Mose 6,22) und die Flamme, die in den Himmel emporstieg (Richter 13,19-20).

Es gibt noch eine andere Art Zeichen, die geschieht, wenn der Herr und der Heilige Geist zusammen die Hauptrolle spielen und eine „Spur" hinterlassen. Zeichen sind zum größten Teil in Neuen Testament zu finden. Beispiele für von Jesus gewirkte

Zeichen sind die Verwandlung von Wasser in Wein, die Heilung von Kranken und die Wiederbelebung von Toten. Auch, dass Er Blinden die Augen und Tauben die Ohren öffnete, waren Zeichen. Sie können nicht von Menschen gewirkt werden (Johannes 6,2). Nachdem Jesus das Wort Gottes gepredigt hatte, wirkte Er Zeichen, damit die Augenzeugen glauben konnten, dass das Wort Gottes absolut wahr war. Selbstverständlich ist es gesegneter zu glauben, auch wenn man solche Beweise nicht sieht. Doch es ist nicht leicht, ohne etwas zu sehen, echten Glauben zu haben. Da die Sünde überhand nimmt, werden die Herzen der Menschen immer härter und es fällt ihnen schwerer, echten Glauben zu haben. Wenn man heute das Evangelium verkünden und Seelen retten will, ist es besser und effektiver, wenn Zeichen und Wunder auf die Predigt folgen.

Diese Zeichen werden denen folgen, die da glauben

Manche Gläubige halten es für merkwürdig oder glauben nicht daran, wenn wir sagen, dass die Zeichen, die wir in der Bibel finden, noch heute geschehen. Manch andere zweifeln vielleicht und denken: „Ich habe im Glauben gebetet, aber warum geschieht das Werk Gottes nicht?"

Doch Jesus sagte: *„Diese Zeichen aber werden denen folgen, die glauben: In meinem Namen werden sie Dämonen austreiben; sie werden in neuen Sprachen reden; werden Schlangen aufheben, und wenn sie etwas Tödliches trinken, wird es ihnen nicht schaden; Schwachen werden sie die Hände auflegen, und sie werden sich wohl befinden"* (Markus 16,17-18). „Denen, die glauben" bezieht sich auf die, die vollkommenen geistlichen Glauben haben. In Römer 12,3 finden wir das

„Maß des Glaubens". Das gleicht dem Prozess, den ein Samen durchläuft, wenn er aufsprießt, wächst, blüht und Frucht trägt. Wenn wir anfangen, den Samen des Glaubens in uns zu säen, wächst er, je nachdem wie wir uns darum kümmern. Darum ist das Maß des Glaubens bei jedem verschieden. In dem Umfang, wie wir das Wort in die Tat umsetzen und unser Herz zu einem wahren Herzen verändern, gibt uns Gott geistlichen Glauben von oben (Hebräer 10,22). Uns werden jene Zeichen folgen, wenn wir wachsen und vollkommenen Glauben entwickeln, der das Herz von Jesus widerspiegelt.

Dazu zählen zum Beispiel, dass wir im Namen Jesu Christi Dämonen austreiben und in neuen Sprachen sprechen. „Schlangen aufzuheben" bedeutet geistliche gesprochen, die Werke von Satan mit dem Wort Gottes zu zerstören. Diejenigen, die auf der Ebene des vollkommenen Glaubens agieren, werden weder von Krankheiten noch von Bakterien angegriffen und falls sie unabsichtlich tödliches Gift trinken, wird es ihnen nicht schaden, weil Gott es mit dem Feuer des Heiligen Geistes ausbrennen wird. Dies war der Fall, als der Apostel Paulus auf Malta von einer giftigen Schlange gebissen wurde (Apostelgeschichte 28,5). Wenn Sie allerdings Gott versuchen wollen und wissen, dass es sich um Gift handelt, kann Gott Sie nicht beschützen. Mit vollkommenem Glauben kann man auch das Werk der Heilung durch die Kraft Gottes demonstrieren, auch dann, wenn man für eine unheilbare Krankheit betet.

Was sind „Neue Sprachen"?

Was ist hier mit „neue Sprachen" gemeint? In Sprachen zu beten ist eine Gabe des Heiligen Geistes und Gott möchte, dass alle Seine Kinder sie empfangen (1. Korinther 14,5). Normalerweise beten wir in unserer eigenen Sprache zu Gott. Das sind Gebete des Herzens. Aber manchmal beten wir in Sprachen und das ist ein Gebet des Geistes (1. Korinther 14,15).

Wenn uns klar wird, dass wir Sünder sind, Buße tun und Jesus in unserem Herzen aufnehmen, gibt uns Gott die Gabe des Heiligen Geistes und in vielen Fällen schenkt Er die Gabe des Sprachengebets, was eine der Gaben des Heiligen Geistes ist. Wenn wir den Heiligen Geist empfangen, wird der Geist, der seit dem Sündenfall Adams tot war, wieder belebt. Wenn wir die Gabe des Sprachengebets empfangen, betet dieser Geist selbst zu Gott. Wenn wir als Christen also die Gabe des Sprachengebets empfangen und dann auch beten, bekommen wir im Gebet mehr Kraft und unsere Seele geht es gut.

Seit ich gläubig geworden war, betete ich in meinen Gebeten nachts von ganzem Herzen und wenn ich anfing im Geist, das heißt in anderen Sprachen, zu beten, wechselte ich im Gebet hin und her und fing durch die Inspiration des Heiligen Geistes an, in neuen Sprachen zu singen. Wenn ich intensiv in Sprachen Loblieder sang, gingen manchmal meine Hände ohne Absicht nach oben und ich tanzte. Ab jenem Zeitpunkt war es so, dass wenn ich intensiv ins Gebet ging, ich in neuen Sprachen redete. Es ist eine sehr mächtige Art des Gebets, wenn man in neuen Sprachen spricht.

Als ich es im Namen Jesu Christi befahl

Nicht einmal Pflanzen herausfordern

Man darf wirklich dankbar sein, wenn man bedenkt, dass die erstaunlichen Werke Gottes, die Jesus vor 2000 Jahren hier auf Erden wirkte, auch heute noch für diejenigen stattfinden, die im Glauben beten! Seit ich mich bekehrte, habe ich, ohne dass ich viel über das Wort Gottes wusste, unzählige Gebete gesprochen, weil ich alle mächtigen Werke Gottes tun möchte, die auch die Propheten und Apostel taten. Schon als wir die Gemeinde gründeten, geschahen für die, die glaubten, schon Zeichen.

Nach der Eröffnung der Gemeinde 1982 sammelten wir jede Woche zwischen 30.000 und 40.000 Won (oder 30 bis 40 Dollar) an Opfergaben ein. Zwar wollten wir Blumen als Dekoration für den Altar haben, aber wir hatten weder jemanden, der sie für uns gestalten konnte, noch genug Geld, um Blumen zu kaufen. Im August brachte dann aber jemand einen kleinen Topf mit einem Bäumchen mit vielen Blättern. So hatten wir zwar immer noch keine Blumendekoration, aber wir hatten einen Blumentopf. Er war schön und für uns kostbar. Leider färbten sich die Blätter zwei Wochen später gelb und das Bäumchen fing an zu sterben. Es tat mir Leid, dass dieses schöne Bäumchen zu verwelken schien. Gott konnte Tote wiederbeleben; so fragte ich mich, ob Er mich erhören würde, wenn ich für das Bäumchen betete. Als mir dieser Gedanke durch den Kopf ging, legte ich die Hand auf den Baum und betete: „Lebe, in dem Namen Jesu Christi!"

Als ich am nächsten Tag früh morgens in den Gottesdienstraum kam, um das Gebet zu leiten, hatten sich die Blätter wieder grün gefärbt. Am nächsten Tag war das Bäumchen wieder ganz lebendig und hatte sogar neue grüne Blätter. Die Mitglieder, die das bemerkten, und ich freuten uns gemeinsam und wir gaben Gott die Ehre. Ich selbst war sehr glücklich und zufrieden, erlebt zu haben, dass ein Baum, der am Absterben war, wiederbelebt worden war. Im September bekam die Gemeinde einen Topf mit Chrysanthemen. Als ich die Blumen betrachtete, wollte ich prüfen, ob die Blumen sterben würden, wenn ich dafür betete, denn als Jesus den Feigenbaum verfluchte, starb er. Meine Frage war, würden die Chrysanthemen sterben, wenn ich dafür betete und es gebot?

Ich betete und befahl, dass die Chrysanthemen sterben sollten – nur, um es selbst zu erleben. Allerdings hatte ich dabei kein gutes Gefühl im Herzen. Als ich an jenem Abend betete, hörte ich, wie Gott mich scharf zurechtwies, obwohl kein anderer gesehen hatte, wie ich die Blume verfluchte hatte.

„Mein Diener, selbst eine Pflanze bekommt ihr Leben von

Gott und Er lässt sie wachsen. Wie hast du sie da verfluchen können? Willst du Mich prüfen? Mein Diener, du bist böse. Tue Buße. Du kannst nicht einfach so ständig segnen und fluchen. Das sollst du nur machen, wenn der Heilige Geist es dir aufs Herz legt".

Ich war so überrascht, dass ich in Schweiß ausbrach. So ging ich gleich in ein dreitägiges Fasten und tat gründlich Buße. Seither habe ich keinen Menschen gehasst oder mit Hass gegen ihn gebetet, selbst wenn sie mich verfolgt, verunglimpft oder verflucht haben. So wie es in Gottes Wort steht, habe ich für die gebetet, die mich verfolgten und ich habe sie in Liebe gesegnet.

Verpflichtung zur Weltmission

„Rufe mich an, dann will ich dir antworten und will dir Großes und Unfassbares mitteilen, das du nicht kennst" (Jeremia 33,3). Ich hielt an diesem Vers fest und häufte Gebete an, wobei ich wie Jakob am Fluss mit Gott kämpfte. Als ich aus Gehorsam im Gebet zu Ihm schrie, fastete und versuchte, nach dem Wort zu leben, erfüllte Gott Sein Wort. Ich fing an, die Stimme Gottes zu hören und ab und an, sah ich große und unfassbare Dinge. Manchmal ließ mich Gott im Voraus wissen, was im Land oder weltweit passieren würde. Bei der Eröffnung der Gemeinde ließ uns Gott wissen, dass Er durch unsere Gemeinde einen großen Teil der Weltmission bewirken würde und dass wir Ihm einen großen Versammlungsraum bauen würden.

Da ich als Sein Diener berufen worden war, betete ich, dass

ich ein Diener sein würde, der allen Menschen das Evangelium predigen und viele Seelen retten würde. Da gab mir Gott den Auftrag zur weltweiten Evangelisation. Ich empfing das folgende Wort: *„Du wirst die Berge und Flüsse und Seen überqueren und Zeichen und Wunder wirken"*. Er gab mir auch den Auftrag, dem erwählten Volk, Israel, in den letzten Tagen das Evangelium zu verkündigen. Er ließ mich wissen, dass das Evangelium in sein Heimatland zurückkehren würde und dass auch Juden, die Jesus bis jetzt nicht als ihren Retter anerkannt haben, Buße tun würden.

Die Vision für den Bau des großen Gemeindesaals

Direkt nach der Eröffnung der Gemeinde hatten wir freitags immer Heilungsgottesdienste, die die ganze Nach andauerten und Gott gab einem Mitglied die Gabe, jede Woche eine Vision zu sehen. Gott schenkt uns die Gaben des Heiligen Geistes, weil sie für uns nützlich sind; allerdings empfangen manche Leute nicht Gottes Gaben, sondern die Werke des Satans und dann sehen sie total merkwürdige Dinge. Darum ist es notwendig, dass wir die Geister unterscheiden.

Eines Tages im September 1982 zeigte Gott 17 Mitgliedern eine Vision über einen großen Gemeindesaal, den wir bauen würden. Eine Person sah das Dach, jemand anders das Innere des Gebäudes und eine dritte Person sah die Rückseite. Eine weitere Person sah wunderschöne Marmorsäulen. Die Decke sollte sich in der Form eines Kreuzes öffnen lassen, damit das Sonnenlicht hereinkam. Die Kanzel des großen Gemeindesaals sollte in der Mitte sein und sich langsam drehen. Ein Mitglied sah, wie ich dort predigte und der Raum voller Menschen war.

Als wir das, was die verschiedenen Mitglieder gesehen hatten, zusammengefügt hatten, vereinbarten wir einen Termin mit einem Experten und erstellten ein Bild des Versammlungsraumes aus der Vogelperspektive. Noch heute haben wir dieses Luftbild des großen Versammlungsraumes auf der ersten Seite unseres wöchentlichen Gemeindeblattes. Wir haben seither beständig gebetet, um zu erleben, wie der Traum, den Gott uns am Anfang gab, in Erfüllung geht.

Gott erklärte uns, warum ein großer Versammlungssaal in der Endzeit nötig sein würde und wie er gebaut werden sollte. Einen großen Versammlungsraum, durch den Gott Ehre empfangen will, kann man nicht einfach bauen, nur weil man Geld hat. Gott will, dass Ihm Seine Kinder, die Ihn leidenschaftlich lieben, ihre Herzen beschnitten haben und vollkommen heilig geworden sind, einen Versammlungsraum bauen.

Erste Erweckung in meiner Heimatstadt

Im Februar 1983 leitete ich die erste Erweckung in meiner Heimatstadt. Sie fand in einer Kirche in der Ortschaft Haeje im Bezirk Jeonnam im Landkreis Muan statt. Allerdings kamen die Mitglieder der Gemeinde selbst nicht. Stattdessen füllten andere Leute aus dem Dorf den Gemeinderaum.

Ihre Geschichte war mitleiderregend. Eine andere Gemeinde im Nachbarort, die einer großen Konfession angehörte, führte die Gemeindemitglieder mit Geld in Versuchung und nun wollten die meisten Mitglieder zu dieser Kirche wechseln. Deshalb veranstaltete der Pastor eine Erweckung und wollte so die Mitglieder, die vorhatten zu gehen, halten. Doch die

Leute machten nicht mit und kamen erst gar nicht zu den Versammlungen. Der Grund dafür war, dass der Pastor keinen berühmten Erweckungsprediger, sondern mich, Jaerock Lee, einen noch nicht einmal geweihten, unbekannten Pastor eingeladen hatte.

Gott wirkte schon im ersten Gottesdienst große Wunder. Eine Frau, die zehn Jahre lang nicht hatte gehen können und wegen starker Schmerzen in ihren Knochen nicht schlafen konnte, hörte sich die Predigt an und erlangte so Glauben. Nach dem Gebet konnte sie aufstehen, gehen und sogar springen. Diese Nachricht verbreitete sich schnell in den umliegenden Dörfern und ab dem nächsten Tag kamen Pastoren und Mitglieder aus bis zu 30 Kilometer entfernten Orten zu den Erweckungsveranstaltungen. So gingen die Versammlungen in der Gemeinde mit Besuchern aus verschiedenen Dörfern weiter.

Es gab eine ältere Frau, deren Rücken im rechten Winkel gebeugt war. Beim Gehen musste sie immer auf den Boden schauen. Diese Frau bediente mich als Sprecher früh morgens, im Laufe des Tages und bei den Gebetstreffen am Abend mit warmen Getränken, auch wenn es draußen kalt war. Eigentlich schmeckte mir das Getränk, das sie mir brachte, gar nicht. Doch ich trank es aus Respekt vor ihrer Mühe. Am letzten Tag der Erweckungsgottesdienste wurde ihr Rücken vollkommen gerade. Außerdem erlebten viele andere Menschen die heilende Kraft Gottes und gaben Ihm die Ehre. Erst da erfuhren die Mitglieder der Gemeinde etwas von den großen Werken Gottes und es wurde ihnen klar, dass sie falsch gelegen hatten. Deshalb taten sie vor ihrem Pastor Buße und besuchten die übrigen Erweckungsveranstaltungen.

Kohlenmonoxid und der Name Jesus Christus

In 1983 benutzten die Menschen zu Hause große Holzkohlebriketts zum Heizen und im Winter gab es deshalb viele Unfälle. Jeden Tag hörten wir von Menschen, die wegen Rauchvergiftungen entweder gestorben waren oder ins Krankenhaus gebracht werden mussten. Am 12. Februar kurz vor dem Beginn des neuen Jahres nach dem Mondkalender hatten wir am Freitag einen Gottesdienst, der die ganze Nacht ging. Damals nutzte meine Familie den Keller als Wohnraum. Es gab ein Schlafzimmer, ein Wohnzimmer, das Hausmeisterzimmer und Büros.

Vor dem Gottesdienst am Freitag überlegte sich ein junger Mann namens Suk-ki Park, am Sonntag nicht in den Gottesdienst zu kommen und sich stattdessen mit seinen Freunden zu treffen, denn am Tag nach dem Gottesdienst war Neujahr und damit ein Feiertag. Er wurde müde und wollte sich kurz hinlegen und dann wieder zum Abendgottesdienst dazu stoßen. So ging er in den Keller, wo unsere Wohnung war.

Er wollte eigentlich nur ein kurzes Nickerchen machen, doch dann schlief er fest ein. Unsere drei kleinen Töchter schliefen im Schlafzimmer. Der Versammlungsraum war gerade einmal 50 Quadratmeter und mit 150 Leuten völlig überfüllt. Für die Kinder war kein Platz. Die Gemeinde quoll über mit Leuten, die den Gottesdienst besuchten. Sie füllten sogar den kleinen Gebetsraum und standen auf der Treppe vor dem Versammlungsraum.

Da der Himmel an dem Tag wolkenverhangen war, zog das Kohlenmonoxid von der Holzkohle nicht richtig ab. Der Gottesdienst begann freitagnachts um 23 Uhr und ging um 6

Uhr morgens zu Ende. So waren der junge Mann und unsere drei Töchter dem tödlichen Gas sieben Stunden lang ausgesetzt. Der junge Mann sagte, er kam einmal wieder zu Bewusstsein, doch weil sein Körper schon steif geworden war, konnte er sich nicht bewegen. Als die Mitglieder nach dem Gottesdienst heimgingen, ging der Hausmeister nach unten und war so als erster zur Stelle. Als er die vier fand, schrie er: „Sie sind tot!" Auf seinen durchdringenden Schrei liefen diejenigen, die noch im Versammlungsraum waren, zusammen. Die Mitglieder brachten mein drei Töchter und den jungen Mann ins den Gemeindesaal. Sie alle hatten das Bewusstsein verloren. Ihre Augen waren verdreht und sie hatten Schaum vor dem Mund.

Meine drei Töchter atmeten kaum noch und der junge Mann, Suk-ki Park, hatte ganz aufgehört zu atmen. Sein Körper war schon in der Leichenstarre. Ich wusste sehr wohl um die Gefahr von Kohlenmonoxid, aber weil ich eine solche Erfahrung noch nie damit gemacht hatte, dachte ich nicht, dass jemand das überleben konnte. Es schien fast unvorstellbar, dass Gott sie durch mein Gebet wiederbeleben könnte. Selbst wenn wir sie zur Behandlung ins Krankenhaus gebracht hätten und sie wiederbelebt werden würden, wären sie danach geistig oder körperlich behindert gewesen oder würden für den Rest ihres Lebens nur noch so dahin vegetieren.

Ich hatte gerade erst meinen Dienst begonnen; wenn jemand in der Gemeinde kurz nach deren Eröffnung durch einen Unfall sterben würde, wie hätte ich da mit dem Dienst weitermachen sollen? Ich konnte es nicht ertragen, Gott mit so etwas zu entehren. Ich ging zum Altar und betete: „Gott, Du bist der, der Leben schenkt und es wieder zurücknimmt. Ich danke dir, dass meine Töchter bei dem Herrn im Himmel sind, wo es weder Tränen, noch Leiden, noch Schmerzen gibt. Aber dieser junge Mann ist ein Gemeindemitglied und wenn er stirbt, wird das schändlich sein vor Dir. Bitte lass diesen Mann wieder lebendig werden".

Nachdem ich Gott im Gebet gedankt hatte, beteten viele Mitglieder auf den Knien vor Gott, dass Er sie wieder beleben würde. Zunächst ging ich zu dem toten jungen Mann, legte ihm die Hand auf und betete: „Im Namen Jesu Christi befehle ich dir, Kohlenmonoxid, weiche! Vater, belebe seinen Geist. Mögest Du dadurch verherrlicht werden". Dann betete ich nacheinander für jede meiner Töchter. Das heißt, nachdem ich für den jungen Mann gebetet hatte, betete ich für unsere jüngste Tochter Soojin. Während ich für sie betete, stand der junge Mann auf und setzte sich neben die Stühle für den Chor. Es schien, als wüsste er nicht, was gerade geschah, denn er erinnerte sich nur, dass er im Keller geschlafen hatte. Als ich dann für meine mittlere Tochter betete, kam Soojin wieder zu Bewusstsein und setzte sich hin. Nicht einmal eine Minute verging, nachdem ich für alle drei Töchter gebetet hatte, bevor sie alle dasaßen. Die Mitglieder, die das mit ansahen, gaben Gott die Ehre dafür, erfüllt vom Geist und überwältigt von Gefühlen. Später erzählte der junge Mann, dass sein Geist, der aus dem Körper herausgekommen war, alles aus der Luft mit angesehen hatte. Er hatte auch gesehen, wie der Hausmeister seinen Körper in den Versammlungsraum getragen und wie ich für ihn gebetet hatte.

Da Kohlenmonoxid Gehirnzellen zerstört, war es klar, dass sie sterben mussten, da sie dem Gas sieben Stunden ausgesetzt waren. Selbst wenn wir sie ins Krankenhaus gebracht und sie überlebt hätten, hätten sie unter den Nachwirkungen zu leiden gehabt. Doch weil sie Gott heilte, weil Er das Gas aus ihnen herausholte und Er sie von allen Neben-oder Nachwirkungen befreite, leben der junge Mann und meine Töchter seither gesund und sind ohne irgendwelche Nachwirkungen. Wenn derlei Prüfungen kamen, verließ ich mich auf Gott allein und es kam mir nicht einmal in den Sinn, mich auf die Welt zu verlassen. Nachdem ich diese Prüfung mit Dank bestanden hatte, wurde mir klar, dass Gott mir Autorität gegeben hatte, so dass ich sogar über leblose Dinge wie Kohlenmonoxid herrschen konnte.

Danach brachte mir Gott bei, wie ich Kohlenmonoxid vertreiben konnte. Da das Gas zuerst Gehirnzellen lahm legt und dann die Nerven im ganzen Körper, verlieren Menschen, die dem Gas ausgesetzt sind, zunächst das Bewusstsein und dann wird ihr Körper starr. Darum lehrte mich Gott, für Menschen, die eine Rauchgasvergiftung haben, zu beten, indem ich sagte: „Ich befehle dir im Namen Jesu Christi, entweiche schnell durch die Nase, den Mund, die Ohren und aus allen anderen Zellen". Dann gehorcht das Gas, das den Körper gelähmt hat, diesem Befehl und verlässt ihn schnell.

Wurden nicht zehn gereinigt? Aber wo sind die Neun?

Ich betete und Gott zeigte mir etwas

Die ersten beiden Jahre nach der Eröffnung der Gemeinde besuchte ich die Gemeindemitglieder selber und kümmerte mich um sie. Wenn jemand nicht zum Sonntagsgottesdienst erschien oder unter irgendetwas litt, fastete und betete ich für ihn eine Nacht lang und tat für ihn unter Tränen Buße. Die meisten Mitglieder lebten relativ weit weg von der Gemeinde und der Mehrheit von ihnen ging es auch finanziell nicht gut; manche waren sogar pleite und ganz verzweifelt.

Solange wir weniger als einhundert Mitglieder waren, konnte ich auf den ersten Blick sehen, wer beim Sonntagsgottesdienst nicht da war. Ich fastete für diese Mitglieder und wenn es schwer war, sie selbst zu besuchen, schickte ich einige Mitarbeiter, die sie für mich besuchen sollten. Ich versuchte, keine einzige Seele, die Gott mir anvertraut hatte, zu verlieren.

Liebevolle Ratschläge

Manchmal gab ich aus Liebe Rat oder wies Mitglieder auf etwas hin, denn ich wünschte mir, dass sie sich änderten und im Glauben reif wurden. Wenn ich mir wegen eines Mitgliedes Gedanken machte und dann etwa zehn Minuten für die Person betete, zeigte mir Gott die Probleme, die derjenige mit der Familie oder auf der Arbeitsstelle hatte.

An einem Sonntag kam ein Mitglied, das sonst nie fehlte, nicht in die Kirche. Ich konnte nicht anders, als mir über ihn Gedanken zu machen. Ich betete: „Gott, dieses Gemeindemitglied kam nicht in den Sonntagsgottesdienst. Was ist mit ihm passiert?" Gott zeigte mir, dass er am Sonntag in einer Kneipe war. Nach einiger Zeit sagte ich ihm, was ich gesehen hatte, denn ich war überzeugt, dass er nicht beleidigt sein oder straucheln würde, wenn ich es ansprach. Sein Gesicht lief rot an, aber er gab die Fakten zu.

Dann war ein Mitglied zwar vormittags im Gottesdienst, aber abends konnte ich ihn nicht ausfindig machen. Er war jemand, der den Schabbat regelmäßig einhielt. Als ich für ihn betete, zeigte mir Gott, dass er auf einem Hochzeitsempfang trank. Ich sprach ihn einige Tage später an: „Jemand, der etwas in einer gewissen Farbe trug, drängte dich mehrfach zu trinken. Du hast ein paar Mal abgelehnt, aber dann hast du nachgegeben und mitgetrunken". Er lief rot an, denn es war ihm äußerst peinlich.

Allerdings bekamen die Mitglieder in den Fällen, wo ich spürte, dass sie sündigten, Angst vor mir und versuchten, mich zu meiden. Doch weil ich sah, wie meine Mitglieder sündigten, betrogen, böse handelten und Ehebruch begingen, brach es mir das Herz und ich betete unter Tränen zu Gott.

Eines Tages sprach der Herr zu mir im Gebet:

„Schau bei deinen Mitgliedern nicht auf die gegenwärtige Situation. Schau sie mit den Augen des Glaubens an und erwarte, dass sie sich in Zukunft ändern. Wenn sie dich betrügen, höre ihnen einfach zu und versuche nicht, mehr herauszufinden... Wenn du nur auf die aktuelle Situation deiner Mitglieder schaust, wird es dir das Herz brechen, deine Seele wird verrotten und du wirst deine Gesundheit einbüßen. Dann wirst du deine Pflichten nicht erfüllen können".

Seither habe ich alles in Gottes Händen gelassen und hörte auf zu beten, um herauszufinden, was meine Mitglieder taten.

Es kamen nicht nur Leute aus dem ganzen Land zur Gemeinde, um Heilung zu empfangen, sondern auch solche, die geistlich durstig waren und das Wort des Lebens schon lange gesucht hatten. Es gab Menschen, die Gott dienten und sich Ihm hingaben und nach ihrer himmlischen Belohnung Ausschau hielten, nachdem ihre Probleme gelöst und sie geheilt worden waren. Allerdings gab es auch manche, die zur Welt zurückkehrten und nur das Beste für sich wollten.

Weg mit den Götzen – hinein ins Licht

Kyeongsoon Park stammte aus einer Familie, die Götzen anbetete. Dann fand sie unsere Gemeinde. Ihre Schwiegermutter hatte eine geisteskranke Tochter und die Mutter führte mindestens einmal pro Monat eine Teufelsaustreibung durch, um ihre Tochter zu heilen.

Auch legte sie viele Glücksbringer und Amulette auf das Mobiliar, auf Kissen und hängte sie sogar an die Decke. Sie hatte praktisch in jeder Ecke des Hauses welche.

Eine gewisse Zeit nach der Eröffnung der Gemeinde, besuchte ich das Haus für einen Gottesdienst. Ich konnte dämonische Gestalten sehen und sagte zu ihr: „Bei dir müssen sich noch einige Amulette im Haus befinden". Sie sagte aber: „Nein, Pastor. Ich habe schon überall gesucht und sie alle weggeworfen". Allerdings erwiderte ich darauf: „Es ist ein Dämon im Haus, der nicht weggeht. Es müssen noch Amulette hier sein. Suche sie und verbrenne sie".

Als Kyeongsoon Park das Haus nochmals durchsuchte, fand sie noch einige Amulette. Die ganze Familie warf Götzen weg; sie alle wurden Gemeindemitglieder und führten ihr Leben in Christus. Kyeongsoon Park wurde von einer Krankheit geheilt, an der sie schon lange Zeit gelitten hatte. Auch ihre Schwiegermutter wurde von einem Magenleiden geheilt.

Ein Mann mit Tuberkulose im Endstadium

Damals hatten viele Menschen Tuberkulose. Daehee Cho aus Kwangju hatte in der Sekundarstufe an Tuberkulose in der Lunge gelitten. Er nahm die Medizin, die man ihm verschrieben hatte und wurde wieder gesund. Als er aber mit der Universität begann, fing er an zu trinken und zu rauchen und erlitt einen Rückfall. Er nahm zwar seine Medikamente, doch nichts schlug an. Seine Mutter besorgte alles, was „gut" für ihren kranken Sohn sein sollte, und gab es ihm. Zu diesen „Heilmitteln" zählten Schlangen, Katzen, frische Leber, Flüssigkeit aus menschlichen

Exkrementen und sogar Medizin für Leprakranke. Man versuchte auch eine Teufelsaustreibung, gab ihm eine Fruchtblase zum Essen, holte Fleisch von einem Toten vom Friedhof und gab es ihm zum Essen, weil jemand behauptet hatte, dies sei so „gut wie Medizin".

Im Januar 1982 untersuchte man ihn im Severance-Krankenhaus der Yonsei-Universität. Seine Lunge war völlig kaputt und es gab keine Hoffnung auf Heilung mehr. Man behielt ihn zwar im Krankenhaus, aber es gab keine Chance auf Genesung. Seine Mutter gab auf und wollte ihn heimholen. Da besuchte ihn eine der Großmütter der Familie. Diese alte Frau lebte in der Nähe der Manmin-Gemeinde. Obwohl sie selbst die Gemeinde nie besucht hatte, wusste sie, dass viele kranke Leute kamen und dort geheilt wurden. Sie selbst hatte gesehen, wie diese dann gesund herumliefen. Darum drängte sie ihren Enkel, in unsere Gemeinde zu gehen. Am 13. März 1983 besuchte Daehee Cho am Freitagabend den Gottesdienst, der die ganze Nacht ging. Er war der Meinung gewesen, dass das seine letzte Chance war. Er war total abgemagert und seine Augen quollen hervor.

In dieser Situation besuchte er zusammen mit seiner Mutter jeden Tag die Versammlungen für Kranke und er fastete drei Tage lang. Am dritten Tag seines Fastens gab ihm Gott den Geist der Buße und er tat drei Mal ausgiebig Buße. Am 13. Tag nach seinem ersten Besuch in der Gemeinde war Daehee Cho überzeugt, dass er geheilt worden war. Nach dem Gebetstreffen am frühen Morgen ging er auf die Toilette, um zu spucken. Es war kein Blut dabei. Noch am Vortag hatte er Blut gespuckt. Doch an dem Tag war keinerlei Blut in der Spucke. Die stechenden Schmerzen in seiner Brust waren weg und es gab weder Auswurf, noch war Blut zu sehen. Später wurde er als Diener Gottes berufen und mittlerweile verrichtet er seinen Dienst als Pastor in unserer Gemeinde.

Ich betete für die Heilung aller Patienten

Anfangs betete ich, dass die Kranken, die in unsere Gemeinde kamen, sofort geheilt würden. Meiner Meinung nach war es das Beste, wenn sie Gottes Gnade erleben und vom Joch von Krankheiten freigesetzt würden. So betete ich einfach: „Gott, heile alle Patienten, sobald sie kommen". Und Gott erhörte meine Gebete, sobald ich sie sprach. Alle Patienten, die in die Kirche kamen, wurden sofort geheilt. Allerdings wurde mir bald klar, dass dabei die Frucht der Errettung ausblieb, was ja das Wichtigste war. Viele von ihnen kehrten Gott den Rücken, nachdem sie geheilt worden waren.

Einmal kam ein Ehepaar zu einem Freitagsgottesdienst. Sie sagten mir, dass sich der Ehemann eine Sehne bei einem Verkehrsunfall verletzt hatte. Er konnte nicht mehr richtig gehen und litt unter so großen Schmerzen, dass er im Gottesdienst nicht einmal aufrecht sitzen konnte. Der Heilige Geist wirkte und ich legte ihm die Hand auf. Sofort nach dem Gebet stand er auf und sprang hoch. Doch dann kam er nur noch ein-, zweimal in die Kirche.

Als ein Pastor der Gemeinde ihn besuchte, er sagte: „Reicht es nicht, dass ich die Gottesdienste aus Dankbarkeit für die Heilung ein paar Mal besucht habe? Wird mir irgendjemand Geld geben, wenn ich in die Kirche gehe?" Danach kam er nie mehr wieder. Er hatte nicht das Gefühl, er müsse weiter in die

Kirche gehen, da er bereits geheilt worden war. Doch wenn Gott ihn nicht geheilt hätte, wäre er nicht in der Lage gewesen zu arbeiten. Gott war es, der Ihm Leben und Gnade geschenkt und ihn geheilt hatte, aber weil er das Wort des Lebens nicht in sich hatte, war er nur auf seinen eigenen Vorteil bedacht.

Einmal gab es ein Ehepaar, dessen Baby schon im 7. Monat zur Welt gekommen war. Es lag dann drei Monate im Krankenhaus im Brutkasten, aber es ging ihm nicht besser. Den Ärzten zufolge gab es keine Hoffnung mehr. Der Vater sagte eines Tages: „Wenn das Baby ein Jahr alt wird, machen wir eine große Feier und laden die ganze Gemeinde ein". Da den Eltern klar war, dass die Mediziner nichts mehr tun konnten, brachten sie das Baby mit in die Gemeinde. Wir beteten und es wurde geheilt. Innerhalb von zwei Wochen war es wieder vollkommen gesund.

„Pastor, hab recht vielen Dank. Zum ersten Geburtstag werde ich dich und alle Mitglieder einladen und eine große Feier machen".

„Okay, mach das".

Der Vater war damals über die Heilung des Kindes sehr froh und die Feier war seine Idee. Doch im Laufe der Zeit kam er sonntags oft nicht in den Gottesdienst und zum 1. Geburtstag des Kindes feierte er zwar, aber er lud nur seine Verwandten und Leute aus der Welt, die er kannte, ein.

Ein junger Mann namens Gang-won Do war körperlich gesund, aber er war extrem überheblich. Nachdem er in der

Kirche die Predigten angehört hatte, wurde er bußfertig. Als ich für diesen jungen Mann betete, um Dämonen auszutreiben, schäumte er am Mund und fiel um. Als der Dämon ausgetrieben war, wurde er ein normaler Mensch mit einem sanftmütigen Charakter. Doch dann ging er in seine Gemeinde zurück und wir haben ihn nie mehr zu Gesicht bekommen.

Bei einer älteren Dame verschlechterte sich die Sehkraft so sehr, dass sie fast erblindete. Als sie von unserer Gemeinde hörte, kam sie zusammen mit ihrer Familie und erlangte ihre Sehkraft wieder. Doch nicht lange nachdem sie geheilt worden war, verließ sie die Gemeinde mit der Familie wieder.

Sündige nicht mehr

In Johannes 5,14 traf Jesus den Kranken, den er geheilt hatte im Tempel und sagte zu ihm: *„Siehe, du bist gesund geworden. Sündige nicht mehr, damit dir nichts Ärgeres widerfahre!"*

Da er durch die Liebe und Kraft Gottes geheilt worden war, hätte er jetzt nach Seinem Wort leben und für diese Gnade dankbar sein sollen. Wenn er aber wieder gesündigt hätte, wie hätte Gott ihn da schützen können? Da Gott Sein Angesicht abwenden musste und ihn nicht bewahren konnte, bekam der Mann durch das Wirken von Satan die Krankheit erneut und weil er die Gnade Gottes aufgab, bekam er danach noch schlimmere Leiden als vorher.

Wir können geschützt leben, wenn wir im Wort leben

Solch einen Fall gab es im November 1982. Damals gingen unsere Gottesdienste von Freitagabend bis Samstagfrüh um sechs. Kurz nach Mitternacht trug ein Ehepaar ein etwa fünfjähriges Mädchen in den Gemeindesaal. Das Mädchen schrie, weil es die Schmerzen kaum aushalten konnte. Die Familie war aus Busan und das Mädchen litt an Bauchspeicheldrüsenkrebs im Endstadium.

Die Ärzte hatten eine Operation versucht, aber da der Tumor zu groß war, konnte er nicht entfernt werden. Da der Tumor im Magen wuchs, war es auch schwierig zu nähen. So hatte ein Arzt einen speziellen fadenartigen Draht verwendet und ihren Magen damit lose genäht. Es sah furchtbar aus.

Das Mädchen hieß Wonmi. Sie bekam mehrmals am Tag Morphium verabreicht. Nur so konnte sie die Schmerzen ertragen. Wonmi trug eine Sauerstoffmaske und lag im Sterben. Ihre Tante, das heißt die Schwester ihres Vaters, hatte ihre Eltern überredet: „Bruder, es gibt eine Gemeinde in Seoul, die von Gottes Gnade erfüllt ist. Warum gehen wir nicht hin und lassen für sie beten? Gott wird Wonmi heilen". Die Eltern hatten bereits aufgegeben. Hoffnungslos hörten sie zu. Dann nahmen sie Wonmi und kamen zur Gemeinde in Seoul.

Ich betete 15 Tage lang für das Mädchen. Als zum ersten Mal für sie gebetet wurde, verschwanden die Schmerzen. Nach ein paar Tagen konnte man sehen, dass Heilung stattfand. Die Schmerzen waren weg und der geschwollene Magen wurde normal. Da begannen die Eltern Glauben zu haben. Ich riet ihnen, den Draht im Krankenhaus entfernen zu lassen. Doch sie gingen nichts ins Krankenhaus. Stattdessen entfernten sie ihn im Glauben selbst. Erstaunlicherweise schloss Gott die offene Wunde innerhalb von ein paar Tagen und heilte sie.

Wonmi hatte vorher im Sterben gelegen und nun war sie innerhalb von ungefähr zehn Tagen geheilt worden. Erst lernte sie in der Sonntagsschule Lobpreislieder zu singen und zu tanzen und dann sang sie mit ihren Freunden. Natürlich freuten sich alle, die sie sahen. Sie war gescheit und viele Mitglieder hatten sie liebgewonnen.

Die Familie blieb zwei Wochen in der Gemeinde und ließ für sich beten. Dann kehrten sie in ihre Heimatstadt zurück. Als ich für ihre Eltern betete, sprach der Herr zu mir:

„Wenn sie zurückkehren, müssen sie die Zehn Gebote einhalten. Dann wird ihre Tochter gesund aufwachsen. Doch wenn sie die Zehn Gebote nicht einhalten, wird Gott Sein Angesicht abwenden".

Ich sagte ihnen: „Ihr müsst den Schabbat einhalten, euren Zehnten geben und Gott gut dienen. Ihr als Eltern müsst die Zehn Gebote einhalten, damit euer Kind immer gesund bleibt" Wonmis Vater sagte darauf: „Danke, Pastor! Natürlich werden wir das tun. Ich glaube, eure Gemeinde hat noch keinen großen Bus. Wenn ich wieder zu Hause bin, werde ich euch einen großen Bus schicken".

Doch bald darauf erfuhr ich, dass das Kind gestorben war. Wonmis Eltern besuchten nach ihrer Rückkehr anfänglich eine Gemeinde. Aber im Laufe der Zeit haben sie scheinbar den Tag des Herrn nicht eingehalten. Dennoch gibt es etwas, wofür man dankbar sein kann. Wonmis Seele wurde errettet und sie wird für immer im Himmel leben – glücklich und zufrieden, ohne

Tränen und Leiden.

Gott, heile sie nach ihrem Glauben

Da ich gerade am Anfang meines Dienstes stand, brach es mir das Herz, wenn ich sah, wie Menschen sich von der Gnade Gottes abwandten, die Gemeinde verließen und in die Welt zurückkehrten.

„Vater Gott, sie sind Dir begegnet, sie haben Dein Wirken erlebt und sind geheilt worden. Wie können sie das einfach hinter sich lassen?" Mit gebrochenem Herzen vergoss ich im Gebet viele Tränen und eines Tages hörte ich die Stimme des Herrn:

„*Mein Diener, als Ich die zehn Aussätzigen heilte, gingen neun weg und nur einer kam zurück, um Gott die Ehre zu geben. Wenn du den Vater bittest und sie mit deinem Glauben heilst, lassen sie die Gnade hinter sich und verlassen die Gemeinde, weil sie weder Wahrheit noch Leben in sich haben. Da du gebetet hast, habe Ich sie durch deine Kraft geheilt. Doch du musst jetzt den Inhalt deiner Gebete ändern. Du solltest beten, dass sie gemäß ihrem Glauben geheilt werden*".

Der Sinn und Zweck eines christlichen Lebens ist die Errettung unseres Geistes und dass wir in das himmlische Königreich einziehen. Darum ist es von allergrößter Wichtigkeit, den Willen Gottes zu kennen und Glauben zu haben, um ins himmlische Königreich zu kommen. Als Jesus die zehn Aussätzigen heilte, kam nur einer zu Jesus zurück, um Gott die

Ehre zu geben (Lukas 17,11-19). Die anderen neun verließen Gott und gingen in die Welt zurück. Nur einer wurde gerettet.

Menschen kommen in die Gemeinde, weil sie Krankheiten oder andere Probleme haben. Wenn sie in die Anbetungsgottesdienste kommen, sich Predigten anhören und den Willen Gottes erfahren, gewinnen sie Glauben und Leben. Es ist der Wille Gottes sie zu heilen, wenn sie den Heiligen Geist empfangen, an Himmel und Hölle glauben und den Glauben haben, gerettet zu werden. Wenn sie geheilt werden ohne Glauben zu haben, kehren die meisten in die Welt zurück, abgesehen von denen, die ein sehr sensibles Gewissen haben. Am Ende werden die anderen nicht gerettet. Seit damals bete ich anders und sage stattdessen: „Gott, heile sie gemäß ihrem Glauben". Und Gott hat Heilungen gewirkt, wenn sie ihren Glauben zeigten.

Glaube, der das Wetter kontrolliert

Am 1. August 1983 hatten wir unsere erste Gemeindefreizeit auf der Insel Daebu in der Nähe von Inchon. In der Nacht davor gewitterte es stark. Die Fähre nach Daebu ging nur einmal am Tag. Ich fragte Gott: „Gott wie sollen wir denn bei all dem Regen die Freizeit veranstalteten? Bitte stoppe den Regen!"

Wir wollten schon 5 Uhr morgens von der Gemeinde aufbrechen, weshalb einige Studenten, die weit von der Gemeinde entfernt lebten, in jener Nacht im Gemeindesaal schliefen. Ich selbst wollte in den Wohnräumen schlafen, konnte aber nicht, weil das Gewitter so laut war. Darum lag ich nur da, konnte aber nicht einschlafen. Ich betete einfach im Herzen, als ich um etwa 3 Uhr die Stimme des Heiligen Geistes hörte, der mir sagte, ich solle mir keine Sorgen machen. Um 4 Uhr ging ich in den Gemeindesaal, um das morgendliche Gebet zu leiten. Es waren ein paar junge Erwachsene da. Nach dem Gebet, so gegen 4,55 Uhr, wütete das Unwetter noch heftiger. Es gab mehr Blitze und Donner, während der Regen regelrecht gegen die Fensterscheiben peitschte.

Ich sagte: „Lasst uns zusammen beten, dass dieser Regen aufhört!" Aufgrund der vielen Zeichen und Wunder in den Freitagsgottesdiensten hatten die jungen Leute großen Glauben. Diejenigen, die im Gemeindesaal waren, beteten einige Minuten eifrig, doch das Gewitter ging weiter.

Ich hörte: „Sorge dich nicht. Nimm deine Tasche und geh ins Erdgeschoss hinunter. Sobald dort jemand den Boden betritt, wird der Regen aufhören!"

Als ich das mutig verkündete, sagten alle „Amen" dazu. Sie standen auf und gingen hinunter. Als der erste den Boden betrat, hörte der schwere Regen sofort auf – ebenso wie Blitz und Donner. Durch diese Erfahrung gab uns Gott großen Glauben.

Wie ich Antworten für schwierige Passagen und die „Botschaft vom Kreuz" empfing

Nach der Eröffnung der Gemeinde wurde ich eingeladen, auf einer Erweckungsveranstaltung zu sprechen. Ich predigte das Wort, um in alle Anwesenden Glauben zu pflanzen und ihnen die Gelegenheit zu geben, die Liebe Gottes zu verstehen. Jedes Mal, wenn ich für die Kranken betete, wurden viele geheilt. Die Lahmen konnten gehen und die Blinden sehen. Es gab viele Wunder. Gott sagte mir auch, was ich in jenen Erweckungsgottesdiensten predigen sollte. So predigte ich über Jesus Christus, Gott den Vater, wahren Glauben und das ewige Leben sowie über Wunder, die Auferstehung, die Wiederkunft des Herrn und das himmlische Königreich.

Normalerweise gingen die Veranstaltungen von Montag bis Donnerstag. Sie fingen um 18 Uhr an und die Botschaft um 19:30. Ich sprach gewöhnlich bis 23 Uhr oder Mitternacht, weil mich der Pastor und die Anwesenden baten, weiter zu predigen.

Nach dem Abendgottesdienst schlief ich ein paar Stunden und leitete dann das Gebet am frühen Morgen. Im Jahr 1983 reiste ich im ganzen Land herum, um auf Erweckungskonferenzen zu sprechen. Eines Tages sagte der Herr, ich sollte damit aufhören und stattdessen zum Beten in die Berge gehen.

Er wollte mir Bibelstellen erklären, deren Auslegung schwierig ist. Zu dem Zeitpunkt hatte ich schon sieben Jahre lang für diese Erklärungen gebetet und nun empfing ich endlich die Antwort vom Herrn. So hörte ich im Mai 1983 mit den Erweckungsgottesdiensten auf und begab mich zum Kwangju-Gebetsberg in Gyeong-gi Do. Nach dem Sonntagabendgottesdienst ging ich hin, um tagsüber zu beten und am Freitag kehrte ich zurück, um den Abendgottesdienst zu leiten. Dies ging viele Jahre lang so weiter.

Kämpfe mit dem kalten Winter und dem heißen Sommer

Im Sommer war es heiß und im Winter fielen die Temperaturen auf-10 bis-15°C. Aber ich legte einfach eine Armeedecke auf einen Stein und rief den Himmel an. Selbst im Winter ging ich auf den Berg und betete den ganzen Tag lang bis zum Abend. Bei kaltem Wetter kämpfte ich den ganzen Tag lang. Wenn es unter minus zehn Grad waren, schwitzte ich nicht, selbst wenn ich im Gebet schrie und mit ganzer Kraft kämpfte.

Da ich kein Geld hatte, konnte ich mir auch kein gemütliches, warmes Zimmer mieten. Ich konnte mir gerade ein Brikett Wärme pro Tag leisten. Die Luft in dem Raum war kalt. Das Papierfenster war zerschlissen und ein kalter Wind blies herein. Ich hatte Tinte dabei, so dass ich die Erklärungen, die mir der

Herr zu schwierigen Bibelpassagen gab, niederschreiben konnte. Doch es war so kalt, dass die Tinte einfror und ich musste sie irgendwie auftauen, damit ich schreiben konnte. Da ich keine richtige Decke hatte, war es beim Schlafen sehr unbequem; die Armeedecke war nicht ausreichend. So stand ich früh am Morgen auf und ging in den Gemeindesaal, um am Gebet teilzunehmen. Nach dem Frühstück stieg ich auf den Berg und betete den ganzen Tag.

Erklärungen über schwierige Bibelpassagen mit mehreren Bedeutungen

Manchmal brach ich das Eis und wusch mich mit kaltem Wasser, dann betete ich und las den ganzen Tag in der Bibel. Um 19 Uhr kamen Leute zum Abendgottesdienst, so dass es still wurde. Dann ging ich in die Gebetszelle und kämpfte im Gebet bis der Schweiß floss. Der Herr erläuterte mir Bibelverse, die ich im Laufe des Tages gebetet hatte. Er erklärte mir die Bibelabschnitte, die für mich am schwierigsten waren und das war süßer als Honig, besonders der unermesslich tiefe, ja endlose Wille Gottes, der in diesen Versen am Anfang steckte. In Johannes 2 ging Jesus auf eine Hochzeit in Kana und verwandelte Wasser in Wein. Normalerweise trinken Menschen auf einer Hochzeitsfeier und wissen nicht, wann es genug ist. Man muss sich fragen, warum Jesus, der in die Welt kam, um die Menschheit zu retten, zu solch einer Feier ging und dort das erste Wunder in Seinem Dienst wirkte.

Das Hochzeitsmahl steht für die Endzeit, wenn die Menschen essen und trinken werden und die Sünde herrscht.

Dieses erste Zeichen Jesu deutet symbolisch auf den Anfang und das Ende von Jesu Dienst. Jesus wurde zu einer Hochzeit in Kana eingeladen und das bedeutet, dass als weltliche Leute Ihn einluden, es geschah, weil sie Ihn kreuzigen wollten. Er erlaubte es ihnen, Ihn zu kreuzigen und am Ende wurde Er tatsächlich auch gekreuzigt. Das Wasser steht für das ewige Leben (Johannes 4,14) und dieses Wasser ist das Wort Gottes, das ewiges Leben schenkt. Das Wort ist Jesus Christus, der in menschlicher Gestalt auf die Erde kam. Der Wein steht für das kostbare Blut Jesu. Es symbolisiert, dass Jesus, das heißt das Wort, das in menschlicher Gestalt auf die Erde kam, später ans Kreuz geschlagen werden und Sein Blut vergießen würde. Jesus, der auf die Erde, die voller Sünde war, herabkam, sollte also Seinen heiligen Leib zur Kreuzigung hingeben und Sein Blut und Wasser vergießen. Dieser Vers zeigt uns die Liebe Gottes.

Die Verwandlung von Wasser in Wein bedeutet, dass das von Jesus am Kreuz vergossene Blut verwandelt werden würde – und zwar zu einem Blut, welches ewiges Leben gibt. Der Wein, den Jesus auf der Hochzeit machte, war reiner Traubensaft, ohne Substanzen, die die Gäste betrunken gemacht hätte. Die Leute kosteten den aus Wasser entstandenen Wein und sagten, er sei gut. Das steht symbolisch dafür, dass die Menschen glücklich sein werden, wenn ihre Sünden abgewaschen worden sind, weil sie das Blut Jesu getrunken und nun Hoffnung auf das himmlische Königreich gewonnen haben.

Schließlich steht dort: *„Diesen Anfang der Zeichen machte Jesus zu Kana in Galiläa und offenbarte seine Herrlichkeit; und seine Jünger glaubten an ihn"* (Johannes 2,11). Hier bezieht sich das Offenbaren Seiner Herrlichkeit auf die vier

Evangelien, in denen es heißt, dass Jesus das Kreuz auf sich nehmen, aber am dritten Tag nach Seinem Begräbnis die Macht des Todes brechen und auferstehen würde, um Seine Herrlichkeit zu erweisen. Darum ist dieser Ausdruck so voller Bedeutung.

Als Jesus gekreuzigt wurde, liefen Seine Jünger auseinander und selbst als ihnen andere Menschen, die den auferstandenen Herrn gesehen hatten, erzählten, dass Jesus tatsächlich von den Toten auferstanden war, glaubten sie es nicht. Sie glaubten erst, nachdem sie den Auferstandenen selbst gesehen hatten. Die Jünger glaubten an Jesus – aber nicht, nachdem sie das erste Zeichen in Jesu Dienst gesehen hatten, sondern sie glaubten es, als der Herr Seine Herrlichkeit manifestierte – nach Seiner Kreuzigung und nachdem Er die Macht des Todes gebrochen hatte und wieder auferstanden war. Durch dieses erste Zeichen, das uns Jesus zeigte, soll uns bewusst werden, dass es nicht nur für eine Hochzeitsfeier in dieser dreidimensionalen Welt gedacht war.

Die „Botschaft vom Kreuz" – das seit Anbeginn der Zeit verborgene Geheimnis

Als ich beim Lesen der vier Evangelien, die über den Dienst Jesu berichten, anfing Gottes Gnade und Liebe zu verstehen, konnte ich nicht weiter lesen, weil ich so viele Tränen vergießen musste und mir die Nase lief. Als ich las, wie Jesus bei Pilatus vor Gericht stand, fing ich an zu weinen. Als ich las, wie Jesus ausgepeitscht wurde, die Dornenkrone auf Seinem Haupt trug und gekreuzigt wurde, weinte ich lange. Ich konnte nicht aufhören zu weinen und musste meine Bibel schließen.

Obwohl ich versuchte, mich zu beherrschen, brauchte ich

tagelang, um die vier Evangelien zu lesen. Noch Jahre nach der Eröffnung der Gemeinde, vergoss ich Tränen, wenn ich die Bibel las. Am Abendmahl konnte ich nur teilnehmen, weil ich mich sehr zusammennahm, um nicht zu weinen. Nach einiger Zeit, konnte ich meine Tränen beherrschen, denn ich hatte vollkommen verstanden, dass es ein Akt der Dankbarkeit war und welch einen Segen es für uns darstellt, dass Jesus den Weg zum Kreuz auf sich nahm – denn damit bahnte Er für uns den Weg zur Errettung. So lernte ich, die Bibel mit Freude und Dankbarkeit zu lesen und am Abendmahl teilzunehmen. Als ich die „Botschaft vom Kreuz" empfing, die mir der Herr durch eine Inspiration gab, wurde mir die Liebe Gottes noch stärker bewusst.

Es war 1983 als ich auf dem Kwangju-Gebetsberg betete, dass der Herr mir auch die „Botschaft vom Kreuz" erläuterte. Er erklärte mir, warum Jesus allein unser Retter ist, warum wir gerettet werden können, wenn wir glauben, dass Er der Retter ist, warum Gott den Baum von der Erkenntnis des Guten und des Bösen in den Garten setzte und warum Er den Menschen auf der Erde schuf. So brachte Er mir die „Botschaft vom Kreuz" nahe, die seit Anbeginn der Welt ein Geheimnis gewesen war. Auch zeigte und erklärte Er mir den geistlichen Bereich, wie er im 1. Mose festgehalten ist.

Gott ließ mich auch ganz und gar verstehen und niederschreiben, welch tiefe Bedeutung die göttliche Natur hat und wie wir uns daran beteiligen können. Er tat dies anhand der „Neun Früchte des Heiligen Geistes", der „Seligpreisungen" und der „Geistlichen Liebe".

Wie kann ich die Herde mit dem geistlichen Wort speisen?

Wenn ich über längere Zeit an einem Ort betete, wurde es bekannt und die Leute kamen, um für sich beten zu lassen. Da es immer mehr Leute gab, die mich kannten, musste ich an einen anderen Ort ausweichen. Um im Gebet mit Gott so zu kommunizieren, wie der Apostel Paulus es gemäß der Offenbarung auf der Insel Patmos tat, brauchte ich einen einsamen Ort, weit weg von weltlichen Dingen.

Darum begab ich mich an einen Ort in Gang-won Do und Jochiwon. Wenn ich im Sommer ohne elektrischen Ventilator betete, war ich schweißgebadet, dennoch war es mir nicht unbequem und ich konnte mich nicht beschweren.

Ich hatte zwei Fragen: „Wie kann ich der Herde den Willen Gottes richtig verständlich machen und ihnen eine geistliche Botschaft weitergeben, damit ich sie geistlich so nähren kann, dass sie vollkommenen Glauben haben?" und „Wie kann ich mehr beten und die Kraft Gottes empfangen, wie sie die Propheten und Apostel hatten, damit ich die Weltmission erfüllen und einen großen Gemeindesaal bauen kann?" Da ich so darauf ausgerichtet war, diese Ziele zu erreichen, hatte ich gar keine Zeit, an etwas anderes zu denken.

Wenige Tage vor meinem Geburtstag im Mai 1984 kam Diakonin Geumsun Vin zu mir, die derzeit die Leiterin der Großen Vereinten Frauenmissionsgruppe ist, zu mir und zeigte mir ein Haus, das einem Verwandten in Gang-won Do gehörte. Da betete ich für eine gewisse Zeit. Um dorthin zu gelangen, musste ich mit einem Ruderboot fahren.

Am Freitag musste ich nach Seoul zurück, um Freitagnacht und am Sonntag im Gottesdienst zu predigen. Doch Gott legte es mir aufs Herz, da zu bleiben und drei Tage lang zu fasten. Nach dem dreitägigen Fasten lehrte mich Gott detailliert über den tiefgeistlichen Bereich und das Königreich des Himmels. Ich hätte meinen Geburtstag auch fröhlich mit meinen Gemeindemitgliedern feiern können, aber es war für mich kostbarer und mit größerer Freude verbunden, nach dem Fasten und Beten, ein großes Geschenk von Gott zu bekommen. Das, was mich der Herr über das Königreich der Himmel lehrte, war wie eine umfassende Botschaft oder Predigt. Darin wurden viele in der Bibel festgeschriebene Verse zusammengefügt. Später gab ich diese Botschaft jahrelang in den Gottesdiensten am Sonntagmorgen weiter und sie wurde auch in zwei Büchern veröffentlicht.

Selbst Nachbarn auf dem Markt sagten: „Geht in die Manmin-Gemeinde"

Neben der Kirche gab es einen Markt. Da sie sich am anderen Ende des Marktes befand, mussten viele Leute über den Markt laufen, wenn sie aus dem Bus ausstiegen, um zur Gemeinde zu kommen. Darum sahen die Händler oft, wie Leute Kinder trugen, deren Leben etwa nach einem Unfall am seidenen Faden hing.

Heute sieht man oft Rollstühle, doch das war damals in Korea gewöhnlich nicht der Fall. Jedes Mal, wenn die Händler Patienten sahen, sagten sie: „Die wollen sicherlich zum Pastor der Manmin-Gemeinde". Wenn diese Kranken dann ein, zwei Tage später geheilt waren und auf dem Markt einkauften, waren die Verkäufer sehr überrascht.

„Sind Sie nicht der Mann, den man hier gestern auf einer Trage gesehen hat?"

„Ja, stimmt".

„Wieso können Sie denn jetzt wieder laufen?"

„Ich bin gestern durch Gebet geheilt worden".

Da die Händler dies sehr oft beobachteten, bekannten sie, dass Gott lebt. Wenn wir ihnen dann die Gute Nachricht predigten, sagten sie, sie wüssten zwar, dass Gott lebt, aber sie seien zu sehr damit beschäftigt, ihren Lebensunterhalt zu verdienen und könnten deshalb nicht in die Kirche kommen. Obwohl sie selbst nicht kamen, schlugen sie anderen kranken Leuten vor, in die Manmin-Gemeinde zu gehen.

Der Herr wirkte mit uns

Einzug in den zweiten Gemeindesaal

Etwa ein Jahr nach dem Eröffnungsgottesdienst gab es im Gemeindesaal keinen Platz mehr für neue Gäste. Während der Gottesdienste, waren die Gebetszellen, der Flur und selbst das Wohnzimmer voller Leute. Es gab überhaupt keinen Platz mehr. Darum fingen wir an, für den Umzug in größere Räumlichkeiten zu beten.

Wir brauchten einen Raum, der mindestens 650 Quadratmeter groß war. Aber der Glaube der Gemeindemitglieder war nicht groß genug. Als ich für einen neuen Gemeindesaal betete, empfing ich ein Wort von Gott. *„Baut euch einen provisorischen Unterschlupf auf einem freien Stück land. Er wird zusammenfallen, aber baut ihn wieder auf. Dann wird er wieder einstützen. Danach wird Mein Plan offenbart werden"*.

Im September 1984 fanden wir eine freie Stelle auf dem

Dach eines einstöckigen Gebäudes in der Nähe des Marktes. Gott trug uns auf, den provisorischen Raum dort zu errichten; allerdings erlaubte Er mir nicht, den Mitgliedern zu sagen, dass er einstürzen würde. Natürlich war es auch nicht legal, eine bleibende Konstruktion auf einem Dach zu errichten. Ich erklärte ihnen lediglich, dass es Gottes Wille war, dass dort ein provisorischer Raum gebaut werden sollte und ließ sie mit dem Bau anfangen. Der Besitzer des Gebäude gab seine Zustimmung und sagte, er würde zum örtlichen Bauamt gehen um die entsprechende Genehmigung zu bekommen, die dafür nötig war.

Mit dem menschlichen Verstand war es schwierig zu akzeptieren, dass man auf dem Dach eines Gebäudes einen Raum errichten sollte, der als Versammlungsraum dienen würde. Doch weil ein Wort von Gott gekommen war, gehorchte ich einfach. Ich wusste auch, dass dieses Provisorium nach dem Bau einstürzen würde. Nachdem die Mitglieder die Steine hochgebracht hatten, kamen Leute von der Stadtverwaltung und rissen alles wieder ab. Als wir es wieder aufgebaut hatten, kamen sie wieder, und rissen es wieder ein. Einige Mitglieder beschwerten sich darüber, doch die meisten schauten zu Gott, der alles zum Guten dienen lässt, und so beteten sie für einmütige Herzen. Die Bewohner vor Ort, die das Ganze mit ansahen, dachten sich: „Muss sich die Verwaltung da so einmischen?" und sie hatten Mitleid mit unserer Gemeinde. Selbst die Verkäufer auf dem Markt wussten über das Wirken Gottes in der Manmin-Gemeinde Bescheid. Als unsere Mitglieder diese schwierige Situation durchmachten, wurde ihre Leidenschaft für einen neuen Gemeindesaal größer und unsere Herzen wurden vereint. Auf diese Weise bereitete Gott das neue Gebäude bereits vor.

Bis dahin hatte es kein Gebäude gegeben, das unsere

Gemeinde hätte nutzen können. Aber in der Nähe war es eins mit einer Fläche von circa 650 Quadratmeter, das fertig war und das wir nun benutzen konnten. Gott sagte uns, wir sollten dort einziehen. Damals hatten wir etwa 300 Mitglieder und das, was an Opfern eingenommen wurde, reichte nicht einmal für die Missionszwecke. Die meisten Mitglieder waren nicht sehr reich, so dass es nicht einfach war, auch nur ein paar Millionen Won zusammenzutragen. Wenn ich gleich am Anfang vorgeschlagen hätte, dass wir in ein 650-Quadratmeter-Gebäude einziehen sollten, hätten sie sich mächtig beschwert. Um das Gebäude zu mieten, brauchten wir 40 Millionen Won (etwa 40.000 Dollar). Außerdem brauchten wir 20 Millionen Won für den Umbau in einen Gemeindesaal. Das war mit dem Glauben unserer Mitglieder nur schwer zu bewerkstelligen. Doch nachdem sie diese Prüfung durchgemacht hatten, war ihr Verlangen nach einem neuen Gemeindesaal größer geworden. Sie beteten leidenschaftlich, einmütig und kraftvoll. Es schien, als brauchten wir nur einen Augenblick, um das Geld einzusammeln, welches wir für den Umzug in unseren Gemeindesaal brauchten. Am 31. Dezember 1984 mieteten wir schließlich das Gebäude in DaeBahng Dong, in Dongjak Gu an und hatten dort unseren ersten Gottesdienst. Gott vermehrte den Glauben der Mitglieder durch diese Prüfung.

Bildung von Gemeindeorganisationen

Die Gemeinde wuchs schnell, denn Gott sandte uns viele Mitglieder. Auch der Glaube der Leute wuchs schnell, weil Gott so mächtig wirkte und ständig Zeichen und Wunder geschahen. Einige kamen nur zur Gemeinde, um geheilt zu werden, aber es gab auch viele, die durstig und auf der Suche nach dem Wort des Lebens waren.

Im Oktober 1983 wurde das Manmin-Gebetszentrum gegründet. Gott veranlasste meine Frau, Boknim Lee, jeden Tag Heilungsversammlungen abzuhalten, in denen Patienten geistlich und körperlich geheilt werden sollten. Er legte ihr auch die Pflicht auf, als Leiterin des Gebetszentrums zu dienen. So hielt sie jeden Tag einen Heilungsgottesdienst ab und machte Seelsorge, besuchte Mitglieder und nahm am Gebet teil. Im Januar 1984 wurde die „Fürbittermission" gebildet, die dafür zuständig war, für das Königreich und die Gerechtigkeit Gottes zu beten. Die hingegebenen Fürbitter beteten nicht nur, sondern besuchten auch die Heilungsversammlungen und halfen den Kranken beim Gebet. Im März 1984 öffnete der Manmin-Kindergarten seine Tore. Gerade einmal ein paar Jahre nach der Eröffnung der Gemeinde nahmen die Einrichtungen innerhalb der Gemeinde Gestalt an.

Im Oktober 1985 begann meine Frau mit ein paar wenigen Leuten nachts Gebetsveranstaltungen abzuhalten; sie nahm so ihre Pflichten als Leiterin des Gebetszentrums wahr. Aus diesen anfänglichen Gebetstreffen entwickelten sich später die Daniel-Gebetstreffen, in denen sich Nacht für Nacht Tausende Mitglieder versammeln. Als Leiterin konzentrierte sich Boknim Lee aufs Fasten und Beten. Sie trachtete nicht nur danach, in ihrer Familie Glück zu finden, sondern lebte für andere Seelen. Gott wirkte durch die klare Stimme des Heiligen Geistes und segnete sie, so dass sie viele mächtige Werke demonstrieren konnte. Auch jetzt noch leitet sie jede Nacht die Danielgebete. Viele Mitglieder erleben die Kraft Gottes und empfangen während der Gebetszeiten und des Lobpreises im Versammlungsraum ihre Gebetserhörungen. Den Seelen der

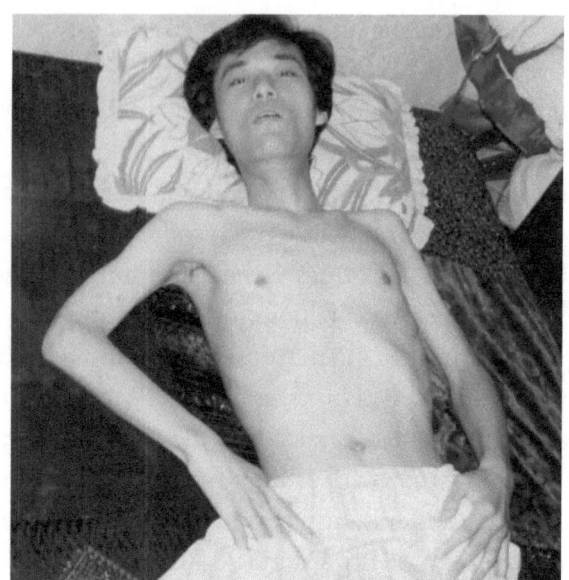

Sooyeol Cho litt unter Lungenentzündung.

Heute ist er ein gesunder Pastor.

Gemeindemitglieder geht es aufgrund der Daniel-Gebetstreffen gut. Sie sind die treibende Kraft für dir Erweckung in der Gemeinde.

Diejenigen, die sich nach dem Wort des Lebens sehnten, kamen und empfingen geistliche Botschaften und dadurch auch Frieden und Ruhe. Die, die Antworten und Lösungen für ihre Probleme empfingen, blieben in der Gemeinde, so dass die Gemeinde fest stehen konnte.

Ein Medizinstudent mit einem Gehirntumor

Sooyeol Cho wurde in eine christliche Familie hineingeboren. Bei ihm wurden im Nasenrachenraum Tumore festgestellt, nachdem die Blutgefäße in der Nase verstopften. Später entwickelte sich ein Gehirntumor.

Einer von Sooyeol Chos Verwandten war der stellvertretende Direktor des Nationalen Universitätsklinikums in Seoul. Dort wurde er acht Stunden lang operiert. Doch auch danach war die Nase noch verstopft. Während er auf die Fachhochschule ging, freundete er sich mit der Welt an und die Symptome wurden immer schlimmer. Drei Monate nach der Operation war die Nase wieder verstopft und er litt unter sehr starkem Nasenbluten. Er ging zum Krankenhaus und der Arzt teilte ihm mit, dass es zurückgekommen war.

Vor der ersten Operation hatte der Arzt im gesagt, dass sich der Tumor höchstwahrscheinlich auf das Gehirn ausbreiten würde, denn die Wurzel des Tumors war bereits im Gehirn. Nun hatte er einen Gehirntumor. Im Dezember 1984 wurde ihm klar, dass er durch die medizinische Wissenschaft nicht geheilt werden konnte. Als er von unserer Gemeinde erfuhr, wurden er und seine Familie Mitglieder.

Im Januar 1985 empfing er in einem Erweckungstreffen Gnade und es ging im besser. Zu dem Zeitpunkt rieten die Ärzte zu einer weiteren Operation; er dachte immer noch, dass er eventuell durch die Mediziner doch geheilt werden könnte.

Allerdings wurde ihm 1986 ganz klar, dass er allein durch die Gnade Gottes überleben konnte, als er über zehn Mal große Mengen an Blut verlor. Zweimal hatte er starke rektale Blutungen, die ihn sehr schwächten.

Während ich unter der Woche in Jochiwon betete, empfand ich eines Tages im Gebet unaussprechlich großes Leid im Herzen und mir wurde bewusst, dass sich Sooyeol Cho in einem extrem kritischen Zustand befand. Mit Tränen betete ich für ihn zu Gott.

Da sah eine Diakonin, die viel in unserer Gemeinde betete, eine Vision. Sie sagte, ich hätte mich im Gebet fest an Jesu Gewand geklammert und Ihm um das Leben des jungen Mannes gebeten. Auch danach ließ es mich der Heilige Geist wissen, wenn der Mann in Lebensgefahr war; er überlebte diese kritischen Punkte, durch meine Gebete. So erlangte Sooyeol Cho geistlichen Glauben und es ging ihm entsprechend besser.

Wenn er nicht betete und nicht ganz und gar mit dem Heiligen Geist erfüllt war, wurde der Knoten in seiner Nase sehr groß, sein Hals verschloss sich oder eine Art Zunge kam in seinen Mund oder der Knoten trat aus seinen Nasenlöchern aus. Sobald er Buße tat und mich für sich beten ließ, war er beschwerdefrei. So wurde dem jungen Mann bewusst, welche fleischlichen Gedanken in ihm waren und dass er Böses in sich hatte. Er fastete und dachte: „Wenn ich sterbe, sterbe ich".

Er gab sein Bestes, um sich zu ändern. Schließlich wurde er

ganz gesund. Heute dient er in der Gemeinde Pastorenteam. Er hat eine glückliche Familie – ist verheiratet und hat einen Sohn.

Durch Kohlenmonoxidvergiftung steif gewordene Körper

Im Februar 1985 fing ich an einem Samstagnachmittag an, in meinem Zimmer zu beten. Vor meiner Tür war ein Auflauf und ich hörte, wie ein Mann rief, jemand sei gestorben. Als ich nach dem Gebet hinausging, war da eine Schwester, die an einer Kohlenmonoxidvergiftung gestorben war.

Sie war nach dem Gottesdienst Freitagnacht heimgegangen, hatte ein Brikett angezündet und war schlafen gegangen.

Am Samstagnachmittag fand man sie um 14 Uhr. Sie hatte eine Vergiftung. Als man sie fand, hatte sie das Gift schon mehrere Stunden eingeatmet. Ihr Körper war bereits steif und um ihren Mund hatte sich Schaum gebildet. Eine Nachbarin hatte sie gefunden und zu mir nach Hause gebracht. Aber es schien, als wäre sie schon tot. Sie war bewusstlos und ihr Körper war schon kalt und steif.

Ich legte ihr die Hand auf und betete: „In dem Namen Jesu Christi befehle ich dem Kohlenmonoxid: Weiche. Verschwinde aus beiden Augen, beiden Nasenlöchern, durch ihren Mund und aus allen Zellen ihres Leibes!" In dem Moment, in dem ich das Gebet zu Ende gesprochen und meine Hand weggenommen hatte, wurde der Körper der Schwester warm und sie öffnete langsam ihre Augen. Dann wurde ihr steif gewordener Körper wieder locker. Die Leute um sie herum massierten sie für einige Minuten und so konnte sie sich wieder bewegen. Sie setzte sich auf und gewann ihre Gesundheit ohne jegliche Nachwirkungen wieder.

Hätte man sie ins Krankenhaus gebracht, nachdem man sie fand, wären ihre Überlebenschancen sehr gering gewesen. Selbst wenn sie überlebt hätte, hätte sie zeitlebens unter traumatischen Gehirnschäden leiden müssen. Doch der Allmächtige, der selbst Tote wiederbelebt, erwies Seine Kraft, so dass sie innerhalb von zwei Minuten wieder völlig normal war. Ihr Name ist Minsun Lee; sie ist mit Pastor Jeon-hwan Cha in unserer Gemeinde verheiratet.

„Bitte geh nach Shindaebang Dong".

Bisweilen habe ich auch für Menschen gebetet, die aufgehört hatten zu atmen. Im Juni 1985 passierte der zweijährigen Tochter Seung-ah von Diakon Seok-hee Cho etwas. Ihre Mutter kochte Würstchen und ihre Tochter lief mit ausgestreckter Hand zu ihr. Da gab ihr ihre Mutter ein kleines Stück von dem Würstchen. Kurz darauf merkte sie, dass sie aus dem Zimmer ihrer Tochter keine Geräusche mehr hörte. Sie fand Seung-ah in einem anderen Zimmer, aber sie lag im Sterben und hatte Schaum um den Mund. Sie versuchte zu atmen, aber sie war schon ganz blau angelaufen.

Es waren kaum zwei Minuten vergangen und so war sie sehr überrascht. Schnell setzte sie sich ihre Tochter auf den Rücken und nahm ein Taxi. Da sie gehört und gesehen hatte, wie unheilbare Krankheiten geheilt und Tote in der Kirche wieder lebendig geworden waren, bewies sie Gott ihren Glauben. Sie sagte dem Taxifahrer, er solle sie nach Shindaebang Dong bringen. Er antwortete, es gäbe vor Ort auch viele Kliniken und fragte, warum sie eine so lange Fahrt machen wollte.

„Nein, es gibt in Shindaebang einen sehr fähigen Arzt".

Als sie eintraf, war ich zu Hause, so dass ich für sie beten konnte. Ich hörte, dass das Kleinkind schon aufgehört hatte zu atmen und ihr Körper nach der langen Taxifahrt schon kalt geworden war. So betete ich inständig zu Gott, dass Er den Geist wieder in das tote Kind zurücksenden würde. Sobald das Gebet zu Ende gesprochen war, wachte das Kind auf und konnte wieder selbst atmen. Sie wuchs danach weiter gesund auf und hatte keine Nachwirkungen. Im Moment studiert sie an der Kyunghee-Universität und ihre Eltern sind als Pastoren der Suncheon Manmin-Gemeinde in Suncheon in der Provinz Jeonnam tätig.

Verbrennungen dritten Grades durch Gottes Kraft geheilt

Am Sonntag, den 6. April 1986 hatte Diakonin Eun-deuk Kim, die damals 62 Jahre alt war, einen Unfall, während sie in der Gemeindeküche arbeitete. Auf dem Gasherd in der Küche stand ein großer Topf, in dem sie Wasser aufgesetzt hatte, um Nudeln zu kochen.

Sie rutschte aus und griff in dem Moment leider nach dem Henkel des Gaskochers, so dass das kochende Wasser aus dem Topf ausgeschüttet wurde. Das Wasser traf sie auf Oberkörper, Bauch, Armen und Beinen und verursachte schwere Verbrennungen. Gott sei Dank blieben ihr Kopf und Gesicht verschont.

Als ich davon hörte, ging ich in die Küche und betete für sie, während sie auf dem Boden lag. Die Verbrennungen waren so schlimm, dass ihre Haut an ihrer Kleidung klebte. Sie war kaum bei Bewusstsein. Die Hitze war unerträglich für sie, aber als ich für sie betete, sagte sie, dass sie spürte, wie Hitze durch ihren Körper ging. Die Hitze ging von ihrer linken Brust in die Rechte und dann ihren Körper herunter und verließ ihn durch den rechten Fuß.

Obwohl die Hitze raus ging, sahen die verbrannten Körperteile wie gekochtes Fleisch aus. Da wo die Kleidung an der Haut klebte, wurde das Fleisch abgerissen. Es sah schrecklich aus. Wäre sie in dieser Situation ins Krankenhaus gegangen, wäre ein Überleben nicht sicher gewesen. Selbst wenn sie überlebt hätte, hätte es jahrelang gedauert, Haut zu verpflanzen. Doch

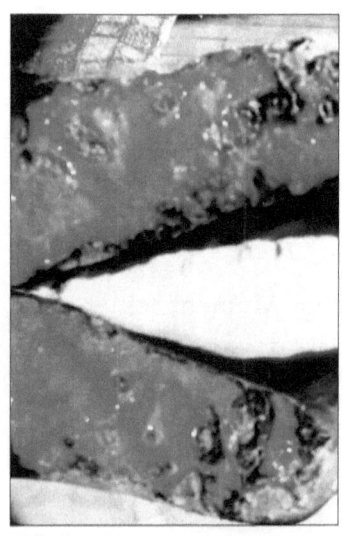

Geheilt nach Verbrennungen 3. Grades

selbst nach vielen Operationen hätte sie viele Nachwirkungen und Narben gehabt. Man brachte sie zu mir nach Hause und ich betete einmal am Tag für sie. Sie nahm keine Medikamente und bekam auch keine Spritzen, doch durch Gottes Wirken erholte sie sich sehr schnell.

Die vollkommen „gekochten" und toten Zellen wurden zu Grind wie die Rinde eines Baumes. Er fiel bald ab, wo sich neue Haut bildete. Neue Haut wuchs überall da, wo die Verbrennungen waren; es wurden sogar neue Blutgefäße gebildet. Die tote Haut wurde wieder belebt. Die Mitglieder, die sie besuchten, sahen wie dieser Prozess ablief.

Innerhalb von nur drei Monaten nach dem Unfall war

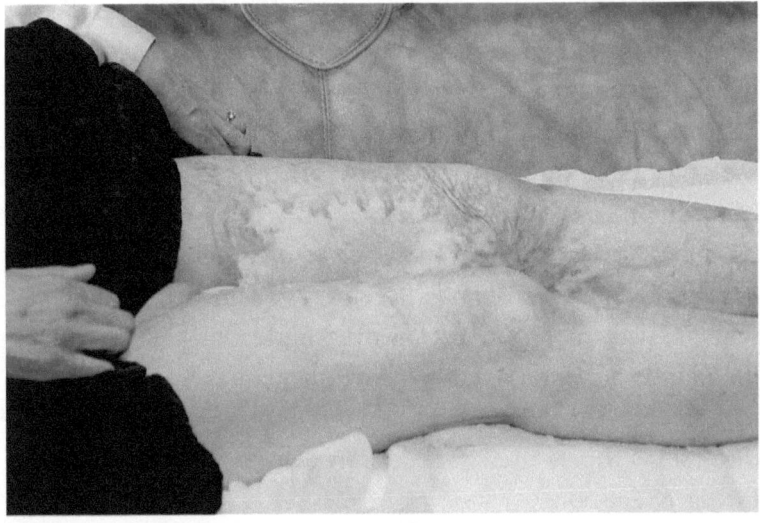

Vollkommen geheilt; neues Gewebe wächst nach Gebet

Diakonin Eun-deuk Kim wieder vollkommen hergestellt. Sie wurde wieder ganz normal. Auch noch im Alter von 88, im Jahr 2013, führte sie noch ein Leben als Christin.

Feurige Werke

„Der Herr wurde nun, nachdem er mit ihnen geredet hatte, in den Himmel aufgenommen und setzte sich zur Rechten Gottes. Jene aber zogen aus und predigten überall, während der Herr mitwirkte und das Wort durch die darauf folgenden Zeichen bestätigte" (Markus 16,19-20).

Als die Jünger hinausgingen, um zu predigen, arbeitete der Herr mit ihnen zusammen. Wenn ich den Kranken die Hände auflege, scheinen es die blutverschmierten Hände des Herrn zu sein, die ihnen stattdessen aufgelegt werden. Diejenigen, die die Gabe haben, Visionen zu sehen oder die geistlich Dinge sehen, haben bezeugt, dass der Herr den Patienten die Hände auf die kranken Stellen gelegt hat, wenn ich gebetet habe.

Ich bete in allen möglichen Gottesdiensten für kranke Menschen und viele haben gesehen, wie Feuer aus meinen Armen austritt. Dieses Feuer, bei dem es sich um das Feuer des Heiligen Geistes handelt, geht zu jedem Mitglied gemäß seinem Glauben und verbrennt die Krankheit. Wenn ich ihnen die Hände auflegte, betete ich eifrig von ganzem Herzen – in dem Glauben, dass sie geheilt und ihre Probleme gelöst würden, und Gott erhörte diese Gebete mit dem feurigen Wirken des Heiligen Geistes.

Wie der Heilige Geist über künftige Dinge sprach

Zum Pastor geweiht

Im Mai 1986, vier Jahre nach der Eröffnung der Gemeinde, wurde ich zum Pastor geweiht. Aus diesem Grund feierten wir im Juni einen besonderen Gottesdienst. An dem Tag überreichten mir die Gemeindemitglieder einen großen goldenen Schlüssel als Zeichen ihres Vertrauens und ihrer Liebe. Es bedeutete, dass mir als Pastor die volle Autorität bezüglich der Kirche übergeben wurde und dass sie mir vertrauen und gehorchen würden. Ich habe dieses Geschenk, das mir die Mitglieder mit aufrichtigem Herzen geschenkt haben, immer noch; es ist wie ein Schatz für mich.

Nach der Ordination brachte ich dem Herrn auf dessen Leitung hin ein 21-tägiges Fasten als Opfer dar, wie es Daniel getan hatte. Ich versuchte mit Gott durch Fasten und Gebet an meiner Gebetsstätte in Jochiwon zu kommunizieren. Da begann der Herr mir die Offenbarung zu erklären, in der die Dinge stehen, die sich in den letzten Tagen ereignen werden.

Am 20. Juli 1986 begann ich morgens im Gottesdienst mit der Predigtserie über die Offenbarung. Diese Serie ging circa vier Jahre lang bis zum 20. Dezember 1989. Diejenigen, die nur ein paar Dinge über den geistlichen Bereich wussten, hörten mit großer Freude zu, denn sie wollten gern mehr darüber wissen.

Freitagsgottesdienst mit Gästen aus dem ganzen Land

Nachdem wir in das neue Gebäude gezogen und ein Erweckungsmeeting abgehalten hatten, war die gesamte Kirche bald wieder voll. Da die Erweckung sich sehr schnell ausbreitete, hatten wir keine Zeit, neue Gebäude zu bauen.

In 1987 mieteten wir ein Gebäude in Shindaebang Dong, in Dongjak Gu und zogen dort ein. Das war unser dritter Gemeindesaal. Nach drei Monaten beendeten wir die Erweckungsgottesdienste zu Ehren der neuen Gemeinderäumlichkeiten – und schon war die Gemeinde wieder voll. Damals hatten wir über 3.000 angemeldete Gemeindemitglieder. Wir nutzten den 2. und 3. Stock als Gemeindesaal. Dennoch hatten wir nicht genug Platz für alle. Manche, die kamen, mussten wieder heimgehen.

Im Juni 1989 waren wir zu einer Mega-Gemeinde mit 6.000 festen Mitgliedern angewachsen. Seit der Eröffnung der Gemeinde hatte ich mich nur auf das Wort Gottes und das Gebet konzentriert, um die mir von Gott anvertraute Pflicht zu erfüllen. Darum überließ ich es dem pastoralen Team, sich um die Mitglieder zu kümmern. In der Urgemeinde hatten die Apostel, weil sie so viel Arbeit hatten, sieben Diakone ausgewählt, um die Gemeindearbeit zu erledigen. Sie selbst, konzentrierten sich allein auf das Wort Gottes und das Gebet (Apostelgeschichte 6,3-4). So mischte ich mich auch nicht in die Finanzen der Gemeinde ein und jeder Dienst in der Gemeinde kümmerte sich um seine jeweilige Aufgabe.

Ein-, zweimal im Jahr hielten wir Pastorenkonferenzen ab, um die Pastoren zu ermutigen und um sie zu mächtigen Dienern zu machen. Ich wollte wirklich starke Pastoren, die von Gott und den Gemeindemitgliedern mehr geliebt werden konnten als ich; so gab ich mein Bestes, um so viele Pastoren als Assistenten zu trainieren wie nur möglich.

Die Freitagsgottesdienste waren im ganzen Land dafür bekannt, dass der Heilige Geist da war und viele Menschen kamen, unabhängig davon, welcher Konfession sie angehörten. Es war so schön zu sehen, wie sie in der Nacht mit dem Heiligen Geist erfüllt wurden und dann in ihre Kirchen zurückkehrten, um dann sonntags dort zu dienen! Ab dem Freitagsgottesdienst am 12. Dezember 1986 fing ich mit Vorträgen über das Buch Hiob an, das der Herr mir zuvor erklärt hatte. Die Serie ging am Freitag, den 11. Dezember 1992 zu Ende.

Es handelte sich um geistliche Botschaften, die sich von anderen Auslegungen über Hiob unterschieden. Es war eine kostbare Serie, die das Herz von Hiob als Person untersuchte. Sie kam, damit wir das Böse und Falsche in unseren Herzen finden konnten. Ab 1989 fing der Herr auch an, uns über „Geist, Seele und Leib" im Detail zu unterrichten. Danach lehrte Er mich über verschiedene „Dimensionen". Als ich die Mitglieder darüber unterrichtete, gingen ihre geistlichen Augen auf und ich konnte sehr gut sehen, wie sie sich veränderten. In dem Maß, in dem ihr Glaube wuchs, musste ich ihnen Neues beibringen. Darum musste ich selbst auf immer höhere Ebenen der geistlichen Welt vordringen.

Verwandle noch einen Menschen in Weizen

Während ich betete, sagte der Herr eines Tages klagend:

„Mein Diener, veröffentliche die Bücher mit den Botschaften, die Ich dir gegeben habe, schnell. Es gibt heute wenige, die echten Glauben haben und gerettet werden können. Andere sagen zwar, sie sind gläubig, aber sie begehen Ungerechtigkeit. So kreuzigen sie Mich erneut. Sie glauben gar nicht, meinen aber sie seien gläubig".

Jesus sagte: *„Doch wird wohl der Sohn des Menschen, wenn er kommt, den Glauben finden auf der Erde?"* (Lukas 18,8) Heute haben Sünde und Ungerechtigkeit solch eine Vormachtstellung, dass es sehr schwierig ist, Menschen zu finden, die den echten, geistlichen Glauben haben, den Gott will.

Wenn Bauern ernten, sammeln sie nur den Weizen ein, die Spreu wird im Feuer verbrannt. So will auch Gott lieber ein einzelnes Weizenkorn als einen Haufen Spreu. Er sammelt nur den Weizen für Sein Königreich ein (Matthäus 3,12). Er will, dass wir eifrig beten, gemäß Seinem Wort handeln, die Gelüste des Fleisches ablegen und nach dem Herzen des Herrn leben, der Geist ist (1. Thessalonicher 5,23).

Als die Mitglieder der Gemeinde die Botschaften über „Geist, Seele und Leib" und über die „Dimensionen" lernten, fingen sie an, ihr Fundament zu erfassen und versuchten, die Sünde abzulegen. Wenn uns keiner etwas über die Sünde sagt, dann wissen wir darüber wahrscheinlich nur sehr wenig oder gar nichts. Wenn Menschen sich nicht bewusst sind, dass sie Kompromisse mit der Welt eingehen, enden sie vielleicht wie die Spreu, das heißt wie Menschen, die nicht gerettet werden können. Darum müssen Pastoren ihre Gläubigen sehr genau darüber informieren, was Sünde ist.

Für Botschaften verlässt man sich nur auf Gott

Als Jesus Seine Jünger hinaus sandte, sagte Er: „*Wenn sie euch aber überliefern, so seid nicht besorgt, wie oder was ihr reden sollt; denn es wird euch in jener Stunde gegeben werden, was ihr reden sollt. Denn nicht ihr seid die Redenden, sondern der Geist eures Vaters, der in euch redet*" (Matthäus 10,19-20). In dem Jahr, in dem ich die Gemeinde eröffnete, war ich in der Abschlussklasse an der Bibelschule. So musste ich auch nach dem Unterricht meine Hausaufgaben machen. Außerdem hatte ich pro Woche über zehn Predigten vorzubereiten: für die Gebettreffen frühmorgens, die Freitagsgottesdienste und die Versammlungen am Sonntagmorgen und-abend. Dann musste ich noch die Mitglieder besuchen und Seelsorge machen und persönlich für die Kranken beten. Das heißt, ich war immer zu beschäftigt.

Ich hatte nicht einmal die Zeit, meine Predigten in einem Notizbuch niederzuschreiben. Aber wenn ich betete, gab mir Gott den Titel und die Schriftstelle. Wenn ich dann dafür betete, gab mir Gott während der Botschaft Seine Inspiration. Wenn ich hinter die Kanzel trat, floss Gottes Wort durch meinen Verstand.

Heute werden die Gottesdienste live im ganzen Land ausgestrahlt – ebenso in anderen Ländern und übers Internet. Darum bereite ich mich vorher schriftlich vor. Doch von der Eröffnung der Gemeinde an bis die Fernsehübertragungen begannen, hatte ich immer ohne Notizen gepredigt.

Ich bin nur ein unwürdiger Diener

Im April 1987 hatte ich keine Zeit und konnte nicht lange genug beten. So bekam ich während der Botschaft keine Inspiration. Selbst ich hatte den Eindruck, dass die Botschaft nicht richtig floss. Danach tat es mir sehr Leid und ich bekannte Gott, dass ich mich auf die Predigt im Gebet nicht länger vorbereitet hatte. Wenn ich mich in einer solchen Situation befand, wurde mir sehr stark bewusst, dass ich nichts tun konnte und nichts war, wenn Gott nicht bei mir war. Wenn Gott mich verlassen würde, wäre ich überhaupt nicht in der Lage, eine Predigt zu bringen und es würde auch keine Heilungen geben, selbst wenn ich beten würde. Der Heilige Geist würde während der Botschaft nicht wirken und damit würde es auch bei den Mitgliedern keine Veränderungen geben. Obwohl ich schon Einiges erreicht habe, bin ich vor Gott nur ein unwürdiger Diener. Selbst wenn ich große Kraft von oben empfangen und als ein Werkzeug Gottes benutzt worden bin, kann ich diesbezüglich nie arrogant sein.

Im April 1987 wurden meine Memoiren, die mein Zeugnis enthalten, unter dem Titel *Schmecket das ewige Leben vor dem Tod* veröffentlicht. Dieses Buch wurde vielfach veröffentlicht und wird immer noch gekauft. Es ist inzwischen in viele Sprachen übersetzt worden und wird in verschiedenen Ländern der Erde verkauft. Durch das Buch haben viele Menschen den lebendigen Gott gefunden, den Gott, der heilt, der Gebete erhört und der uns liebt.

Soojung Maeng, die damals in Deutschland lebte, bekam das Buch von einem berühmten Pastor dort geschenkt und las es. Es hinterließ bei ihr einen sehr tiefen Eindruck. Als sie nach Korea zurückkehrte, besuchte sie einen Gottesdienst in unserer Gemeinde und wurde schließlich Mitglied. Sie erlebte, wie das Wort des Lebens sie veränderte und entwickelte eine Leidenschaft für die Verbreitung des Evangeliums. Inzwischen ist sie Missionarin in Washington, D.C., wo sie sich dem Evangelisieren ganz hingegeben hat.

„Hier ist der christliche Rundfunksender AM 837 kHz. In der heutigen Sendung von ‚Du bist bei mir‘, berichten wir euch die Geschichte von Pastor Jaerock Lee von der Manmin Joong-ang-Gemeinde".

Vom 1. bis zum 30. Juni wurde meine Geschichte in einer Serie ausgestrahlt. Einen Monat lang war sie morgens und abends zu hören. Durch mein Zeugnis empfingen Menschen im ganzen Land Gottes Gnade und erinnern sich seither an meinen Namen. Manche haben erzählt, dass sie so zum Glauben kamen.

Am 18. August war ich auf CBS bei einer Sendung namens „Erneuere mich" zu Gast und gab dort mein Zeugnis. Damals bat mich der Produzent nicht zu erwähnen, dass Gott mich geheilt hatte, weil es Beanstandungen geben würde, wenn wir über Wunder sprechen würden. Dem konnte ich nicht zustimmen und lächelte deshalb nur. Während der Dreharbeiten erzählte ich also meine Geschichte und wie Gott mich geheilt hatte. Der geplante Sendetermin verstrich und meine Geschichte war noch nicht ausgestrahlt worden. Darum fragte ich beim Sender nach. Das Video sollte gerade zerstört werden, aber wir konnten es mit jemandes Hilfe noch gerade so retten und dann wurde es tatsächlich für eine Stunde ausgestrahlt. Ich hatte den Eindruck, dass es sehr schön gewesen wäre, wenn sie einfach die Wahrheit gezeigt hätten.

Weissagungen durch die Inspiration des Heiligen Geistes

Gott beschenkt uns zu unserem Nutzen mit den Gaben des Heiligen Geistes (1. Korinther 12,7). Im 1. Korinther 14,1-5 steht, *„Strebt nach der Liebe; eifert aber nach den geistlichen Gaben, besonders aber, dass ihr weissagt! Denn wer in einer Sprache redet, redet nicht zu Menschen, sondern zu Gott; denn niemand versteht es, im Geist aber redet er Geheimnisse. Wer aber weissagt, redet zu den Menschen zur Erbauung und Ermahnung und Tröstung. Wer in einer Sprache redet, erbaut sich selbst; wer aber weissagt, erbaut die Gemeinde. Ich möchte aber, dass ihr alle in Sprachen redet, mehr aber noch, dass ihr weissagt. Wer aber weissagt, ist größer, als wer in Sprachen redet, es sei denn, dass er es auslegt, damit die Gemeinde Erbauung empfange“.*

Der Apostel Paulus wollte, dass alle Kinder Gottes das Geschenk der Sprachenrede empfangen und er drängte die Gläubigen, insbesondere die Gabe der Weissagung zu empfangen. Manchmal erzählte ich der Gemeinde, was durch die Inspiration des Heiligen Geistes passieren würde – nämlich, dass sie auferbaut werden und dass mehr Glauben in sie hineingepflanzt wird. Während des Gebetes am frühen Morgen, betete ich: „Vater Gott, sende uns diese Woche eine gewisse Anzahl von Besuchern". Dann fing ich an zu proklamieren, dass in der folgenden Woche eine gewisse Anzahl von Menschen kommen würde. Damals wuchs die Gemeinde zahlenmäßig sehr schnell.

„Nächste Woche werden fünfzig Leute in den Gottesdienst kommen".

Am nächsten Sonntag ließ ich unsere Mitglieder die Besucher zählen und es waren genau fünfzig.

„Nächste Woche werden fünfundsechzig Besucher kommen".

Jede Woche stieg die Zahl der Besucher und ich prophezeite jeden Sonntag. Am folgenden Sonntag zählen die Mitglieder die Anwesenden und waren dann immer überrascht.

Als es achtzig Leute wurde, wuchs die Anzahl einige Wochen lang nicht. Im Gebet wurde mir klar, dass der Feind am Werk war und verhindern wollte, dass mehr als hundert Leute kamen. Ich fastete und betete zusammen mit den Mitgliedern und wir vertrieben den Teufel. Ab der Woche stiegen die Zahlen wieder und am Gründungsjubiläum waren es über einhundert Leute.

Zu manchen Anlässen zeigte mir Gott vorab, wie viel das Opfer betragen würde. Nach der Eröffnung der Gemeinde waren es rund 6 Millionen Won (6.000 Dollar) pro Woche. Da wir uns immer auf die Weltmission konzentrierten, mussten wir viel mehr ausgeben, als wir einnahmen. So hatten wir immer Not und die Gemeinde war finanziell schlecht gestellt. Deshalb begann ich zu beten. Als ich eifrig betete, wirkte der Herr auf besondere Art und Weise, um schwierige Situationen zu lösen. Durch eine klare Inspiration des Geistes zeigte mir Gott haargenau, wie viel durch das Opfer hereinkommen würde.

„Nächste Woche wird das Opfer 33 Millionen Won betragen". (Das sind etwa 33.000 Dollar.)

Ich bekam die Antwort und sagte den für die Gemeindefinanzen zuständigen Mitarbeitern, den genauen Betrag, um mehr Glauben in sie hineinzusäen. Sie reagierten aber nicht in besonderer Weise darauf – wahrscheinlich, weil sie mir nicht glauben konnten. Sie zweifelten, denn sie dachten nicht, dass ein Opfer mehr als fünf Mal die Woche steigen konnte.

Am Sonntagnachmittag zählen die Mitarbeiter vom Finanzkomitee das Opfer und berichteten mir, dass es sich um genau 33 Millionen Won handelte. Seither betete ich jedes Mal, wenn wir finanzielle Schwierigkeiten hatten und jedes Mal segnete uns Gott vielfältig, so dass wir die Schwierigkeiten durch Gottes Gnade überwinden konnten. Besonders wenn Er uns ein Vielfaches sandte, ließ Er es mich wissen und ich gab dem Finanzkomitee vorab Bescheid. Ich konnte auch sehen, dass ihr Glauben wuchs, nachdem sie dies viele Male erlebt hatten.

Informiert über künftige Ereignisse in Korea und der Welt

Ich war ständig im Gebet und lebte in der Fülle des Geistes. Von Zeit zu Zeit informierte mich der Herr über künftige

Dinge und teilte mir großartige und verborgene Dinge mit. Der Herr gab Petrus eine Vision, um ihm Künftiges zu zeigen (Apostelgeschichte Kapitel 10) und Stephanus sah die Herrlichkeit Gottes und wie der Herr zur Rechten Gottes stand. So kann die Kraft Gottes alles Mögliche bewirken. Ob es im Alten Testament oder Neuen Testament steht, Er wirkt heute noch genauso wie damals.

In Amos Kapitel 3, Vers 7 lesen wir: „*Denn der Herr, HERR, tut nichts, es sei denn, dass er sein Geheimnis seinen Knechten, den Propheten, enthüllt hat*". Wie gesagt ließ mich Gott im Gebet im Voraus Dinge wissen – über unsere Gemeindemitglieder, unser Land und Situationen in der Welt.

Als ich auf der Bibelschule war, spürte ich am Morgen des 26. Oktober 1979 Unbehagen. Ich betete und der Herr offenbarte mir, dass ein großer Stern in unserem Land fallen würde. Er sagte mir, dass Präsident Park Chung Hee sterben würde. Ich sagte meiner Frau, es würde ein großes Desaster geben und ging dann zum Unterricht. Mein Herz war beunruhigt. Ich musste den ganzen Tag lang weinen. Am nächsten Morgen hörten wir in den Nachrichten, dass Präsident Park Chunghee in der Nacht zuvor ermordet worden war.

Es sei denn, dass Er Sein Geheimnis Seinen Knechten, den Propheten, enthüllt

Gott ließ mich auch im Voraus wissen, wie sich globale Situationen entwickeln würden und manchmal sagte Er mir etwas über sehr wichtige Persönlichkeiten. 1984 offenbarte mir Gott, dass Indira Gandhi, die erste Premierministerin Indiens, sterben würde. Gott sagte es mir ein paar Monate vor ihrem Tod und ich sagte es meinen Gemeindemitgliedern. Im Oktober las ich dann in einem Zeitungsartikel, dass sie von einigen Sikhs ermordet worden war.

Im selben Jahr informierte mich Gott, dass Präsident Reagan und Premierministerin Thatcher wieder gewählt würden. Er erklärte mir auch, warum. Margaret Thatcher fasste sich kurz wie Männer und sie versuchte in ihrer Sanftmut und Demut Gott tadellos zu dienen. Sie richtete ihre Gedanken weder auf Reichtum noch Autorität aus und diente ihrem Volk mit Liebe. Gott erklärte mir, dass diese beiden Personen in ihren Ländern geliebt wurden, weil sie ihr Land liebten und ihrem Volk, das sie liebten, dienten.

Im Jahr 1985 starb der Generalsekretär der Kommunistischen Partei der Sowjetunion, K. U. Chernenko. Doch Gott hatte es mir schon in einer Vision gezeigt – und zwar 1984, also mehrere Monate davor. Um Glauben in unsere Mitglieder zu pflanzen, erzählte ich ihnen, was ich gesehen hatte. Einige Monate darauf erschienen Artikel über seine Erkrankung und bald darauf starb er.

Die Erklärung vom 29. Juni und der Prozess der Demokratisierung

Im Jahr 1987 gab Taewoo Roh, der Präsident der Demokratischen Gerechtigkeitspartei, die „Erklärung politischer Reformen vom 29. Juni" heraus. Nach der Wahl am 12. Februar 1985 kritisierten die Oppositionsparteien den Mangel an Authentizität von Präsident Doohwan Chun, der durch eine indirekte Wahl ins Amt gekommen war; sie forderten eine direkte Präsidentenwahl. Sie bestanden darauf, dass das Volk den Präsidenten selbst wählt.

Dagegen gab Präsident Doohwan Chun am 13. April 1987 eine Erklärung unter dem Titel „Schutz der Konstitution" ab, um alle Diskussionen über eine Veränderung der Konstitution zu beenden und um die Regierung wieder gemäß dem Gesetz zu regieren. Am 10. Juni leitete er eine Konferenz der Demokratischen Gerechtigkeitspartei und wählte Taewoo Roh zum Präsidentschaftskandidaten der Partei, um die Militärregierung zu verlängern. Damals starb der Student Jongcheol Park, nachdem die Polizei ihn gefoltert hatte. Am 10.

Juni begannen im ganzen Land Demonstrationen. Am 26. Juni waren bis zum späten Abend über eine Million Menschen in 37 Städten auf den Straßen. Da es nicht genug Polizeibeamte gab, zog die Regierung in Erwägung, das Militär einzusetzen. Doch die Moderaten gewannen. Sie beschlossen, die Forderung des Volkes nach einer Direktwahl zu akzeptieren – das Ergebnis war die Erklärung vom 29. Juni.

Am 15. Juni 1987 leitete ich ein Erweckungsmeeting in der Cheil-Gemeinde Church von Bupyeong. Am 18. Juni gab mir Gott plötzlich eine Inspiration und Vision. Er sagte mir, dass die Erklärung vom 29. Juni herausgegeben und was sie zum Inhalt haben würde. Da Er mich durch eine mächtige Inspiration des Heiligen Geistes wissen ließ, dass es im Land große Veränderungen geben würde, wurde mir bewusst, dass es eine sehr schnelle Entwicklung sein würde.

Am 19. Juni erwähnte ich der Gemeinde gegenüber dies als Akronym oder Kurzwort und ließ die Anfangsbuchstaben auf dem Gemeindeblatt des kommenden Sonntags abdrucken. Die Regierung sprach nur im Verborgenen darüber und für den normalen Bürger war es etwas, das man sich nur schwer verstellen konnte.

Abdrucken der Geschehnisse im Voraus im Gemeindeblatt vom 21. Juni 1987

In Anbetracht der damaligen politischen Situation ließ ich die Anfangsbuchstaben im Gemeindeblatt für die kommende Woche rückwärts abdrucken. Die Anfangsbuchstaben des koreanischen Alphabets lauteten, „Min, Gey, Yak, Sei, Dae, Gye,

Chong, Mo, Roh, Hu, Dae". Ich erklärte dieses Akronym im Sonntagsgottesdienst vom 5. Juli.

Es bedeutete: „Präsident (Dae) Chun hat den 'Schutz der Konstitution" herausgegeben, um den Präsidentschaftskandidaten (Hu) Taewoo Roh (Roh) zu unterstützen. Aber ein Mann wird getötet (Chong) durch einen Kopfschuss (Mo), alle Pläne (Gye) zum ‚Schutz der Konstitution' werden versagen. Der Einfluss (Sei) von Präsident (Dae) Cheon ist geschwächt worden (Yak) durch die Opposition des Volkes und um die Forderungen des Volkes zu erfüllen, wird er am 29. Juni eine Erklärung herausgeben. Es wird eine Änderung (Gey) der Konstitution geben für die Einführung einer Direktwahl und es wird der Anfang der Demokratisierung (Min) sein".

Zu Ihrer Information lauteten die acht Punkte der Erklärung vom 29. Juni wie folgt:

1. Friedliche Übergabe der Regierung im Februar 1988 durch eine Änderung der Konstitution
2. Faire und gerechte Handhabung der Wahlen durch eine Anpassung des Gesetzes über die Präsidentenwahl
3. Amnestie für Daejung Kim
4. Respekt der menschlichen Ehre und Verbesserungen im Menschenrechtsgesetz
5. Redefreiheit
6. Örtliche Autonomie, Freiheit für Fachhochschulen, Autonomie in der Bildung
7. Garantie für Gesetze verschiedener Parteien
8. Resolute soziale Reinigung

Das Resultat der Präsidentschaftswahlen

Im Dezember 1987 betete ich vor den 13. Präsidentschaftswahlen. „Gott, was ist Dein Wille? Wer ist gemäß Deinem Willen der geeignetste Präsident? Wer wird tatsächlich Präsident werden?"

Gott informierte mich, dass der Kandidat Taewoo Roh in dieser Wahl zum Präsidenten gewählt würde. Dann zeigte mir Gott, wie der Kandidat Youngsam Kim in einem Blumenwagen in den Präsidentenpalast, das Blaue Haus, (nach Herrn Roh) einziehen würde – und dann fuhr der Kandidat Daejung Kim in einem Blumenwagen ins Blaue Haus.

Gott erklärte mir auch, dass wenn Youngsam Kim und Daejung Kim einig gewesen wären, dann hätte Youngsam Kim das Präsidentenamt übernommen und nach ihm wäre Daejung Kim Präsident geworden. Als der Herr mir diese Vision zeigte, erklärte Er mir ganz klar, dass die beiden Kandidaten sich hätten einig sein sollen; doch weil sie es zum Zeitpunkt dieser Wahl nicht waren, würde Taewoo Roh ins Präsidentenamt gewählt werden.

Gott offenbarte mir auch, dass Roh mehr Stimmen bekommen würde, als erwartet und dass Youngsam Kim an zweiter und Daejung Kim an dritter Stelle aus dieser Wahl hervorgehen würde; Jongpil Kim sollte nur wenige Stimmen bekommen. Der Herr zeigte mir im Detail, dass Youngsam Kim und Daejung Kim hätten eins sein können und dass Youngsam Kim zuerst ins Amt gewählt worden wäre.

Ich schrieb einen Brief, der dies zum Inhalt hatte und bat ein Gemeindemitglied, ihn an Youngsam Kim in seiner Residenz Sangdo Dong zu überreichen. Dieses Mitglied ging tatsächlich hin, doch da Youngsam Kim auf einer Wahlkampfveranstaltung in Busan war, überreichte er den Brief seiner Frau. Sie las ihn auf der Stelle und sagte, sie würde ihn ihrem Mann geben. Wir haben immer noch eine Kopie des Schreibens. Leider einigten sich die beiden Kandidaten nicht und Taewoo Roh wurde zum Präsidenten gewählt.

Kapitel 6

Gemeindewachstum und Prüfungen

Entzug der Redefreiheit und der zerbrochene Hammer

Die Union der Koreanischen Heiligkeitskirche war die Konfession, der meine Gemeinde angehörte. Von der Eröffnung der Gemeinde an tat ich mein Bestes, um mit der Konfession zu kooperieren und meine Gemeinde wuchs beständig.

Nach dem Zusammenschluss mit einer anderen Konfession

Am 13. Dezember 1988 schlossen sich unsere Konfession und die Koreanische Heiligkeitskirche in Anyang zusammen und wir wurden praktisch in diese Konfession eingebunden. Damals war Pastor Taekgoo Sohn, mein Dozent auf der Bibelschule, der Präsident der Union der Koreanischen Heiligkeitskirche. Es war auf seinen Vorschlag hin, dass sich die Kirchen zusammenschlossen. Das war eine Zeit, in der meine Gemeinde so stark wuchs, dass man die Augen nicht davor verschließen konnte. Als wir unsere fünfte Tochtergemeinde in Suwon gegründet hatten, war die Generalversammlung der Konfession gegen den Namen unserer Tochtergemeinde. Sie sagten, es stelle ein Problem dar, wenn wir ihr den Namen „Manmin" geben würden. Darum mussten wir ihn zu „Suwon Deokwoo-Gemeinde" ändern.

Im Dezember 1989 erhielt ich einen Brief von der Generalversammlung, in dem eine Untersuchung angekündigt wurde. Am 18. Dezember betrat ich um 10:30 Uhr den Versammlungsraum für den Termin um 11 Uhr. Allerdings wurde ich am Vormittag über keinerlei Änderung informiert. Am Nachmittag wurde ich in ein Zimmer gebeten. Es waren sechs Pastoren, allesamt Mitglieder der Generalversammlung, anwesend. Sobald sie mich sahen, fingen sie an, mir Fragen zu stellen. Ich dachte, wir hätten mit einem Gebet oder mit Anbetung anfangen sollen, da es eine Sitzung von Pastoren war. Ich war sehr enttäuscht, weil dies nicht geschah. Sie bombardierten mich mit Fragen und Anschuldigungen.

„Ich habe gehört, Sie haben gesagt, Jesus würde in drei oder vier Jahren zurückkommen. Ist das wahr?"

„So etwas habe ich nie gesagt".
„Sie lügen. Sie sind ein lügender Pastor".

Ich war sprachlos. Sie sagten, ich müsste nichts erklären und bräuchte nur mit „Ja" und „Nein" antworten.

„Sie lügen sehr geschickt und darum betrügen Sie

Tausende von Schafen. Meinen Sie nicht, dass wir auch so viele Kirchenmitglieder haben könnten wie Sie, wenn wir den Leuten Lügen auftischen würden?"

„Sie sagen, Sie bekämen Offenbarungen. Also haben Sie noch andere Worte als die in den 66 Büchern der Bibel?"

„Das ist nie passiert!"

„Lügner. Sie halten Kirchenmitglieder davon ab, zu Arbeit zu gehen und sagen Studenten, sie bräuchten nicht studieren!"

„Das habe ich nie getan".

„Sie tanzen auf dem Altar wie ein Zauberer?"

„Etwas Derartiges habe ich nie getan!"

Die absurden Fragen gingen weiter. Sie alle waren aus Missverständnissen entstanden. Man gab mir nicht die Zeit, zu diesen Anschuldigungen Stellung zu nehmen. Ein gewisser Pastor, nenne wir ihn Pastor S., befragte mich und gab mir neun, im Voraus vorbereitete Sätze. Ich wusste nicht einmal, dass diese absurden Fragen Teil der Überprüfung waren, an deren Ende ein Urteil verkündet werden sollte. Die neun Aussagen waren an meine Gemeinde geschickt worden. Man sagte mir, wenn ich diese neun Punkte nicht korrigieren würde, würden sie dem Urteil nach der Überprüfung folgen. Zu den Forderungen gehörten, dass sie mir verbieten wollten, meine Memoiren *Schmecket das ewige Leben vor dem Tod*, die mein Zeugnis enthalten, und meine Predigtkassetten zu verkaufen; den Namen

„Manmin" bei der Gründung von Gemeinden zu benutzen und liturgische Tänze zu Lobpreisliedern zu tanzen. All dies war für mich völlig inakzeptabel.

In Bezug auf den „offiziellen Brief" sandte ich meine Antworten mit detaillierten Erklärungen zurück. Ich fügte hinzu, ich hätte den Brief geschrieben, weil ich bei den Anschuldigungen nichts gefunden hatte, was dem Wort Gottes widersprochen hätte; falls es doch etwas geben sollte, bat ich darum, dass sie es mich wissen ließen. Nach einigen Monaten schickte mir die Generalversammlung eine Antwort. Man hatte beschlossen, meine Antworten nicht zu akzeptieren, ohne allerdings einen Grund dafür zu nennen.

Entzug der Redefreiheit

Die zweitätige Jahreshauptversammlung unserer Konfession fand vom 30. April bis zum 1. Mai statt. Als Vertreter im Aufsichtsrat nahm ich daran teil. Es waren noch zwei weitere Vertreter da, nämlich Älteste aus meiner Gemeinde. Doch wir konnten keinen Platz mit meinem Namen finden. So wurde mir klar, dass meine Exkommunikation geplant war. Ich versuchte, meinen Namen überall zu finden. Er war auch nicht auf der Liste der Aufsichtsratmitglieder. Ohne Platz hatte ich auch nicht das Recht zu sprechen. Doch weil ich ihnen die Wahrheit sagen musste, schaute ich mir die Versammlung aus der hintersten Reihe an.

Als die Versammlung am 1. Mai begann, wurde mein Name erwähnt. Pastor S., der Leiter des Untersuchungsausschusses, fing an, Dinge zu sagen, die mich verurteilten. Sie nahmen mir das Recht, mich vor der Versammlung zu Wort zu melden. Sie hielten sich an die vorab festgelegte Tagesordnung und machten auch sonst mit der Sitzung weiter. Keiner der Kommentare, die über mich gemacht wurden, entsprach der Wahrheit, wie beispielsweise:

„Pastor Jaerock Lee sagte, er kenne das Datum für die Wiederkunft des Herrn. Das steht auf Seite soundso in seinem Buch, das sein Zeugnis enthält".

Ich habe nie gesagt, ich wüsste, wann der Herr zurückkommt. Ich kenne das richtige Datum nicht und natürlich steht das auch nicht in meinem Zeugnis, doch weil die Anwesenden im dem Moment mein Buch nicht lesen konnten, glaubten sie einfach, was ihnen gesagt wurde und sie mussten an der Abstimmung teilnehmen. „Da Pastor Jaerock Lee total falsch liegt, wollen wir ihn exkommunizieren. Bitte erheben Sie Ihre Hand, wenn Sie dem zustimmen".

In der Sitzung, in der über meinen Ausschluss entschieden wurde, verließen die meisten der dreihundert Mitglieder ihren Platz und nur etwa neunzig blieben da. Etwa dreißig von ihnen hoben die Hand und das waren genau die, die sich vorher abgesprochen hatten. Die Mitglieder meiner Gemeinde zählten die erhobenen Hände. Es waren dreißig. Doch der Sitzungsleiter gab bekannt: „Achtundvierzig Mitglieder haben die Hand erhoben. Das sind mehr als die Hälfte. Damit ist es beschlossen". Dann schlug er mit dem Hammer auf den Tisch und mein Ausschluss wurde von nur dreißig der 300 Ratsmitglieder besiegelt.

Der kaputte Hammer

Als der Sitzungsleiter den Hammer aufschlug, zerbrach der Hals des Hammers und fiel auf den Boden. Das war offensichtlich nicht normal. Wir spürten beim bloßen Zuschauen, wie der Hals des hölzernen Hammers zerbrach, dass diese Entscheidung in Gottes Augen ganz und gar nicht richtig war. Ich hatte als Opfer nicht einmal die Gelegenheit, etwas dazu zu sagen. In dem Augenblick hatte der Älteste Boaz Jungho Lee kaum lange genug das Recht zu reden, um zu sagen: „Das, was bisher gesagt wurde, ist nicht wahr. Wie können Sie ihn verurteilen, ohne ihn auch nur einmal zu Wort kommen zu lassen? Er ist anwesend; deshalb sollten Sie ihn anhören".

„Dann gewähren wir ihm zu sprechen und Sie gehen zu Ihrem Platz zurück".

Allerdings gab mir der Vorsitzende nicht die Chance, mit zu verteidigen, obwohl er es gerade versprochen hatte. Nachdem der Älteste Lee zu seinem Platz zurückgekehrt war, hatte ich auch keine Gelegenheit. Stattdessen erhob Lee seine Stimme:

„Herr Vorsitzender, ich bin an meinen Platz zurückgekehrt, weil Sie sagten, sie würden Pastor Jaerock Lee gestatten, selbst das Wort zu ergreifen. Warum geben Sie ihm jetzt dieses Recht nicht?"

Der Vorsitzende ignorierte den Einwand des Ältesten Lee einfach. Alles war sehr schnell vorbei. Um die Chance zu bekommen, etwas zu sagen, hatte ich seit dem frühen Morgen dort gesessen, nur um dann sieben Stunden lang so viel Verachtung zu erleben und ohne am Ende sprechen zu dürfen.

Sogar einem zum Tode verurteilten Menschen hätte man die Chance gegeben, sich zu verteidigen. Selbst in einer Diktatur oder wenn jemand von der kommunistischen Partei angeklagt wird, hört man den Verdächtigen an. Doch mir wurde diese Möglichkeit nicht gewährt, obwohl ich fälschlicherweise von der Konfession richtiggehend begraben wurde.

Ein Rechtsstreit, wie ihn die Bibel lehrt

Die Bibel lehrt, dass man schon zwei Zeugen braucht, wenn man einem Ältesten etwas vorwirft (1. Timotheus 5,19). Offensichtlich hätten sie mir als Diener Gottes und Pastor die Chance geben müssen, mich zu verteidigen; doch sie hinderten mich, auch nur ein Wort zu sagen und verurteilten mich einhellig. Was noch schlimmer war: ihre Anschuldigungen waren nicht wahr; sie hatten sie sich ausgedacht.

Als David, den der eifersüchtige König Saul verfolgte, einmal die Gelegenheit hatte, König Sau zu töten, tat er es nicht. Er sagte: *„Das sei vor dem HERRN fern von mir, dass ich so etwas an meinem Herrn, dem Gesalbten des HERRN, tun sollte, meine Hand an ihn zu legen, denn er ist der Gesalbte des HERRN!"* (1. Samuel 24,6) Obwohl Gott Saul verlassen hatte, war er einst der Gesalbte des Herrn gewesen. Allein Gott kann sich mit Seinem Diener, den Er gesalbt hatte, befassen oder mit ihm abrechnen, doch mich haben sie ausgeschlossen und handelten dabei nach ihrem eigenen Willen.

Mit einem „Ja" könnte ich es verhindern

Einigen Pastoren, die in der Sitzung waren, tat ich sehr leid. Sie rieten mir: „Pastor, weil deine Gemeinde so schnell wächst, sind sie auf dich eifersüchtig geworden. Warum sagst du nicht einfach einmal ja zu dem, was die anderen Pastoren dir sagen? Sag einfach einmal ja! Wenn sie sagen, Cola ist Apfelwein, sage Amen dazu. Und wenn sie sagen Apfelwein sei Cola, sage auch Amen dazu". Aber ich ging keine Kompromisse mit der Ungerechtigkeit ein, sondern beschritt nur den richtigen Weg. Mir fiel Daniel ein, der in die Löwengrube geworfen werden sollte. Selbst da ging er keine ungerechten Kompromisse ein. Dann erinnerte ich mich daran, wie Daniels drei Freunde ebenso keinen Kompromiss eingingen, nicht einmal als sie in den Feuerofen geworfen wurden. Ich dachte über diese Dinge nach und verließ mich auf Gott allein und nicht auf die Welt.

Als der Ausschluss in unserer Kirche bekannt wurde, gingen Hunderte von Mitgliedern zu den beiden Pastoren, die die Exkommunikation angeführt hatten, um dagegen zu protestieren. Viele andere Pastoren, die die Wahrheit kannten, riefen die beiden an und protestierten ebenfalls dagegen. Der Vorsitzende der Konfession bat mich um ein Treffen. „Ich sehe über die Dinge hinweg, die unbemerkt passiert sind. Sagen Sie mir nur eins, dann werde ich Ihren Namen wieder rehabilitieren und wir kehren wieder zur ursprünglichen Beziehung zurück, die wir vor der ganzen Geschichte hatten. Sie brauchen lediglich erklären, Sie würden den neun Aussagen mit ja zustimmen und sich dazu bekennen", sagte er. Aber ich konnte nicht etwas zugeben, das nicht der Wahrheit entsprach. Wie hätte ich die Wahrheit kompromittieren können – nur aus Angst, ausgeschlossen zu werden? Die ganze Woche lang war ich so traurig und betrübt, dass ich vier Kilogramm abnahm. Wenn ich an die beiden Pastoren dachte, die mich einmütig verurteilt hatten, konnte ich nur Kummer empfinden. Sie taten mir sehr leid. Ich nenne den einen Beteiligten „Pastor K."; er war einer der Vorsitzenden der Konfession und er hatte oft gesagt: „Die Manmin Joong-ang-Kirche ist nicht ketzerisch".

Ich veröffentlichte ein Buch unter dem Titel *Heaven Will Declare the Justice* (zu Deutsch etwa: „Der Himmel wird die Gerechtigkeit verkünden") und sandte es an Kirchen in ganz Korea, egal welcher Konfession sie angehörten. Nachdem dies geschehen war, sprach Gott eines Tages im Gebet die folgenden Worte zu mir:

„Du hättest auch selbst entscheiden können, die Konfession zu verlassen, ohne durch die Schande des Ausschlusses durchmachen zu müssen. Aber du hast dich dagegen entschieden, um die Konfession von deiner Seite aus nicht zu verraten. Solche Diener oder Kinder möchte Ich haben. Du hast dich für den richtigen Weg entscheiden und wirst bald zum Leiter des Gemeindeverbands ernannt werden".

Gott legte uns aufs Herz, eine neue Konfession zu gründen, um unvernünftige Verbote zu vermeiden und uns mit ganzer Kraft der Arbeit für das Königreich Gottes widmen zu können. So wurde am 1. Juli 1991 die Generalversammlung der Vereinten Heiligkeitskirche von Korea etabliert und ich wurde zum neuen Vorsitzenden gewählt. Nachdem wir eine große Prüfung durchgemacht hatten, konnte ich spüren, wir Gott mir große Vollmacht gab.

Leitung von Erweckungsversammlungen im ganzen Land

Seit ich 1986 zum Pastor geweiht worden war, hatte man mich an viele Orte im Land eingeladen, wo ich auf Erweckungen sprechen sollte. Seit 1987 sprach ich jeden Monat auf interkonfessionellen Erweckungsveranstaltungen, einschließlich in Städten wie Pohang und Daegu. Hauptsächlich sprach ich darüber, wie man im Gebet Gott regelrecht anruft und warum Jesus der einzige Retter ist. Beide Themen werden in *Die Botschaft vom Kreuz* behandelt.

Am zweiten oder dritten Tag dieser Erweckungsveranstaltungen empfingen anwesende Pastoren durch das gepredigte Wort Gnade und konnten die im Wort Gottes enthaltene geistliche Bedeutung erfassen. Anders als am Anfang der Veranstaltung fingen sie dann an, mir in demütiger Haltung zu danken.

Diakonin Boonhan Cho wird von Gürtelrose geheilt

Im März 1990 fuhr ich auf die Einladung einer Gemeinde hin nach Daegu. Bei dieser Gelegenheit konnte ich auch Diakonin Boonhan Cho zu Hause besuchen. Damals war sie 77 und litt sehr unter Gürtelrose. Zu der Zeit arbeitete ihr Enkel, Ältester Alvin Joonha Hwang, als Stabsarzt in der Armee in der Stadt Jinhae und schrieb gerade seine Doktorarbeit an der Universität von Korea. Ältester Alvin Joonha Hwang hatte einen festen Glauben und nahm sich mehrfach frei, um sich um seine Großmutter zu kümmern. Sie hatte unsere Gemeinde lange besucht und sich nach dem lebendigen Wort Gottes gesehnt. Diakonin Boonhan Cho litt unter Geschwüren auf der Haut, die aufplatzen; begleitet wurde dies von schlimmer Arthritis. Viren griffen die Nerven an und das verursachten solche Schmerzen, dass sie Tag und Nacht schrie. Sie konnte sich nicht mehr bewegen und war bettlägerig. Die Muskeln in ihren Gliedmaßen waren zusammengezogen. Es fiel ihr sehr schwer, zu essen und zu schlafen; so war sie bis auf Haut und Knochen abgemagert. Sie hoffte nur darauf, schnell zu sterben. Natürlich litten auch ihre Angehörigen, die sie pflegten sehr unter der Situation.

Ich legte ihr die Hand auf und betete für sie. Sobald das Gebet zu Ende gesprochen war, rief sie plötzlich laut: „Der Dämon geht raus!" Dann erhob sie ihre Hände. Da sie rechts am Hals und an der Schulter unter Gürtelrose litt, fiel es ihr sehr schwer, den rechten Arm zu bewegen. Doch es dauerte nicht lange, bis sie sich aufrecht hinsetzte und spürte, wie der Teufel, der diese Krankheit verursacht hatte, sie verließ. Sie wurde vollkommen geheilt.

Ihr Sohn, der als Dozent an der Nationalen Universität

Kyoungbook in Daegu tätig war, und ihre Kinder, wollten sich eigentlich um sie kümmern, aber sie kam nach Seoul, mietete sich ein kleines Haus in der Nähe der Kirche und führte noch eine recht lange Zeit ein gesundes Leben als Christin in der Fülle des Heiligen Geistes.

Störungen bei einer gemeinsamen Erweckungsveranstaltung der vereinigten Daegu-Gemeinde

Für den 4. Mai 1990 war ich eingeladen worden, in Daegu-Stadt bei einer Veranstaltung vom Jooahm-Gebetszentrum zu sprechen. Sie wurde von der Kyeong Sang-Provinzmission durchgeführt. Es waren so viele Leute da, dass sie sogar im unteren und oberen Altarbereich saßen. Trotzdem war nicht für alle Platz im Gemeindesaal. So hängten wir die Fenster aus, damit die Leute draußen auch etwas hören konnten. Nicht einmal für den Chor war Platz; er musste draußen singen. Durch die Gnade Gottes nahmen auch zahlreiche Pastoren teil und es gab viele Heilungen.

Da es so erfolgreich war, hielten die Organisatoren des Treffens im folgenden Jahr eine noch größere Veranstaltung ab. Dafür mieteten sie die Daegu-Sporthalle an. Viele Missionswerke unterstützten dieses Treffen im Gebet. Doch die Konfession, die mich verurteilt hatte, versuchte, es zu stören.

Eine Woche vor dem Treffen sprach Gott im Gottesdienst Freitagnacht zu mir. Ich sollte alle Gemeinden bitten, einen Tag für mich zu fasten – und zwar für den darauf folgenden Sonntag, um so die Synagoge des Satans zu vertreiben. Bis dahin war mir nicht bewusst gewesen, was sich in Daegu abspielte. Am Samstag bekam ich einen Bericht von einem Mitarbeiter der Gemeinde, der Daegu besucht und herausgefunden hatte, was dort ablief.

Die Konfession, die mich verurteilte hatte, hatte einen offiziellen Brief an den Vorsitzenden des Organisationskomitees, die Presse und andere Organisationen gesandt, in dem es hieß, ich sei als Ketzer verurteilt und exkommuniziert worden. Damit sollte das Meeting gestört werden. Daraufhin sandte der Pastorenrat der Konfession „J". selbst Briefe an die eigenen Gemeinden, in dem stand: „Da Pastor Jaerock Lee ein Ketzer ist, werden wir diejenigen, die dieses Meeting unterstützen auch als Ketzer verurteilen". Aufgrund dessen waren viele der bis dato involvierten Organisationen und Pastoren, nicht mehr in der Lage, zu helfen. Es gab zahlreiche Gerüchte, beispielsweise, dass man die Versammlung abgesagt hätte.

Am 18. März 1991 begann das Treffen, ohne dass wir vorher die Gelegenheit gehabt hätten, etwas zur Position unserer Gemeinde oder zur Wahrheit zu sagen. Die Organisationen, die den Briefen glaubten, wandten sich von uns ab. Trotz des Drucks vom Konfessionsrat nahmen dennoch viele Pastoren teil. Dafür durften wir dankbar sein! Da Gott zu den Herzen unserer Gemeindemitglieder sprach, begaben sie sich nach Daegu und bereiteten das Meeting vor. Plötzlich wurde es von unserer Gemeinde durchgeführt; es kamen viele Teilnehmer. So konnte das Treffen mit der Gnade Gottes auch abgeschlossen werden.

Der Feind wollte, dass dieses Meeting abgesagt würde und organisierte Widerstand. Doch Gott kennt die Gedanken und Pläne aller Menschen; so ließ Er uns vorab fasten und beten. Am Ende ließ Er alles zum Besten dienen.

Was sollen wir nun hierzu sagen? Wenn Gott für uns ist, wer ist gegen uns? Er, der doch seinen eigenen Sohn nicht verschont, sondern ihn für uns alle hingegeben hat – wie wird er uns mit ihm nicht auch alles schenken? Wer wird gegen Gottes Auserwählte Anklage erheben? Gott ist es, der rechtfertigt. Wer ist, der verdamme? Christus Jesus ist es, der gestorben, ja noch mehr, der auferweckt, der auch zur Rechten Gottes ist, der sich auch für uns verwendet. Wer wird uns scheiden von der Liebe Christi? Bedrängnis oder Angst oder Verfolgung oder Hungersnot oder Blöße oder Gefahr oder Schwert? Wie geschrieben steht: „Deinetwegen werden wir getötet den ganzen Tag; wie Schlachtschafe sind wir gerechnet worden". Aber in diesem allen sind wir mehr als Überwinder durch den, der uns geliebt hat (Römer 8,31-37).

Einzug in einen neuen Gemeindesaal durch Glauben

Im März 1987 hatten wir in unserem Versammlungsraum keinen Platz mehr für wie wachsende Anzahl an Gemeindemitgliedern und so beteten wir für neue und größere Räumlichkeiten. In Shindaebang 2 Dong, wo wir unsere Kirche angefangen hatten, war ein neues Gebäude errichtet worden und wir mieteten den 2. und 3. Stock.

Vom 13. bis 17. April hatten wir eine besondere Erweckungsveranstaltung anlässlich des Umzugs in ein neues Gebäude. Der Titel war „Nicht jeder, der Mich ‚Herr, Herr' nennt, wird hineinkommen" und ich predigte über Gnade, den Heiligen Geist, Glauben und das ewige Leben. Drei Monate nach diesem Erweckungsmeeting war der fast 1.340 Quadratmeter große Versammlungsraum mit Leuten gefüllt!

Als wir im Gebet riefen

Wie heute noch beteten damals unserer Gemeindemitglieder täglich drei Stunden im Rahmen der Danielgebetsnacht. Wir benutzen Styropor für die Fenster, damit der Lärm nicht nach draußen drang. Doch weil das Gebäude lärmschutztechnisch nicht ausgestattet war, ließ es sich nicht vermeiden, dass etwas nach draußen drang. Glücklicherweise war vor dem Gemeindegebäude keine Wohnsiedlung, sondern nur der Markt.

Einmal meldete sich eine Person in einer Sitzung der Anwohner zu Wort und wollte, dass der aus unserer Gemeinde stammende Lärm auf die Tagesordnung gesetzt würde. Dagegen sagte eine Frau, die in der Frauengruppe war: „Sie halten die Fenster sogar mitten im Sommer geschlossen und benutzen von innen Styropor. Der Klang der Gebete klingt für mich wie ein Schlaflied". Danach wurde das Thema nicht mehr angesprochen. Ein anderes Mal beschwerte sich eine Person bei der Polizei. Der Polizist, der die Beschwerde annahm, sagte: „Sie legen sich schlafen, aber diese Leute beten für unser Land und verzichten auf ihren Schlaf. Ihnen geht's wohl nicht gut?" Daraufhin wusste die Person nichts zu erwidern.

Eine Krise mit Gottes Gnade überwinden

Gott wollte nicht, dass wir einfach dableiben und uns damit zufrieden gaben, so wie die Dinge liefen. So ließ Er eine Prüfung für uns zu, an deren Ende wir in größere Räumlichkeiten umziehen durften. Im April 1988 waren nicht nur der Versammlungsraum, sondern auch die Büros, die Treppen und der Korridor mit Gottesdienstbesuchern gefüllt. Damals waren im Keller des Gebäudes kleine Läden untergebracht. Da der Verkauf nicht gut lief, musste einer nach dem anderen schließen. Unser Vertrag sah vor, dass wir auch die Kellerräumlichkeiten kaufen konnten. Doch plötzlich waren die Händler und die Anwohner dagegen. Sie verbreiteten Gerüchte und behaupteten, die Gemeinde versuche, alle Händler aus dem Gebäude zu vertreiben.

Diese Leute hielten sonntags vor dem Tor der Gemeinde Schamanenrituale ab und spielten sehr laut auf traditionellen koreanischen Trommeln. Wir riefen die Polizei, doch als sie kam, um die Sache zu überprüfen, war schon alles vorbei. Dahinter stecke die Stadtverwaltung. Damals besuchte Herr S., der gerade in der Opposition war, unsere Gemeinde mehrere Male und hatte Gemeinschaft mit mir. Er ließ vor der Wahl für sich beten und wurde gewählt. Der in jener Wahl unterlegene Kandidat der Mehrheitspartei dachte, es würde bei der nächsten Wahl schwierig für ihn werden, weil er meinte, unsere Gemeinde stünde hinter der Opposition. So nutzte er seinen Einfluss in der Bezirksregierung und bei der Polizei, um unsere Gemeinde zu verscheuchen. Erst sehr viel später begriff ich die Situation. Mitarbeiter unserer Gemeinde sagten, sie könnte es nicht mehr ertragen. Sie wollten bei der Bezirksregierung protestieren und Rechtsmittel einlegen. Doch ich brachte sie davon ab. Stattdessen überzeugte ich sie mit dem Wort Gottes, in dem es heißt, wir sollen Böses mit Gutem vergelten.

Die Gemeindemitglieder hörten auf mich. Sie hielten den Anfechtungen der Anwohner stand und bemühten sich, ihnen zu dienen. Doch im Laufe der Zeit wurde die Verfolgung immer stärker. Uns wurden Leute von der örtlichen Verwaltung, von der Bezirksregierung, örtliche Vertreter, die Leiterin des

Frauenvereins und sogar Vertreter der Senioren geschickt, die den Gottesdienst stören sollten; die Feuerwehr überprüfte unsere Räumlichkeiten jeden Tag, um uns das Leben schwer zu machen.

Ich ging einfach vor Gott im Gebet auf die Knie. Eines Tages erfuhr ich, dass die, die versuchten, unsere Kirche zu verscheuchen, sich mit mir treffen wollten. So ging ich ins örtliche Amt, wo sich über zehn Vertreter aus den unterschiedlichen Sektoren in unserem Gebiet versammelt hatten.

„Pastor, retten Sie uns! Wir leiden so sehr. Wir haben das Gefühl, wir gehen in die Hölle". – „Wir wollen diesen Ort auch verlassen, aber wir haben nichts anderes, was groß genug wäre und wir haben auch nicht genug Geld dafür". – „Pastor, wie viel würde es kosten, wenn Sie mit Ihrer Versammlung umzögen?"

Sie erzählten mir ihre Geschichte und ich konnte sehen, wie Gott in ihnen wirkte. Unter denen, die bei den Protesten ganz vorne standen und unsere Gemeinde vertreiben wollten, erkrankten viele plötzlich an verschiedenen Dingen. Die Gerüchte darüber verbreiteten sich sehr schnell. Es gab Leute, die es mit der Angst zu tun bekamen, als sie die Neuigkeiten hörten. Diejenigen, die diese Bewegung gegen uns anführten, hatten das Gefühl, sie würden in die Hölle fahren und weil sie diese Furcht nicht ertragen konnten, wollten sie sich mit mir treffen. Sie gaben uns damals 300 Millionen Won (etwa 300.000 Dollar), was genau dem Betrag entsprach, den wir für den Umzug des Versammlungssaales benötigten. Wir selbst hatten damals umgerechnet nur ein paar Tausend Dollar, so dass das für uns ein sehr großer Betrag war.

Als König Abimelech Sara nahm, weil er dachte, sie wäre Abrahams Schwester, erschien ihm Gott im Traum, sagte ihm, dass Sara die Ehefrau von Abraham war und dass er sie zurückschicken sollte. Abimelech schickte Sara nicht nur zurück, sondern sandte auch Schafe, Kühe und Knechte zu Abraham (1. Mose 20). Als Gott eingriff, überwandte Abraham die Krise und wurde gut behandelt. Auf die gleiche Art und Weise konnte auch unsere Gemeinde die Krise durch das Eingreifen Gottes verhindern.

Von Gott für uns vorbereitetes Land

Wir beteten: „Gott gib uns über 5.000 Quadratmeter Land". In der Nähe der Kirche gab es ein Gebäude, das rund 5.000 Quadratmeter hatte und so beteten wir intensiv, in dieses Gebäude einziehen zu können. Doch eines Tages 1990 gab eine Offiziersschule der Luftwaffe, die in Boramae Park ansässig war, bekannt, dass sie umziehen und die Fläche in einen Park umbauen würde. Die Regierung der Stadt Seoul wollte das Land an private Investoren verkaufen. Mir war klar, dass Gott diese Stück Land im Boramae Park für unsere Gemeinde vorbereitet hatte. Das würde viele positive Dinge mit sich bringen. Gott hatte mich nach Shindaebang Dong geführt, um dort die Gemeinde zu eröffnen. Während wir über den Umzug nach Boramae Park gebetet hatten, hatte der Herr uns gesagt: *„Ich habe euch das Land gegeben. Geht und nehmt es ein. Eure ganze Gemeinde muss ihren Glauben zeigen. Nachdem ihr das gesegnete Land eingenommen habt, werde Ich alles andere unter Kontrolle nehmen".* Unsere Gemeinde unterbreitete auch ein Angebot, doch damals war es mit dem Glauben unserer Geschwister in der Gemeinde schwer, auch nur 3.300 Quadratmeter Land zu kaufen. Es gab nur zwanzig Mitglieder, die ihren Glauben zeigten.

Gott leitete das Volk Israel zum Land Kanaan, doch sie konnten nicht ins Land hinein, weil sie ungehorsam waren. Erst ihre Kinder konnten ins Land einziehen. Da wir unseren Glauben nicht so zeigen konnten, wie es nötig gewesen wäre, führte Gott uns an den zweiten Ort in Guro Dong. Er hatte ein Gebäude in einem Industriegebiet vorbereitet, dass etwa 8.300 Quadratmeter groß war.

Einweihungsgottesdienst für den neuen Gemeindesaal und neue Störungen

Der Industriekomplex stand bei der Industrialisierung Koreas an der Spitze. Damals gab es viele Fabriken dort. Unsere 4. Versammlungsstätte, die Räume in Guro Dong gehörten früher der Firma Shin Ae Electronics. Bevor die Firma pleite ging, hatte ich den Besitzer kennengelernt.

Er sagte mir: „Pastor, ich würde das Versammlungsgebäude für die Manmin Joong-ang-Gemeinde gerne auf diesem Gelände bauen". Er hatte mich gerade erst kennengelernt, aber er sagte mir, dass er das Gebäude für unsere Manmin Joong-ang-Gemeinde auf dem Gelände seiner Firma bauen wollte. Ich nahm ihn beim Wort und glaubte, was er sagte. Ich reagierte mit einem „Amen" darauf. Später ging Shin Ae Electronics pleite und der Besitzer flüchtete in die Vereinigten Staaten. Diakonin Shin Ae Hyeon übernahm seine Position als Chefin. Doch wegen des riesigen Schuldenberges, eines Streiks und weil die

Arbeiter ihre nicht gezahlten Löhne einforderten, fiel ihr die Arbeit schwer. So betete sie, dass das Firmengelände durch einen von mehreren sehr berühmten Pastoren für das Königreich Gottes benutzt werden würde. Damals erhielt sie ihre Antwort von Gott, der ihr sagte: *„Gib das Land Pastor Jaerock Lee, den ich liebe ".* Nachdem sie herumgefragt hatte, fand sie mich schließlich. Als ich ihren Anruf erhielt, ging ich an den Ort, an dem sie Erweckungen veranstaltete, um ihr offiziell einen Besuch abzustatten. Der Ort war in Yongsan; in 1974 hatte ich Gottes Heilung in ihrer Gemeinde erlebt. Danach besuchte ich sie nur noch einmal offiziell. Seither hatten wir einander nicht mehr gesehen und so erinnerte sie sich überhaupt nicht mehr an mich.

Sie erklärte mir, wie viel Mühe sie gehabt hatte, mich zu finden. Gott berührte mein Herz und wir beschlossen, das Werksgelände zu kaufen. Wir brauchten 10 Milliarden Won (rund 10 Millionen Dollar) und um das Problem mit den Mitarbeitern zu lösen, waren 2 Milliarden Won (etwa 2 Millionen Dollar) nötig.

Gedenkgottesdienst im neuen Gemeindesaal

Am 10. Februar 1991 verließen wir das Gebäude in Shindaebang Dong, um nach Guro Dong umzuziehen und hielten deshalb einen besonderen Gottesdienst ab. Wir bezahlten die Gläubiger und die noch nicht gezahlten Löhne. Danach begannen wir mit den Arbeiten, um das Gebäude in eine Gemeinde umzubauen.

Als wir umzogen, hatten wir nur 300 Millionen Won (rund 300.000 Dollar), die wir vom alten Gebäude bekommen hatten.

Als wir uns die Realität der Situation anschauten, konnten wir keinen Schritt tun und dabei hatten wir viele Mitglieder zu leiten. Doch weil wir sicher waren, dass Gott uns führte, marschierten wir im Glauben voran. Ein Jahr nach unserem Einzug, sollte das Gebäude von der Bank aus wieder unter den Hammer kommen. Wir hatten das Geld nicht. Da sagte die Bank: „Sie haben als Gemeinde bereits die schwierige Situation der Firma, die mit der Gewerkschaft Probleme hatte, gelöst. Und Sie haben viel Geld für die Umbau-und Renovierungsarbeiten ausgegeben. Wer könnte Ihrer Meinung nach auf dieses Gelände spekulieren?“ Sie sagten uns, wir sollten es kaufen, wenn der Preis herunterging. Doch die Realität sah anders aus. Eine Firma kaufte das Gelände, weil sie als Immobilienmakler spekulieren wollten. Sie forderten uns auf, das Gebäude zu räumen. Natürlich wussten wir nicht, wohin und konnten nirgendwohin ausweichen.

Am 15. Februar 1992 brachte die Firma, die das Gelände gekauft hatte, etwa 100 Vollstrecker und holte das Eigentum der Gemeinde aus dem Gebäude. Einige Gemeindemitarbeiter wurden sogar verprügelt, weil sie versuchten, sie aufzuhalten. Natürlich ging diese Firma gegen uns vor Gericht und sagte, wir hätten das Gesetz gebrochen. Gott ließ die Liebe unserer Mitglieder für die Gemeinde durch diese ganze Situation hindurch nur noch wachen und sie beteten verstärkt. Er wirkte sogar in den Herzen derer, die das Gelände gekauft hatten und sie schlossen mit uns einen neuen Vertrag ab. So begannen wir, den Preis dafür abzuzahlen.

Störungen bei der Großevangelisation in Seoul

Vom 18. bis 21. Mai 1992 hielt ein Komitee, das Evangelisationen organisiert und sich „Wiedervereinigung- und Jubel-Evangelisation der Nation 1995" nennt, in unserer Gemeinde die „Großevangelisation Seoul" ab. Veranstalter war die Bewegung für die Wiedervereinigung und Evangelisierung der Nation – unterstützt von *Kukmin Ilbo,* der Far East Broadcasting Company, dem Christian Broadcasting System, *der Christian Newspaper, der Korea Church Newspaper* und dem Kaplansbüro der Polizei. Wieder wollte der Feind die Veranstaltung abblasen.

Doch es gab einige bekannte Pastoren, darunter Hyeon-gyoon Shin und Jaechul Hong, die die Hauptredner sein sollten. Auf sie wurde Druck ausgeübt, auf der Veranstaltung nicht zu sprechen. Wieder gab es Leute, die sagten, ich sei ein Ketzer und dass ich von der Konfession exkommuniziert worden war. Sollten sie auf der Versammlung sprechen, müssten sie sich in Zukunft auf unangenehme Situationen gefasst machen. Doch diese Sprecher wussten, dass ich ein Pastor war, der nach dem Evangelium lebte und den Herrn Jesus liebte und so gaben sie dem Druck nicht nach. Durch das Wirken des Heiligen Geistes konnte das Meeting erfolgreich abgehalten werden. Im gleichen Jahr fand vom 14. bis 17. September die „Vereinte Evangelisation für die Bürger Seouls" in unsere Gemeinde statt, organisiert von der Vereinigung für christliche Erweckung Koreas. Acht Pastoren, einschließlich Pastor Jongman Lee, sprachen bei dieser Veranstaltung.

Versöhnung mit der Heiligkeits-Konfession (Anyang)

Im Februar 1992 fing die Christliche Kirche der Heiligkeit in Korea (Anyang), eben jene Organisation, die mich verurteilt hatte, an, gegen unsere Gemeinde vorzugehen, denn wir bildeten eine unabhängige Organisation und wuchsen sehr schnell. Pastor Y., der damals Präsident jener Konfession war, spielte dem Christlichen Rat von Korea und der Presse mehrfach Gerüchte zu. Dieser Verunglimpfung war nicht bloß Verleumdung, sondern auch für den Dienst der Verkündigung des Evangeliums sehr schädlich. Schließlich kam unsere Gemeinde zu dem Schluss, Pastor Y. wegen übler Nachrede zu verklagen.

Pastor Y. musste ein Bußgeld zahlen und sollte auch zu einer Gefängnisstrafe verurteilte werden. Er war verzweifelt und bat uns über einen Dozenten von meiner Bibelschule, Pastor Taekgu Sohn, viele Male, das Verfahren einzustellen. Pastor Taekgu Sohn selbst bat uns auch inständig um die Einstellung und darum, dass wir uns mit Pastor Y. versöhnen sollten; dieser würde sich nicht mehr in die Dinge der Vereinigung einmischen, sondern sich nur auf seinen Dienst konzentrieren.

Pastor Y. war schon älter und ich hatte Mitleid mit ihm. Als ich der Bitte von Pastor Taekgu Sohn, die Anklage zurückzuziehen, nachkommen wollte, war der Anwalt, der den Fall betreute, sehr dagegen. Sein Rat lautete: „Sie sollten diese Anklage nicht zurücknehmen. Ich habe mir das frühere Verhalten angeschaut und wenn das Problem nicht grundlegend gelöst wird, wird er das wieder tun". Obwohl der Anwalt dagegen war, stimmte ich zu, die Vereinbarung zu unterzeichnen und die Anklage zurückzuziehen.

Es war am 20. April 1993, als wir uns trafen, um die Vereinbarung tatsächlich zu unterschreiben. Wir haben den Brief immer noch. Pastor Y. unterschrieb die Erklärung, in der es hieß: „Es tut mit Leid, dass ich Schriften verteilt habe und Pastor Jaerock Lee und die Manmin Joong-ang-Gemeinde verleumdet habe. Ich werde mein Bestes tun, solche Dinge in Zukunft nicht mehr zu tun und werde mich nur noch auf meinen eigenen Dienst konzentrieren". Wie ließen den Fall auf sich beruhen und vergaben ihm. Doch wie der Rechtsanwalt vorausgesagt hatte, störte der Mann unsere Gemeinde weiter, anstatt dankbar zu sein. Seine Ausrede war: „Ich habe mich nicht als Präsident der Konfession, sondern nur auf persönlicher Ebene entschuldigt".

Irrlehre laut der Bibel

Da die Erweckung so schnell vonstatten ging, wurde ich bekannt; allerdings hielten mich manche Leute für einen Ketzer, weil mich die Christliche Kirche der Heiligkeit in Korea verurteilt hatte. Diejenigen, die mich nicht kennen, nie meine Botschaften angehört oder unsere Gemeinde besucht haben, mögen uns einfach aufgrund dessen verurteilen, was sie von anderen Leuten um sich herum gehört haben. Auch der Apostel Paulus, der Jesus Christus so sehr liebte und dessen Leben darin bestand, das Evangelium zu predigen, wurde verfolgt, für „verrückt" erklärt, als „eine Pest befunden" und als „Anführer der Sekte der Nazoräer" bezeichnet (Apostelgeschichte 24,5).

An dieser Stelle sollten wir uns die Definition von Ketzerei gemäß der Bibel anschauen. In 2. Petrus 2,1 steht: „*Es waren aber auch falsche Propheten unter dem Volk, wie auch unter euch falsche Lehrer sein werden, die Verderben bringende*

Parteiungen heimlich einführen werden, indem sie auch den Gebieter, der sie erkauft hat, verleugnen. Die ziehen sich selbst schnelles Verderben zu". Mit „Gebieter, der sie erkauft hat" ist Jesus Christus gemeint. Jesus wurde gekreuzigt, auferweckt und erfüllte Seinen Auftrag als Retter. In der Bibel steht das Wort „Ketzer" nicht. Das ist der Grund, dass im Alten Testament und in den vier Evangelien, also Matthäus, Markus, Lukas und Johannes, das Wort „Ketzerei" nicht auftaucht.

In den vier Evangelien benutzten nicht einmal die Schriftgelehrte, Priester oder der Hohepriester das Wort „Ketzerei", auch nicht, als sie Jesus verfolgten. Erst nachdem Jesus auferstanden war und Seine Pflicht als Christus erfüllt hatte, gab es Menschen, die ihren Gebieter, der sie erkauft hatte, verleugneten und nur in 2. Petrus warnt die Bibel von solchen ketzerischen Menschen. Der Name Jesus bedeutet: „Der, der Sein Volk von seinen Sünden retten wird" (Matthäus 1,21). Christus bedeutet „der Gesalbte". Erst mit Seiner Kreuzigung und Auferstehung hatte Jesus Seinen Auftrag als Christus erfüllt und war für uns zum Retter geworden.

Wenn wir unsere Gebete nicht mit „in Jesu Namen" beenden, sondern vielmehr mit „im Namen Jesu Christi", sind sie in ihrer geistlichen Bedeutung vollkommener. Im 1. Johannes 2,22 steht: „*Wer ist der Lügner, wenn nicht der, der leugnet, dass Jesus der Christus ist? Der ist der Antichrist, der den Vater und den Sohn leugnet".* Darum sollte das Leugnen Gottes als dem Dreieinigen (Gott Vater, Gott Sohn und Heiliger Geist) als Definition für Ketzerei benutzt werden. Es ist also nicht richtig in Gottes Augen, wenn jemand oder eine Kirche achtlos verurteilt wird, die an Gott, den Vater, glaubt und Jesus Christus als Retter angenommen hat.

Wenn jemand eine Kirche verurteilt, wo der Heilige Geist im Namen Jesu Christi wirkt, verurteilt er den Heiligen Geist; und die Bibel warnt uns, dass diese Sünde nicht vergeben werden kann. Der Heilige Geist gehört zum dreieinigen Gott und wenn Menschen sagen, die Werke des Heiligen Geistes seien die Werke des Teufels, sagen sie damit, dass Gott der Teufel und ketzerisch sei. Wie kann so jemand gerettet werden? Ab Vers 22 in Matthäus 12 wird berichtet, wie Jesus einen Menschen heilte, der wegen eines Dämons blind und taub war. Die Pharisäer verurteilten Jesus und sagten: *„Dieser treibt die Dämonen nicht anders aus als durch den Beelzebul, den Obersten der Dämonen"* (Vers 24). Jesus erwiderte: *„Deshalb sage ich euch: Jede Sünde und Lästerung wird den Menschen vergeben werden; aber die Lästerung des Geistes wird nicht vergeben werden. Und wenn jemand ein Wort reden wird gegen den Sohn des Menschen, dem wird vergeben werden; wenn aber jemand gegen den Heiligen Geist reden wird, dem wird nicht vergeben werden, weder in diesem Zeitalter noch in dem zukünftigen"* (Matthäus 12,31-32).

Als die Pharisäer das Wirken des Heiligen Geistes, welches Jesus in der Kraft Gottes manifestierte, verurteilten, lästerten sie die Werke des Heiligen Geistes. Es war eine so schlimme Sünde, dass es dafür keine Vergebung gab und sie nicht gerettet werden konnten.

Prüfung: Verbluten

Als ich im Juni 1992 in der Kirche viele Dinge durchmachte, über die ich mit niemandem reden konnte, konnte ich tagelang nicht ausruhen oder gar schlafen. Meine Erschöpfung konnte ich nicht mehr kontrollieren. Einige Mitpastoren und Mitarbeiter hörten auf zu beten und waren ungehorsam und so ließ Gott schließlich eine Prüfung zu. Da ich so große Lasten auf mich nahm, stand ich kurz vor Hirnblutungen. Wenn Mitglieder der Gemeinde krank waren, konnte ich nur für sie beten. Aber was würde passieren, wenn ich wegen Hirnblutungen zusammenbrechen würde? Gott griff ein und bevor es zu einer Hirnblutung kommen konnte, ließ er eine große Vene in meiner Nase platzen, so dass ich Nasenbluten bekam.

Es war Samstag, der 13. Juni 1992. Da ich eine Eheschließung vornehmen sollte, machte ich mich dafür fertig. Doch dann bekam ich plötzlich Nasenbluten und bat einen anderen Pastor, die Zeremonie für mich zu übernehmen. Blut floss mir aus Nase und Mund. Im Laufe des Nachmittags blutete ich anderthalb Stunden lang. Nachts blutete ich nochmals über eine Stunde. Ich musste mich hinsetzen und den Kopf nach unten halten. Jedes Mal wenn ich meinen Kopf hochnahm, lief mir das Blut in den Hals und ich konnte nicht mehr atmen.

Als ich mich am Sonntagmorgen waschen wollte, fing das Nasenbluten wieder an und ich konnte nicht in die Gemeinde gehen. Es kam viel Blut durch die Nase und lief mir auch den Hals herunter. Während ich so blutete, fragte ich mich, wo all das Blut herkam.

Über 100 Mitpastoren und Mitarbeiter der Gemeinde hörten die Neuigkeiten in der Gemeinde und kamen zu mir nach Hause. Erst halfen einige, mir das Blut abzuwischen, doch weil das Bluten nicht aufhörte, sondern weiterging, konnten sie es nicht einfach nur mit einem Tuch wegwischen. Ich hatte ein Waschbecken vor mir. Weil alle wussten, dass ich mich wegen meines Glaubens nicht auf weltliche Methoden verlasse, schlug niemand vor, zum Krankenhaus zu fahren.

Plötzlich wollte ich alte Kirchenlieder hören und so bat ich die Anwesenden darum. Jemand trat hervor und sang. Während ich so zuhörte, hatte ich Frieden im Herzen und wollte schnell in den Himmel. Langsam verlor ich alle Kraft und war dabei das Bewusstsein zu verlieren. Ich konnte aber gleichzeitig spüren, dass mein Geist klarer und stärker vom Heiligen Geist erfüllt wurde.

An der Kreuzung zwischen Leben und Tod

In dem Augenblick ließ mich Gott durch eine eindeutige Inspiration sehen, in welchem geistlichen Zustand sich einige der Menschen, die gekommen waren, befanden. Diese Leute bat ich eindringlich, Arroganz und Unwahrheiten, die Gott hasst, abzulegen. Meinen Angehörigen teilte ich meinen letzten Willen mit. Später erfuhr ich, dass die gesamte Kirchengemeinde gekommen war, um für mich zu beten.

Mein Puls hörte auf und ich atmete nicht mehr. Als ich das Bewusstsein verlor, spürte ich, wie mein Geist meinen Körper verließ. Ich hörte wie der Älteste Boaz Lee und andere unter Tränen beteten: „Gott, lass unseren Pastor bitte wieder lebendig werden!" Sie sagten mir, dass als sie mein Handgelenk berührten, kein Puls zu spüren war und mein Brustkorb kalt war. In dem Augenblick kam der Herr zu mir.

„Mein Diener, wirst du zu Mir kommen oder wirst du zurückgehen, um deinen Auftrag zu erfüllen?"

„Herr, ich will an Deiner Seite sein".

Damals lebten wir in einem Haus, dass wir mieteten. Ich besaß also nicht einmal ein Haus, noch hatte ich Ersparnisse auf der Bank. Dennoch machte ich mir keine Sorgen über meine Familienmitglieder, sondern wollte einfach nur in den Himmel. Danach zeigte mir der Herr zwei Szenen. Nachdem ich mich an die Seite des Herrn begab, schlug der Feind die Gemeinde. Der Versammlungssaal stürzte ein, viele Gläubige wurden zu herumirrenden Schafen und gingen in die Welt zurück – auf den Pfad des Todes. Einige Mitglieder waren durch Fasten und Gebet auf dem Weg zum Tor des Himmels, doch der Großteil der Gemeinde verirrte sich und begab sich in Richtung Welt und Hölle. In dem Augenblick erlangte ich das Bewusstsein wieder.

„Herr, lass mich zurückgehen; ich will nach dem Bau des großen Gemeindesaals mit den Mitgliedern zu Dir kommen".

Ich betete intensiv, dass ich leben würde. In dem Augenblick kam ein Licht von oben und eine starke Macht kam auf mich. Ich setzte mich aufrecht hin und bat um Wasser. Später fand ich heraus, dass das Wasser, das ich trank, in meinem Körper zu Blut verwandelt wurde. Ich stand auf und ging ins Wohnzimmer. Einige Mitglieder, die nicht in mein Zimmer gepasst hatten, beteten und weinten dort. Sie waren überrascht, aber sehr glücklich. Ich schüttelte jedem die Hand und sprach sogar mit ihnen. Mein Gesicht wurde rot. Es gab kein Anzeichen mehr, dass ich verblutet war. Allerdings war ich noch nicht wieder vollkommen bei Bewusstsein. Ich kann mich nur an das erinnern, was ich von anderen hörte und weiß keine Einzelheiten mehr.

Danach trank ich immer Wasser, wenn ich blutete. Normalerweise trank ich lieber Limonaden anstatt Wasser, doch in der Situation wollte ich viel Wasser trinken. Da ich so stark geblutet hatte, wäre ich gestorben, wenn ich kein neues Blut bekommen hätte. Aber so, wie der Herr Wasser in Wein verwandelt hatte, glaubte ich, dass Wasser durch die Kraft Gottes zu Blut verwandelt werden konnte – jedes Mal, wenn ich Wasser trank. Da ich wusste, dass selbst dieses Nasenbluten in den Plan Gottes passte, wollte ich mich nicht auf die Medizin dieser Welt verlassen. Ich glaubte und vertraute Gott dem Allmächtigen vollkommen und beließ deshalb alles in Seiner Hand.

Ich verspürte auch nicht den geringsten Wunsch, ins Krankenhaus zu gehen, um mein Leben zu verlängern. Wenn Gott meinen Geist zu sich nehmen wollte, gab es für mich keinen Grund weiterleben zu wollen. Nur wenn es dem Willen Gottes entsprach, wollte ich mich für den Tod entscheiden.

Ich kenne den Allmächtigen besser als jeden anderen und hatte durch die Kraft Gottes schon viele Menschen geheilt. Wie hätte ich da, wenn ich selbst durch Glauben nicht geheilt werden konnte, in der Gemeinde noch lehren können, Heilung im Glauben zu empfangen? Darum würde ich lieber sterben, als mich auf Krankenhäuser zu verlassen. Ich sah meinem Tod fröhlich ins Auge und erklärte meiner Familie gegenüber meinen letzten Willen. Doch da es nicht Gottes Wille war, dass ich damals sterben sollte, ließ mich Gott innerhalb eines Augenblicks wieder ins Leben zurückkehren.

Die Prüfung Abrahams bestehen

Da das Bluten an jenem Abend aufgehört hatte, aß ich zu Abend und ging dann in meine Gebetskammer. Doch in jener Nacht blutete ich wiederum anderthalb Stunden und am Morgen noch einmal. Ich konnte weder essen noch mich hinlegen. Wenn ich mich hinlegte, lief das Blut runter, so musste ich mich irgendwie seitlich hinsetzen und den Kopf nach unten halten. Am Sonntag war ich immer noch in meiner Gebetskammer. Ich schaute mir ein Video zum Thema „Gott der Heiler" an; ich selbst hatte die Predigt gehalten. So feierte ich bei mir Gottesdienst. An der Stelle, an der für die Kranken gebetet wurde, legte ich mir die Hände auf den Kopf und empfing das Gebet. Danach hörte das Bluten vollkommen auf. Durch diese Erfahrung war ich erneut überrascht und mir wurde wieder bewusst, dass das Gebet für die Kranken sehr mächtig war.

Ich rechnete aus, wie lange ich Nasenbluten gehabt hatte. Innerhalb von acht Tagen hatte ich 30 Mal geblutet – insgesamt 24 Stunden lang. Das hätte ausgereicht, um das gesamte Blut im Körper mehrfach ganz zu verlieren. Wenn ich blutete, trank ich Wasser und dieses Wasser wurde in Blut verwandelt. Das ging acht Tage lang so. Gott prüfte mich acht Tage lang, doch so wie Hiob beschwerte ich mich nie und hegte auch keinen Groll gegen Ihn. Ich war nur dankbar. Wenn ich gestorben wäre, wäre ich einfach nur an die Seite des Herrn gekommen und hätte ab da glücklich im Himmel gelebt, so dass es keinen Grund für mich gab, traurig zu sein.

Da ich stärkeres Nasenbluten hatte, wenn ich mich hinlegte, musste ich die ganze Zeit mit dem Kopf nach unten dasitzen. Ich dachte über viele Dinge nach. Gott hatte mich mit viel Kraft ausgestattet, doch ich leitete die Gemeinde nicht akkurat in den Glauben, ich kontrollierte die Gemeindemitarbeiter nicht genau genug und wir hatten den großen Gemeindesaal noch nicht gebaut. Während ich darüber nachdachte, tat es mir vor Gott immer stärker Leid. So schlief ich acht Tage lang nicht und tat von Herzen vor Gott Buße.

Da ich dankbar und bereit war, mein Leben an Gott abzugeben, wenn Er es einforderte, belebte Er mich nach acht Tagen wieder. Später ließ mich Gott wissen, dass so wie Abraham die Prüfung bestehen musste, indem er seinen einzigen Sohn Isaak opferte, auch ich den Test bestanden hatte, der darin bestand, mein Leben aufzugeben. Als ich diese Art von Prüfung bestanden hatte, wurde Gottes Vertrauen in mich noch stärker und Er segnete mich damit, noch mächtigere Werke für Ihn zu tun. Dieses Ereignis war auch eine Chance für die Gemeindemitarbeiter und -mitglieder reifer zu werden und die Gemeinde wurde auf einen starken Felsen gestellt.

Obwohl ich vor Endzeit-Eschatologie gewarnt hatte

Im Jahr 1984 predigte ich nach der Eröffnung unserer Gemeinde über die Zeichen der Endzeit, basierend auf den Dingen, die mir durch die Inspiration Gottes klar geworden waren. Ich erläuterte die Beziehung zwischen Süd-und Nordkorea, sprach über die Zahl „666", die Vereinigung Europas zu einem Staat und so weiter. Die Beziehung zwischen Süd-und Nordkorea war schlecht und Kreditkarten waren nicht sehr weit verbreitet, so dass die Mitglieder mit dem, was ich sagte, nicht besonders vertraut waren.

Jesus hatte geklagt: *„Wenn der Sohn des Menschen kommt, wird Er den Glauben finden auf der Erde?"* (Lukas 18,8). Ich tat mein Bestes, um Glauben in die Herzen der Gläubigen zu pflanzen, damit sie in der Endzeit als echte Weizenkörner echten Glauben haben würden. Doch während ich über die Zeichen der Endzeit predigte, dachten sie, ich hätte ein Zeitlimit für das Ende gesetzt. Artikel über mich erschienen in Zeitungen, Zeitschriften und im Rundfunk; ich wurde hier und da auf der Welt bekannt.

In manchen Artikel wurden Dinge gedruckt, die ich nicht gesagt hatte und ein gewisser Pastor L., der über die Endzeit-Eschatologie sprach, behauptete, ich kupfere von ihm ab. Der Großteil der Presse schrieb Artikel, die mir wohlgesonnen waren. Doch ein Herr M. verurteilte mich in einem monatlich erscheinenden Blatt und behauptete, ich wüsste das Datum für die Rückkehr des Herrn. Da ich wusste, dass alles zu seiner Zeit offenbar werden würde, legte ich keine Rechtsmittel ein und versuchte auch nicht, Erklärungen darüber abzugeben.

Alle meine Predigten werden aufgenommen und öffentlich verkauft. Seit der Eröffnung der Gemeinde habe ich meinen Mitgliedern immer gesagt, in ihrem Leben als Christen wachsam zu sein, so wie die fünf weisen Jungfrauen, von denen das 25. Kapitel im Matthäusevangelium berichtet. Es folgen ein paar Auszüge aus Predigten von Anfang und Mitte 1992, die als Beispiel über meine Lehre zu diesem Thema dienen sollen:

> „Heutzutage lesen einige Menschen Bücher oder hören auf andere Leute und manche von euch sagen oder glauben, dass der Herr am 10. oder 28. Oktober zurückkehrt. So etwas solltet ihr nicht tun! Habt ihr je gehört, dass ich über das Jahr 1992 gesprochen hätte? Das habe ich ja auch nicht. Ich habe lediglich das Wort Gottes gelehrt und euch beigebracht – unter Tränen und unterstützt von meinen Gebeten – die Sünde abzulegen, im Licht und in Gerechtigkeit zu leben, um den Herrn widerzuspiegeln und euch zu schmücken als schöne Braut des Herrn. Auch wenn der Herr morgen

kommen sollte, habe ich euch gelehrt, heute noch einen Apfelbaum zu pflanzen". (Auszug aus der Sonntagspredigt vom 19. Januar 1992, Titel: „Seid wachsam")

„In Matthäus Kapitel 24 befragten die Jünger den Herrn bezüglich Seiner Rückkehr und der Zeichen der Endzeit. Jesus lehrte sie über die Zeichen um die Zeit herum, wenn Er zurückkommen würde. Darum kennen wir ja die Zeichen der Endzeit... Wenn man sieht, dass manche meinen, es würde im Oktober 1992 so weit sein, weiß man, dass sie sich täuschen. Andere bezeichnen sie als verrückt. Was haltet ihr davon? Wenn ihr Gott liebt und Seinen Willen kennt, solltet ihr mit solchen Behauptungen nichts zu tun haben. Ihr braucht euch so etwas nicht einmal anzuhören. Wir können durch Glauben errettet werden, nicht dadurch, dass wir wissen an welchem Tag und in welchem Monat Er zurückkommt. Jesus ist unser Erretter und Er erlöst uns von unseren Sünden, damit wir aus Glauben Vergebung empfangen können, zu Kindern Gottes werden und in das himmlische Königreich kommen. Sie behaupten allerdings, wir könnten nur gerettet werden, wenn wir glauben und den Monat und Tag kennen und dass wir angeblich nicht gerettet werden können, wenn wir dies nicht tun. Das ist ja lächerlich! Das entspricht ganz und gar nicht der Bibel". (Auszug aus dem Sonntagsgottesdienst vom 31. Mai 1992, „Was ist das Zeichen?")

Kapitel 7

Gott erweiterte die Grenzen des Dienstes

Die Tür für weltweite Evangelisationen öffnete sich

Auf der weltweiten Heilig Geist-Großevangelisation

Im Mai 1992 war ich zum alljährlichen Gebetsfrühstück eingeladen, an dem auch der Präsident und andere Spitzenpolitiker teilnehmen; ich fuhr mit unserem Nissi-Orchester hin. Im selben Jahr nahm ich am 14. und 15. August an der 1992er „Explosiven Heilig Geist-Großevangelisation der Welt" teil, die am Yoido-Platz stattfand. Der Titel dieser Großevangelisation war „Die Welt für den Heiligen Geist". Es war eine riesige Veranstaltung, an der insgesamt über eine Million Menschen teilnahmen. Unsere Gemeinde nahm mit einem 200 Mann starken Chor, dem Nissi-Orchester und 400 Gemeindemitgliedern teil, die als Freiwillige Verkehrshelfer und Sicherheitsleute am Veranstaltungsort dienten.

Auf dieser Versammlung traf ich Pastor Gwangsam Rah; er war der Vorsitzende des Heilig-Geist-Clubs in

Washington, D.C. und der ständige Vorsitzende der Heilig Geist-Großevangelisationen. Wir waren zusammen auf dem Gymnasium gewesen, er diente inzwischen allerdings in Washington. Ich hatte ihn seit unserem Schulabschluss nicht gesehen und so trafen wir dort, nunmehr als Pastoren, zusammen.

Er sagte, er hatte sich gefragt, aus welcher Gemeinde die Freiwilligen stammten und war überrascht, als er hörte, dass sie aus meiner Gemeinde waren. Dadurch, dass ich ihn traf, begann mein Dienst sich auch auf dem amerikanischen Kontinent auszuweiten.

Vereinte Großevangelisation in Washington, D.C.

Im Jahr 1993 öffnete uns Gott die Tür für die Weltmission. Ich wurde eingeladen, auf der Vereinten Großevangelisation in Washington, D.C. zu sprechen, die vom 6. bis 8. August 1993 von der Vereinigung koreanischer Kirchen in Washington, D.C. abgehalten wurde. Es hatte schon viele Anfragen gegeben, in anderen Ländern Versammlungen abzuhalten, aber es war mir nicht möglich gewesen, den Einladungen nachzukommen. Doch da es sich um die Hauptstadt der Vereinigten Staaten handelte, spürte ich, dass es der Vorsehung Gottes entsprach und entschloss mich deshalb dafür.

Die Organisatoren der Vereinten Großevangelisation in Washington, D.C. sagten, sie bereiteten diese Veranstaltung vor, um echten Glauben in die Koreaner dort zu pflanzen und sie durch das Wirken des Heiligen Geistes Veränderungen in ihrem Leben erfahren zu lassen. Die Veranstaltung fand in der Sporthalle der Wheaton High School statt, gesponsert von einer

Vereinigung von 180 Kirchen im Nordosten, einschließlich Washington, D.C., New York und Baltimore. Sie war an allen drei Tagen vom Heiligen Geist erfüllt und geprägt.

Am ersten Tag predigte ich „Die Botschaft vom Kreuz", am zweiten Tag „Fleischlicher Glauben und geistlicher Glauben" und am dritten Tag „Der Segen des ewigen Lebens". Die Anwesenden sehnten sich demütig nach dem Wort, sie empfingen die Botschaft und sagten „Amen" dazu.

Aufruf an die Menschen, im Licht zu leben

Nach dem erfolgreichen Ende der Großevangelisation in Washington wurde ich wieder als Sprecher und Ehrenvorsitzender der 1993er Großevangelisation von LA eingeladen, die anlässlich des 20. „Korea Town-Tages" am 19. September vom Koreaverein von Korea Town abgehalten werden sollte. Auf Gottes Veranlassung hin bereitete ich mich mit viel Gebet auf diese Evangelisation vor. So verbrachte ich speziell dafür besondere Zeiten im Gebet. Drei Wochen lang begab ich mich auf den Gebetsberg und schrie in Vorbereitung dessen zu Gott.

Die Organisatoren der Großevangelisation von LA baten mich, eine Botschaft des Trostes für die Koreaner vor Ort zu bringen, doch ich tat es nicht. Was sie brauchten, war kein Trost. Sie mussten vielmehr Buße tun, weil sie nicht wirklich als Christen lebten, den Tag des Herrn nicht ordnungsgemäß heiligten und nicht im Licht lebten.

Am 29. April 1992 fielen Afroamerikaner über die Region von LA herein; die Koreaner dort waren tief verletzt und fühlten sich als Opfer. Ausgelöst wurden die Unruhen von Rassismus zwischen Weißen und Schwarzen, doch die Meute raubte alle Menschen dort aus und steckte größtenteils Läden in Brand, die Koreanern gehörten. So wurden viele koreanische Familien geschädigt – materiell wie auch geistig.

Die Bibel lehrt, wenn wir nach dem Wort leben, unser Herz verändern, dass es wahrhaftig wird, und vollkommen Glauben entwickeln, dann wird es unserer Seele gut gehen, alles wird gut laufen und wir werden gesund sein. Das heißt, wenn wir das Wort Gottes in die Tat umsetzen, können wir von allen möglichen Unfällen und Katastrophen bewahrt werden. Die Passage aus der Apostelgeschichte 4,11-12 nahm ich als Ausgangstext für die Botschaft „Warum ist Jesus unser einziger Retter?" So predigte ich die Botschaft vom Kreuz und versuchte, Glauben in sie zu säen. Ich drängte sie, echte Christen zu werden, die vor allen Dingen nach dem Wort Gottes leben.

Außerdem wurde ich in eine Gemeinde in Irvine eingeladen und brachte dort die Botschaft. Nach all den Meetings besuchte ich am 21. September den Stadtrat von LA. Der Rat unterbrach seine Sitzung für einen Moment und bat mich zu beten. Darum betete ich für Segen für sie. An dem Tag wurde ich Ehrenbürger vom Bezirk von LA und erfuhr, dass ich der erste war. Auch nahm ich an der an „Blumenflotte", dem Höhepunkt des koreanischen Festivals in Los Angeles teil und fuhr bei dieser Parade auch auf einem Floß. Das Gebet, das ich sprach, und die Fahrt auf dem Floß, wurden von verschiedenen Sendern (KTAN, KATV und KTE) übertragen und Berichte erschienen in den Tageszeitungen *The Hankook Daily* und *The Joong-ang Daily*. So wurde ich in dieser Region durch die Gnade Gottes bekannt.

Ausstrahlung von Predigten

Ab März 1990 wurde meine Predigten in einer Sendung namens „Faraway Land, Good News" (zu Deutsch: „Fernes Land, gute Nachrichten" von der Far Eastern Broadcasting Company, das heißt der fernöstlichen Rundfunkanstalt, ausgestrahlt, und zwar nach China und in einige Teile Russlands. Seither habe ich von vielen Koreanisch-Chinesen Dankesbriefe erhalten und viele von ihnen haben unsere Kirche besucht.

Ab August desselben Jahres wurden meine Predigten in der Gegend von Washington, D.C., über das koreanische Radio ausgestrahlt. Ab Dezember 1992 wurden sie in der Sendung „This Gospel" (zu Deutsch: „Dieses Evangelium") von dem Sender Busan Christian Broadcasting System ausgestrahlt, im November 1993 über die Anstalt Iri Christian Broadcasting System und ab Februar 1994 begann der Sender Cheongju Christian Broadcasting System meine Botschaften jede Woche auszustrahlen. Jahr um Jahr erhöhte sich die Sendezeit und so wurden wöchentlich über 900 Minuten mit Predigten ausgestrahlt. Ich musste die Predigten auf Band sprechen und das war keine leichte Aufgabe. Vom 20. bis 22. Mai 1994 predigte ich in mehreren Meetings eine Botschaft vor Koreanern in Washington, D.C., und Baltimore; sie wurden von dem Sender Washington Christian Radio System (WCRS) veranstaltet. Danach bat mich der Älteste Yeong-ho Kim, der Chef WCRS, in dessen Aufsichtsrat und ich ging auf seine Bitte ein.

Viele Zuhörer von WCRS reagierten sehr positiv und so wurde ich dort bekannt. Der Chef, der Älteste Kim, leitete mir die Reaktionen von vielen Leuten weiter, die schrieben, die Botschaft sei das reine Evangelium gewesen. Er freute sich überaus über all die zahlreichen und guten Reaktionen von den Zuhörern.

Der Glaube ist eine Wirklichkeit dessen, was man hofft

Anerkannt als eine der 50 besten Kirchen der Welt

Als wir im Februar 1991 in die Räumlichkeiten in Guro Dong umzogen, hatten wir für zwei Wochen eine Reihe von besonderen Erweckungsveranstaltungen. Am letzten Tag der Erweckung im Gottesdienst in der Nacht vom Freitag überstieg die Anzahl der angemeldeten Besucher 10.000. Gott hatte uns viele verschiedene Leute mit unterschiedlicher kultureller, gesellschaftlicher und wirtschaftlicher Herkunft gesandt. Nach sechs Monaten war der Gemeindesaal voll. Nach drei Jahren hatte die Kirche für mehr Leute keinen Platz mehr.

Am 11. Februar 1993 berichteten die größten Tageszeitungen Koreas und christliche Zeitungen, dass die 50 größten Gemeinden der Welt von der Zeitschrift „*Christian World Magazine*" in den Vereinigten Staaten verkündigt werden würden. Unsere Gemeinde war dabei. Kurz nach dem 20-jährigen

Gemeindebestehen hatte Gott unsere Kirche so wachsen lassen, dass wir zu einer „weltweiten Gemeinde" wurden. Ich stellte das nicht auf die Beine, es war Gott. Ich konnte nur dankbar sein und Gott dem Vater alle Ehre dafür geben.

Was wir voller Hoffnung beteten

In Sprüche 29,18 heißt es: „*Wenn keine Offenbarung da ist, verwildert ein Volk; aber wohl ihm, wenn es das Gesetz beachtet!*" Eine Offenbarung ist das, was uns Gott durch Seine Propheten wissen lässt. Wenn wir keine Offenbarung haben, verwildern wir, das heißt wir ignorieren Gottes Gesetz und handeln gemäß unserem eigenen Willen, womit wir uns auf dem Weg der Zerstörung befinden.

Während ich vor der Eröffnung der Kirche 40 Tage lang fastete, schenkte mir Gott viele Träume und Visionen. Gott wirkt in uns das Wollen und das Vollbringen nach Seinem Wohlgefallen. Er gab mir Träume und leitete mich. Ich betete intensiv, dass Er die Gemeinde nach ihrer Eröffnung zu einer Gemeinde mit einer Weltmission machen würde und zu einer Gemeinde, die Er sehr liebte.

Um die Weltmission umzusetzen, musste ich Mitarbeiter anleiten. Ich musste viele Leiter ausbilden, die in Gottes Augen gerecht waren, die nicht nur im Inland, sondern auch als Missionare im Ausland dienen würden. Ich betete dafür, dass ich viele ausgezeichnete Pastoren ausbilden würde. Als ich auf der Bibelschule war, putzten die Theologiestudenten oft nur die Toiletten in den Gemeinden, schrieben die wöchentlichen Ankündigungen und erledigten alle anderen schwierigen Aufgaben der Pastoren und Gemeindemitglieder. Doch gewöhnlich erhielten sie dafür kein Lob. Wenn sie einen Fehler machten, wurden sie dafür von den Pastoren ausgeschimpft und im schlimmsten Fall aus der Gemeinde ausgeschlossen. Es tat mir im Herzen Leid, die Studenten in solchen Situationen zu sehen. Nachdem ich die Gemeinde eröffnet hatte, half ich den Studenten unter unseren Mitgliedern mit ihren Studiengebühren und ihrem Lebensunterhalt. Ich wollte sie unterstützen, damit ihre Herzen nicht von der Welt eingenommen werden würden. Stattdessen sollten sie zu starken Dienern heranwachsen. Gott legte es mir aufs Herz, viele Pastoren auszubilden. Aber weil die finanzielle Situation der Gemeinde nicht wirklich gut war, fiel uns das nicht leicht. Manchmal beschwerten sich die Mitglieder, die die Finanzen der Gemeinde betreuten. Ich überzeugte sie allerdings und versuchte, es ihnen verständlich zu machen, so dass sie in Frieden arbeiten konnten.

Um die Weltmission zu erfüllen, brauchte ich auch ein gutes Lobpreisteam und ich betete dafür, weil ich einem Traum hatte. Während des vierzigtägigen Fastens sah ich ein Team, das den Lobpreis in jedem Meeting leitete. So betete ich: „Gott, gib mir ein exzellentes Lobpreisteam, wenn ich eine Gemeinde eröffne". Ich betrachtete die Sache mit den Augen des Glaubens. Später betete ich dann nicht nur für Lobpreisteams, sondern auch für ein Orchester, dass Gott die Ehre geben würde. In der 1. Chronik 23,5 steht: „... *und 4 000, die den HERRN loben mit den Instrumenten, die ich [David] zum Loben gemacht habe* ". Da sehen wir, dass 4 000 Menschen im Tempel Gottes Instrumente spielten. In Psalm 150 erfahren wir, dass wir Ihn preisen sollen – und zwar mit Hörnerschall, mit Harfe und Zither, mit Tamburin, mit Saitenspiel und Flöte, mit klingenden Becken, mit schallenden Becken!

Ich betete für ein Orchester und wartete jahrelang auf Gottes

Führung. Er rief professionelle Musiker mit verschiedenen Instrumenten. Gott ließ sie im Wort des Lebens wachsen und bewirkte es in ihrem Herzen zu träumen. Gewöhnlich haben Musiker ganz eigene Charaktere; auch unseren es nicht leicht, sich selbst aufzugeben – oder hinzugeben – einschließlich ihres Fachwissens, um dem Dienst zur Verherrlichung Gottes zur Verfügung zu stehen. Doch es gab Profimusiker, die Gott allein die Ehre gaben und Ihm für Seine Gnade danken wollten. Diese bildeten das Orchester. Es heißt Nissi Orchestra. Am 1. März 1992 hatten wir einen feierlichen Gottesdienst und seither sind sie im Kirchenverband sehr aktiv. Sie spielten beispielsweise auf der Jubel-Großevangelisation auf dem Yoido Square und bei Konzerten, die andere Kirchen abhielten, aber auch auf Benefizkonzerten im In-und Ausland.

Gott schenkte uns auch wunderbar Chöre. Inzwischen gibt es über 20 Lobreisteams, die Gott die Ehre geben – und zwar nicht nur in Korea, sondern auch in vielen anderen Ländern.

Lobt Ihn mit Tamburin und im Reigen

Der Traum zur Erfüllung der Weltmission führte zur Bildung von Lobpreisteams und Tanzgruppen. Ich meditierte gemäß der Bibel darüber, welche Einstellung den Vater froh macht, wenn wir Ihn preisen. Die Antwort fand ich bei David. Er tanzte voller Freude, als die Bundeslade des HERRN zurückkam (2. Samuel 6,12-23). Doch seine Frau Michal verachtete ihn in ihrem Herzen und kritisierte ihn. Darauf sagte David: *„Vor dem HERRN, der mich vor deinem Vater und vor seinem ganzen Haus erwählt hat, um mich zum Fürsten über das Volk des HERRN, über Israel, zu bestellen, ja, vor dem HERRN will* *ich tanzen [spielen]"* (2. Samuel 6,21). Auf Michal, die König David verachtete, weil er vor Gott tanzte, fiel ein Fluch und sie wurde unfruchtbar. Das zeigt uns deutlich, dass wir Gottes Wort gehorchen und Ihm wohlgefallen sollen, anstatt davor Angst zu haben, was die Leute sagen.

Sie tanzen wie Zauberer!

Im März 1986 wurde das Heilige Tanzteam gegründet, um Gott mit schönen und inspirierenden Tänzen zu Lobpreisliedern die Ehre zu geben. Die Zuschauer sollen daraus Hoffnung auf den Himmel schöpfen. Später wurde das Heilige Tanzteam in Kunstmissionsteam umbenannt.

Mittlerweile ist der Tanz in der christlichen Kultur durch die Weiterentwicklung der Medien sehr verbreitet; doch damals war er sehr selten. Unsere Gemeinde etablierte das „Lobpreiskomitee" und das „Missionskomitee der darstellenden Künste". Sie organisieren verschieden Events und bilden professionelle Sänger, Tänzer, Darsteller und Instrumentalisten aus. Doch weil unsere Gemeinde sehr schnell wuchs, wurden manche eifersüchtig und verbreiteten Gerüchte und Lügen. So ging ein Gerücht herum: „Sie machen in jedem Gottesdienst Zaubertänze!" Mehrere Male im Jahr bereiteten wir besondere Tanzdarbietungen zu speziellen biblischen Festen vor und die Teams tanzten vor der Gemeindeversammlung. Aber dann wurden Lügen verbreitet, wonach wir von bösen Geistern ergriffen worden sein sollten und in allen Gottesdiensten tanzten.

Doch trotz der Gerüchte wurde das Heilige Tanzteam 1991 zu einer Großevangelisation unter dem Titel „Halleluja Sowjetunion" von Pastor Hyeon-gyoon Shin eingeladen. Das war der erste internationale Auftritt des Teams zur Ehre Gottes. Seither haben sie durch ihre Auftritte in Korea und anderen Ländern die Herzen und Gunst von vielen Menschen gewonnen. Auch heute noch tun sie diesen Dienst zur Verherrlichung Gottes.

Anerkannt aufgrund ihres Talents

Es gibt derzeit viele Teams der bildenden Künste in der Gemeinde. Sie haben ihre Talente mit Gott entwickelt und sind im Dienst aktiv. Am 1. Juni 1991 nahm eines unserer Gemeindeteams am „10. Nationalen Gospelmusikwettbewerb" teil. Er wurde von der Far Eastern Broadcasting Company veranstaltet und unser Team gewann den Grand Prix. Unser Chor, Klang des Lichtes, bestand damals aus drei Mitgliedern, eines davon die jüngste unserer drei Töchter, Soojin. Gott hatte sie bereits in Seinen Dienst berufen, als sie noch Kind war. Sie hat inzwischen ihre Theologieausbildung abgeschlossen und dient als Pastorin.

Am 17. April 1993 fand in der Hwaetbool Hall ein christliches Musikkonzert statt – für Kinder, die als Haupt ihrer Familie fungieren mussten. Unser Nissi-Orchester wurde eingeladen, dort zu spielen. Im selben Jahr wurde es zusammen mit dem Kunstmissionsteam und anderen Lobpreisteams eingeladen. Sie dienten in einem Konferenzsaal der Generalstaatsanwaltschaft bei einem besonderen Anbetungsgottesdienst für die Evangelisation der Staatsanwaltschaft. Am 6. November 1993 nahmen die Crystal Singers unserer Gemeinde am 4. Nationalen Gospelmusikkonzert, das durch den Sender Christian Broadcasting System veranstaltet wurde, teil. Sie gewannen die Goldmedaille.

Zusammenarbeit mit Gemeindeverbänden

Wechsel und Wachstum von 93 auf 94

Da unsere Gemeindemitglieder bei vielen christlichen Veranstaltungen anwesend waren und als Freiwillige dienten, wollten mir verschiedene Organisationen hohe Positionen übertragen. Es gab jedoch viele Pastoren, die älter waren und außerdem zog ich es vor, hinter den Kulissen helfen. Darum wollte ich die mir angetragenen Positionen nicht übernehmen. Ich lehnte sie viele Male ab. Da mir der Gedanke kam, man könnte mich für unhöflich halten, weil ich so viele Angebote ausschlug, bat ich sie, die Position abzustufen und nahm sie daraufhin an. Wenn mir bei Veranstaltungen ein Sitz zugewiesen wurde, musste ich dort Platz nehmen; waren die Sitze nicht mit Namensschildern versehen, nahm ich in der hintersten Reihe Platz. Es wäre mir peinlich gewesen, ganz vorne zu sitzen, wo so viele ältere Pastoren zugegen waren. Am wohlsten fühlte

Bei der weltweiten, explosiven Heilig Geist-Großevangelisation 1992

Bei der Vereinten Großevangelisation in Daegu

Großevangelisation bei der Staatsanwaltschaft

Konzert beim evangelistischen Gottesdienst zur Auferbauung von Gefängnisinsassen

Predigt beim Fasten-und Gebetstreffen für die Nation und das Volk

Vereinte Halleluja-Großevangelisation in Seoul (bei der Manmin-Zentralgemeinde)

1995er Jubel-Großevangelisation für die Wiedervereinigung von Süd- und Nordkorea (im Yoido)

ich mich in der letzten Reihe. Auch jetzt noch muss ich über das Wort Gottes nachdenken, mich konzentrieren und beten, anstatt mich an anderen Aktivitäten zu beteiligen. Darum vertreten mich meine pastoralen Kollegen und Ältesten bei vielen Anlässen. Da ich mich nicht so oft unter Leute begebe, nicht an vielen Events teilnehme und mich nicht oft mit anderen Pastoren treffe, denken die Menschen, die mich nicht gut kennen vielleicht, ich sei ein arroganter Mann. Doch jedes Mal, wenn unsere Teilnahme als Gemeinde an einer Veranstaltung des Gemeindeverbandes angefragt wurde, gab ich mein Bestes, um meinen Beitrag zum erfolgreichen Gelingen der Veranstaltung zu leisten.

Am 21. Juni 1993 sprach ich ein besonderes Gebet anlässlich einer Veranstaltung unter dem Titel „Landesweite Fahrradkampagne und Großevangelisation zur Wiedervereinigung der Nation" im Imjingak-Park. Auch das Nissi-Orchester, unser Chor und Freiwillige nahmen daran teil. Vom 18. bis 21. Oktober des gleichen Jahres fand eine Evangelisation im Raum Seoul zur Vorbereitung der Jubel-Großevangelisation für die Wiedervereinigung der Nation in unserer Gemeinde statt. Vier berühmte Pastoren aus Korea waren die Sprecher und sie betonten, dass wir das geteilte Land mit dem Evangelium vereinen sollten. Am 24. November 1993 wurde ich als Sprecher für das Gebetstreffen zur Wiedervereinigung der Nation, welches auf dem Gebetsberg von Haneolsan stattfand, eingeladen. Ich predigte, betete für die Anwesenden und es gab viele Heilungen.

Ich war an einer „Mission zur Auferbauung" von Gefängnisinsassen und gerade Entlassenen interessiert. Am 24. Februar 1994 war die presbyterianische Kirche Myung Sung Gastgeber der zweiten christlichen Großevangelisation des

Komitees zur Nationalen Auferbauung im Justizministerium Koreas. Initiiert wurde sie vom Nationalen Komitee für Auferbauung im Christlichen Verband und hatte das Motto „Das Wort, die Liebe und die Auferbauung". Ich war einer der Mitvorsitzenden des Verbandes und übernahm die Lesung. Das Lobpreisteam unserer Kirche und das Nissi-Orchester waren dabei und das Tanzteam trat zu Verherrlichung Gottes auf der Veranstaltung ebenfalls auf. Am 24. März 1993 fand anlässlich des 40. Jahrestages der Gründung des Christian Broadcasting System (CBS) das 11. Missions-Chorfestival im großen Auditorium vom Sejong Center statt. Unser Chor und das Nissi-Orchester traten auf. Am 20. Juni 1994 fand im Imjingak-Park die Großveranstaltung zur Wiedervereinigung des Landes statt, abgehalten vom Zentralrat für die Weltevangelisation, dessen Vorsitz Pastor Hyeon-gyoon Shin inne hatte; ich übernahm das Gebet.

Der Präsident, Pastor Hyeon-gyoon Shin, predigte „Der Weg zur Wiedervereinigung des Landes durch das Evangelium" und drängte alle Kirchen, sich eins zu machen – ungeachtet der Konfession. Hunderte Mitglieder unserer Gemeinde dienten als Freiwillige im Chor, im Orchester, als Ordner und Verkehrshelfer. Vom 20. bis 22. Juni war unsere Gemeinde Gastgeber der vom Zentralrat veranstalteten Evangelisation zur nationalen Wiedervereinigung, abgehalten im Großraum Seoul; Sprecher war Pastor Homun Lee.

Besuch im Cheong Wa Dea-Präsidentenpalast und Jubel-Evangelisation

Als ständiger Vorsitzender des Vereins für die Nationale

Wiedervereinigung und die Evangelisationsbewegung sprach ich am 29. Juli 1995 ein besonderes Gebet bei einer Veranstaltung unter dem Titel „Fasten-und Gebetstreffen für die Nation und das Volk". Am 12. August 1995 wurden zehn Pastoren, die als Leiter der Jubel-Großevangelisation für eine friedliche Wiedervereinigung dienten, in den Cheong Wa Dea-Präsidentenpalast eingeladen. Mir wurde gesagt, wir würden eine Stunde haben, um mit dem Präsidenten zu sprechen und Vorschläge zu machen. Am Tag davor betete ich und fragte Gott, was ich dem Präsidenten am nächsten Tag sagen sollte. Aber ich bekam keine Antwort. Ich betete also für das Meeting, ohne vom Heiligen Geist ein Wort zu empfangen. Es war sehr ungewöhnlich, dass ich vom Heiligen Geist nichts hörte.

Am 12. August fand unser Treffen um 11 Uhr im Cheong Wa Dea-Palast statt und dabei wurde mir klar, warum ich im Gebet dafür keine Antwort bekommen hatte. Das Meeting fand mit Präsident Youngsam Kim statt, aber man gab uns keine Zeit zum Reden oder zum Unterbreiten von Vorschlägen. Der Präsident redete die ganze Zeit und dann war das Treffen auch schon um.

Danach gingen wir auf den Yoido-Platz, um an der Jubel-Evangelisation für eine friedliche Wiedervereinigung teilzunehmen. Sie begann um 14 Uhr. Ich konnte Mitglieder unserer Gemeinde sehen, die als freiwillige Helfer fürs Parken, als Ordner auf der Bühne und als Musiker im Nissi-Orchester dienten.

Was ist das Geheimnis für Gemeindewachstum?

Hoffnung und Vision von Pastor Hyeon-gyoon Shin

Am 5. Dezember 1994 war ich vom Verein der Evangelisationsbewegung ins „Trainingszentrum für Erweckungsprediger" eingeladen und brachte dort eine Botschaft. Am 8. Dezember gab es bei uns in der Gemeinde anlässlich des 40-jährigen Jubiläums des Senders CBS die 4500. Sendung; das Programm hieß „Erneure uns". Meine Botschaft trug den Titel „Die wahre Stimme" und rief den Rundfunksender auf, seine Pflicht wie ein Prophet zu erfüllen, um Gerechtigkeit und Frieden durch die ausgestrahlten Sendungen zu verbreiten. Pastor Hyeon-gyoon Shin liebte unsere Gemeinde. Inzwischen ist er gestorben, doch man sieht ihn als Großvater der Erweckungsprediger in Korea und er war über 40 Jahre lang ein „Star" unter den koreanischen Christen. Er liebte mich und unserer Gemeinde wirklich sehr. Er gab den koreanischen Gemeinden Hoffnung und Visionen durch seine Botschaften über den Heiligen Geist und die Wiedervereinigung Koreas – und er hatte einen ausgezeichneten Sinn für Humor. Er war von vielen geliebt – über die Grenzen der Konfessionen hinweg. Da er wusste, dass ich in meiner Konfession von der Leitung missbraucht worden war, besuchte er unsere Gemeinde zum Jubiläumsgottesdienst im Oktober 1992 und sprach die Segnung. Danach kam er zu verschiedenen Veranstaltungen und ermutigte uns durch mächtige Botschaften.

Was ist das Geheimnis für Gemeindewachstum?

Viele Pastoren in Korea und in anderen Ländern, sind sehr beeindruckt und angerührt, wenn sie die hell strahlenden Gesichter unserer Gemeindemitglieder sehen. Gewöhnlich fragen sie mich nach dem Geheimnis für das Gemeindewachstum. Häufig fragt man mich: „Pastor, ich sehe keine besondere Organisation und auch kein Training in deiner Gemeinde. Was ist dann das Geheimnis für das Wachstum der Gemeinde? Wie können die Mitglieder so freundlich als Freiwillige helfen?" Ich habe dahingehend wirklich nichts gelehrt. Sie taten das alles selbst – durch die Gnade Gottes.

Über Gemeindewachstum mag es viele verschiedene Meinungen geben. Manche Pastoren sagen: „Gott, gib uns bitte nur so viele Mitglieder", oder „Diese Größe reicht mir für meine Gemeinde". Die Bibel sagt, dass in der Urgemeinde, an der Gott Wohlgefallen hatte, die Anzahl derer, die gerettet wurden, täglich wuchs. Weil es Gottes Wille ist, dass alle errettet werden (1. Timotheus 2,4), war es in der Urgemeinde, die gemäß Gottes Willen handelte so, dass die Anzahl der Gläubigen jeden Tag stieg (Apostelgeschichte 2,47). Jedes Mal wenn ich höre, dass eine Gemeinde gewachsen ist, freue ich mich sehr. Da diese Gemeinden sich jeweils auf das Blut des Herrn stützten, betete ich für sie und für ihren Pastor.

Am 23. Februar 1995 hielt die Gebetsgemeinschaft der koreanischen Pastoren in unserer Gemeinde ihre 149. Nationale Pastorenkonferenz ab. Über 1.000 Pastoren kamen. Ich predigte über das Geheimnis von Gemeindewachstum. Auch auf den Pastorenkonferenzen auf Hawaii und in Argentinien in 1996 sprach ich über die wichtigsten Elemente für Gemeindewachstum.

Erstens sollten der Pastor und die Gemeinde von Gott Liebe empfangen.

In Sprüche 8,17 heißt es: *„Alle, die mich lieben, die liebe ich auch. Wer mich sucht, wird mich finden"*. Gott lieben bedeutet laut 1. Johannes 5,3 *„nach seinen Geboten [zu] leben"*. Jesus sagte auch: *„Wer meine Gebote hat und sie hält, der ist es, der mich liebt; wer aber mich liebt, wird von meinem Vater geliebt werden; und ich werde ihn lieben und mich selbst ihm offenbaren"* (Johannes 14,21).

Zweitens müssen wir beten.

Um einen erfolgreichen Dienst zu haben, müssen wir die Kraft Gottes durch Gebet zu uns holen. Die Väter im Glauben, die Gottes Willen erfüllten, waren Gebetskämpfer. Die Apostel in der Urgemeinde sagten: *„Wir aber werden im Gebet und* *im Dienst des Wortes verharren"* (Apostelgeschichte 6,4). Sie überließen alle administrativen Arbeiten in der Gemeinde den Diakonen und konzentrierten sich ausschließlich auf das Wort Gottes und das Gebet. Wenn wir beten, müssen wir es willentlich mit ganzer Kraft tun (Jeremia 33,3). Im 1. Mose 3,17 sagte Gott zu Adam, der gesündigt hatte: *„Mit Mühsal sollst du davon essen alle Tage deines Lebens".* So wie Menschen nur ernten können, wenn sie gearbeitet und geschwitzt haben, können wir auch im Geist nur dann die Antwort auf unser Gebet empfangen, wenn wir von ganzem Herzen und im Schweiße unseres Angesichts beten. Heute ist es so, dass jeden Abend Tausende von Gemeindemitgliedern kommen, um in der Nacht zu beten. Genauso sieht es in unzähligen Ortsgemeinden, Zweigstellen und Privathäusern weltweit aus.

Drittens müssen wir geistigen Glauben haben.

Der Glaube hier bezieht sich auf Glauben, der von oben kommt, mit dem wir wahrhaftig von ganzem Herzen beten können. Es ist Glaube, der aus dem Nichts Dinge schafft, es ist der Glaube, für den nichts unmöglich ist. Solchen Glauben kann man nicht haben, wenn man die Bibel nur vom Verstand her kennt oder einfach, weil man schon lange Christ ist. Gott kann ihn nur denjenigen von oben geben, die das Wort Gottes umsetzten. Die Bibel sagt, Glaube ohne Werke ist tot. Nur wenn wir mit dieser Art geistigen Glauben beten, können wir die Antwort auf unsere Gebete empfangen, wie wir in Matthäus 21,22 lesen: *„Und alles, was immer ihr im Gebet glaubend begehrt, werdet ihr empfangen".* Dann empfangen wir auch die Erhörung unserer Gebete für das Wachstum der Gemeinde.

Viertens müssen wir die Stimme des Heiligen Geistes hören und uns von Ihm leiten lassen.

Der Heilige Geist wohnt im Herzen der Kinder Gottes die gerettet sind. Es ist der Heilige Geist, der uns in den Willen Gottes hineinführt. Wenn wir die Stimme hören und die Leitung des Heiligen Geistes empfangen, werden wir den Weg für unsere jeweilige Gemeinde klar und deutlich sehen. Um die Stimme des Heiligen Geistes hören zu können, muss vor allem der Pastor selbst gegen Sünde kämpfen – bis zum Blutvergießen – und alles Böse aus seinem Herzen verbannen. Auf diese Weise muss er alle fleischlichen Gedanken und geistigen Strukturen, die Gott gegenüber feindlich sind, einreißen. Auch wenn wir nicht mit dem übereinstimmen, was das Wort Gottes sagt, müssen wir in der Lage sein, dem Wort Gottes zu gehorchen.

Fünftens müssen wir uns die Urgemeinde zum Vorbild nehmen.

In der Apostelgeschichte gab die Urgemeinde Zeugnis über das Kreuz. Sie setzten das Wort in die Praxis um und wirkten viele Wunder und Zeichen. Da viele mächtige Werke Gottes durch die Apostel gewirkt wurden, nahmen viele Menschen das Evangelium an, als sie diese Wunder sahen. Dadurch wuchs die Gemeinde sehr schnell.

In-und Auslandsmission im Maßstab

Beginn der Mission in Afrika

In Januar 1994 besuchte uns Pastor Charles Macom von der Pfingstgemeinde Tansanias. Er wurde von der Botschaft angerührt und als er in sein Land zurückgekehrt war, erzählte er dort von mir. Vom 4. bis 6. Juli 1994 sprach ich auf der Afrikanischen Leiterschaftskonferenz, die in der Hauptstadt von Tansania, Daressalam, vom Bund der Pfingstgemeinden dort veranstaltet wurde. Es brach mir das Herz, als ich sah, wie viele Menschen in Afrika unter Armut und verschiedenen Krankheiten wie AIDS litten, denn ich wusste, dass jeder Mensch von allen möglichen Flüchen befreit werden und ein sowohl geistig als auch körperlich gesundes Leben im Wort Gottes führen kann.

Während der Konferenz wirkte Gott in unserer Mitte durch viele Wunder. Als unser Team in Tansania ankam, sagten die

Pastoren vor Ort: „Pastor, es ist sehr merkwürdig. Normalerweise haben wir in dieser Jahreszeit keinen Regen, aber bevor du gekommen bist, hat es geregnet und jetzt ist es klar – und wir haben keinen Staub in der Luft. Wir sehen, dass Gott auch das Wetter kontrolliert". Ab dem Tag, an dem unser Team am Flughafen ankam bis wir abflogen, schützte uns Gott tagsüber mit Wolken vor der Hitze und gab uns nachts Regen, damit die Luft gereinigt wurde. Damit die Leiter der Gemeinden echten Glauben haben konnten, predigte ich „Die Botschaft vom Kreuz". Sie verstanden das Wort Gottes, spürten das Leben darin und reagierten mit ihrer einzigartigen Melodie, ihrem Klatschen und Tanzen. Ich konnte ihre kindlich unschuldige Einstellung sehen. Viele von ihnen bekannten, dass ihr Glauben erneuert worden war. Sie hatten als Pastoren Zuversicht und Glauben gewonnen.

Nach der Konferenz besuchten wir den Stamm der Massai in Tansania. Der Häuptling und viele der Stammesangehörigen hießen uns willkommen. Sie reichen besonderen Gästen das Blut einer Kuh als Getränk. Doch weil sie wussten, dass Gott das Trinken von Blut verbietet und wir es nicht trinken würden,

Im Dorf des Masai-Stammes

boten sie uns dafür Cola an.

Um Glauben in sie zu säen, erzählte ich die Geschichte, wie ich Gott begegnet war. Es wurde nacheinander auf Englisch, Swahili und Masai gedolmetscht. Dr. Myongho Cheong dolmetschte ins Englische. Bevor er sich in den christlichen Dienst begab, war er an der Hoseo-Universität Literaturprofessor. Später bekam er die Afrikamission aufs Herz gelegt und etablierte ein Missionszentrum in Nairobi, der Hauptstadt Kenias. Heute predigt Pastor Myongho Cheong in 54 afrikanischen Ländern das Evangelium der fünffachen Heiligkeit, um die Seelen Afrikas zu erwecken.

Japan – Brachland für das Evangelium

Etwa zu der Zeit begannen sich die Türen in Japan für das Evangelium zu öffnen. Vom 5. bis 8. November wurde die Erweckungsmission, eine Veranstaltung im größten Baseballstadium von Koshien, abgehalten. Unser Kunstmissionsteam diente auf wunderbare Weise und so wurden die anwesenden Koreanisch-Japaner sehr angerührt. Das Team wurde von Pastor Hyeon-gyoon Shin gebeten, im Juli bei einer großen Gebetsveranstaltung zur Wiedervereinigung auf dem Baekdu-Berg in China aufzutreten.

Schon im Juli 1994 wurde Pastor Seung Gil Ryu als Missionar nach Japan ausgesandt; das war gleichzeitig der Anfang unserer Japanmission. Am 22. und 23. November 1994 veranstalteten wir im Kulturzentrum Ganae im japanischen Ida eine Versammlung, an der 1 000 Menschen teilnahmen. Der Titel war „Gieße das Feuer des Heiligen Geistes aus". Sie wurde von der Ida-Gemeinde unter Leitung von Yoshikawa Noboru veranstaltet und von verschiedenen Gemeinden in Ida unterstützt. Ich brachte eine Botschaft mit dem Titel „Historische Beweise für die Auferstehung" und rief die Anwesenden auf, sich der Auferstehung Jesu sicher zu sein und ein Leben als Christen zu führen, das von der Hoffnung der Auferstehung geprägt ist. Am zweiten Tag predigte ich darüber, wie man dem lebendigen Gott begegnen kann. Nach der Botschaft betete ich für die Kranken und es gab durch das Wirken des Heiligen Geistes viele Zeichen. Dafür konnte ich allein Gott danken. Pastor Yoshikawa Noboru, der den Vorsitz bei dieser Großveranstaltung hatte sagte: „Viele japanische Gläubige wurden durch die tiefgreifende Botschaft von Dr. Jaerock Lee angerührt und das ist in Japan ungewöhnlich. Viele Japaner glauben, Heilungen gab es nur zu Jesu Zeiten. Als sie der mit göttlicher Autorität vorgetragenen Botschaft von Dr. Lee zuhörten, wurden viele geheilt und kamen Gott ganz nahe".

Ich erinnere mich an einen Patienten, der auf dieser Evangelisation geheilt wurde. Sein Name ist Yoshizawa Motohisa. Er hatte eine Rückenoperation gehabt, während er als Ingenieur tätig war. Eine Folgeerscheinung war, dass er beim Gehen Schwierigkeiten hatte. Er war mit starken Schmerzen zu der Versammlung gekommen. Am ersten Tag gewann er Glauben, nachdem er der Botschaft zugehört hatte. Am nächsten Tag kam er zu mir ins Hotel, um für sich beten zu lassen; so betete ich ernsthaft und als er danach wegging, waren die Schmerzen weg und er ging ganz normal.

Paare mit Unfruchtbarkeit empfangen Gebetserhörung

Im Februar 1991 feierten wir anlässlich unseres Umzugs in

einen neuen Gemeindesaal Erweckungsgottesdienste unter der Überschrift „Wie es deiner Seele wohlgeht". Innerhalb von zwei Wochen brachte ich 15 Botschaften und leitete die besonderen Veranstaltungen für die Kranken.

Im Jahr 1993 fingen wir mit besonderen zweiwöchigen Erweckungsveranstaltungen an, die erste fand im Mai unter dem Titel „Sünde, Gerechtigkeit und Gericht" (Johannes 16,8) statt. Die Anwesenden hörten jeden Tag zwei Botschaften über Sünde, Gerechtigkeit und Gericht, eine morgens, die andere abends, und ihnen wurde klar, welche Mauern der Sünde sie vor Gott aufgetürmt hatten. Sie sahen sich selbst an und taten tränenreich Buße. Sie rissen die Mauern der Sünde vor Gott ein und erlebten zahlreiche Heilungen.

Sie wussten nicht einmal, was Glauben war, doch während sie eine Botschaft nach der andern hörten, erlebten sie den Heiligen Geist, verstanden das Wort, beteten und versuchten, gemäß dem Wort Gottes zu leben. Viele Menschen aus verschiedenen Gemeinden und Konfessionen aus dem ganzen Land nahmen an den Gottesdiensten teil. Diejenigen Gläubigen, die Gnade empfingen und in den Erweckungsveranstaltungen geheilt wurden, wurden im Heiligen Geist getauft und dienten daraufhin fleißig in ihren Gemeinden. Menschen wurden durch das Feuer des Heiligen Geistes von Blasen-und Magenkrebs geheilt. Es gab viele Zeugnisse, einschließlich derer, die ihr Gehör zurück bekamen und ihre Hörgeräte wegwarfen. Andere sahen wieder gut und warfen ihre Brillen weg. Unfruchtbare wurden endlich schwanger.

Speziell gab es viele Paare, die seit über fünf Jahren verheiratet, aber noch nicht schwanger geworden waren; viele von ihnen empfingen danach den Segen der Empfängnis. Es gab sehr viele unfruchtbare Paare, die Gebet wollten. So kam ich ihrer Bitte am 5. Mai 1993 im Erweckungsgottesdienst abends während des Gebets für die Kranken nach und betete: „Die, die unfruchtbar sind, sollen mit Empfängnis gesegnet werden". Später erfuhr ich, dass viele dieser Ehepaare im Jahr danach Kinder bekamen. Jetzt gibt es viele Kinder, die damals geboren wurden, und inzwischen gemeinsam das letzte Jahr im Manmin-Kindergarten absolviert haben.

Körperbehindert leben, aber...

Wir veranstalteten die 2. Reihe zweiwöchiger Erweckungsgottesdienste im Mai 1994. Das Thema war „Ich werde es tun" (Johannes 14,13). In diesen Veranstaltungen fanden zahlreiche mächtige Werke des Heiligen Geistes statt. Viele, die diese Gottesdienste besuchten, erlebten göttliche Heilung. Ich würde gerne etwas über Joanna Park schreiben, die damals nach einem schweren Unfall im Krankenhaus war.

Als sie am 27. Mai 1993 von der Arbeit nach Hause fuhr, wurde Joanna Park in einen Auffahrunfall mit vier Fahrzeugen verwickelt. Sie fiel in ein Koma und wurde ins Krankenhaus gebracht. Ihr Kiefer war angebrochen und das Kinn hatte Schaden genommen. Ihr Darm war ebenso verletzt. Ihr ganzer Körper war praktisch mit Wunden übersät. Ihr Oberschenkelknochen war ausgerenkt, ihr Becken und ihre Hüftgelenke waren zertrümmert und geschwollen. Ihr rechtes Bein war taub und sie konnte weder ihre Zehen noch ihre Knöchel bewegen. Eine Lähmung im Wadenbein war die Ursache dafür, dass ihr Bein 5 cm kürzer war als das andere. Die Ärzte sagten, sie würde für den Rest ihres Lebens mit dieser Behinderung leben müssen.

Joanna Park hätte bis zum Ende ihres Lebens mit einer Behinderung leben müssen.
Joanna Park wurde in einer Versammlung mit Pastor Jaerock Lee vollkommen geheilt
und fing an zu gehen.
Joanna Park dient nun, vollkommen geheilt, als Missionarin.

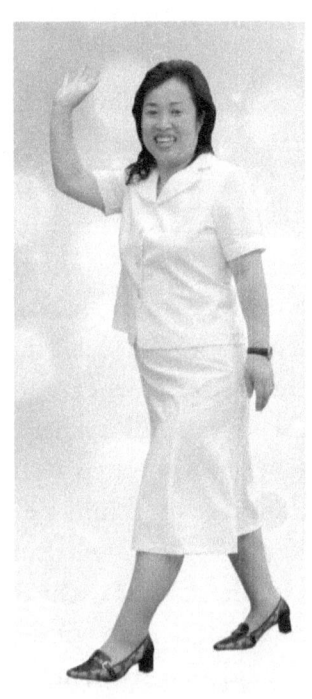

Am 10. Mai 1994 bekam Joanna
Park gerade so die Zustimmung des
Krankenhauses, die zweiwöchige
Erweckungsveranstaltung zu
besuchen. Sie kam auf Krücken.
Als ich für alle Anwesenden vom
Altar aus betete, fand das Werk der
Heilung statt. Ihre krummen Beine
wurden gerade. Sie hatte bis dahin
auch nicht Gähnen oder ihren
Mund öffnen können, aber als sie
daraufhin mehrfach gähnte, hatte
sie keine Schmerzen. Als ich für sie

persönlich betete, spürte sie das Feuer des Heiligen Geistes und fing an, ohne Krücken zu gehen. Die Gemeindemitglieder, die dies beobachteten, freuten sich und gaben Gott mit brausendem Applaus die Ehre. Zwei Wochen später untersuchte man Joanna im Hanyang-Universitätsklinikum und stellte fest, dass ihr rechtes Bein 5 cm länger war als vorher und beide Beine nun gleichlang waren.

Einmal bekam ein Baby, dem keine Überlebenschancen zugesprochen worden waren, durch ein Wunder sein Leben zurück. Diakonin Soonim Kim hatte eine Frühgeburt, der Säugling wog nur 1,2 kg. Man legte die Kleine in den Brutkasten, doch die Venen um ihr Herz waren defekt und sie litt unter Hirnblutungen und dem Verlust des Augenlichtes. Die Ärzte sagten, bei Säuglingen könnten Hirnblutungen nicht behandelt werden. Ohne die eigentlich nötige Operation würde sie auch nicht sehen können und selbst wann man hätte operieren können, wäre ihre Sehkraft nur ein Drittel dessen gewesen, was man mit gesunden Augen sehen kann.

Am 7. Mai 1994 baten die Ärzte die Eltern, das Kind mit heim zu nehmen, da sie nichts weiter tun konnten. Glücklicherweise lief zu dem Zeitpunkt gerade die Erweckung. Diakonin Soonim Kim brachte das Baby in die Gemeinde. Sein Zustand war sehr ernst. Nachdem sie so viele Medikamente und Spritzen bekommen hatte, wog sich nicht einmal mehr ein Kilogramm. Es schien keine Hoffnung auf Überleben zu geben.

Als ich am 8. Mai intensiv für sie betete, begann Gott sein Werk. Ihre Pupillen, die glasig gewesen waren, wurden klar und sie konnte normal sehen. Sie bekam sogar genug Kraft, um an einer Nuckelflasche saugen zu können. Ab dem Zeitpunkt nahm sie stetig mehr Nahrung auf und wuchs gesund auf. Sie heißt

Hanna, im Moment ist sie in der Grundschule und wächst und gedeiht im Herrn.

Eine Person mit Gehirnschlag

In 1995 gab es die 3. zweiwöchige Erweckungsveranstaltung und zwar unter dem Titel „Der Gerechte wird aus Glauben leben". Am letzten Tag der Erweckungskonferenz herrschte beim Gebet für die Kranken Unruhe am Eingang des Gemeindesaals. Jemand wurde auf einer Trage hereingebracht. Es schien, als wäre er von einem Krankenwagen gebracht worden. Sein Zustand war lebensgefährlich. Erst später erfuhr ich, dass es der Älteste Moonki Kim war; er hatte einen Hirnschlag erlitten. Ein Blutgefäß war in seinem Kopf geplatzt.

Seine Frau war Pastorin. Sie diente als solche in einer neu gegründeten Gemeinde; ab und an kam sie zu uns in die Gemeinde, um sich das Wort Gottes anzuhören. Als man ihren Mann ins Krankenhaus brachte, sagten die Ärzte, seine Überlebenschancen seien gering. Da diese Pastorin über die Erweckungsgottesdienste in unserer Gemeinde informiert war, brachte sie ihren Ehemann in einem Krankenwagen zur Gemeinde, damit er im Glauben Heilung empfangen konnte.

Ich betete für diesen Patienten, der bewusstlos war und sobald wir mit dem Gebet fertig waren, setzte er sich aufrecht hin. Es war wie im Film. Alle, die die Szene mit ansahen, klatschen, um Gott die Ehre zu geben.

Kurz vor der Amputation empfangene Heilung

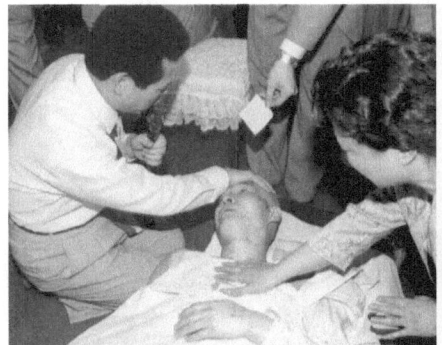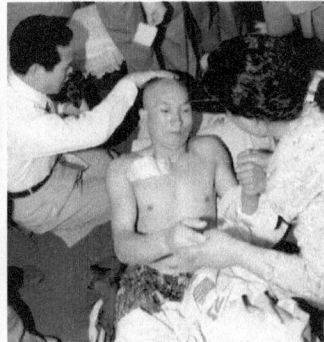

Ein Patient mit einem Hirnschlag stand nach dem Gebet auf.

An dieser Versammlung nahm auch Diakonin Sang-yi Lee teil, die acht Finger hatte, die praktisch dabei waren zu verwesen, doch sie empfing Heilung und hatte nach dem Gebet wieder normale Finger. Sie hatte im Winter 1985 Erfrierungen erlitten, wofür sie vielfach behandelt worden war, unter anderem mit Akupunktur. Nichts hatte geholfen. Außerdem hatte sie am ganzen Körper Arthritis. Als sie 1990 in Seoul war, führte sie der Heilige Geist in unsere Gemeinde. Eine Zeit lang besuchte sie unserer Gottesdienste. Dann kehrte sie in ihre Heimatstadt zurück. Nachdem sie dort ankam, blieb sie Gott fern und war in ihrem Glaubensleben faul.

In 1993 fing ihr Körper an zu schrumpfen und ihr Hals wurde steif. Man stellte bei ihr am ganzen Körper Gelenkrheumatismus fest. Die Symptome wurden stärker und die Krankheit verschlimmerte sich. Sie wurde ins Guro-Universitätsklinikum von Korea eingeliefert, aber zwei Monate später fingen ihre acht Finger an, zu verfaulen; nur ihre Daumen waren nicht betroffen. Ihre Hände wurden bis zu den Handgelenken schwarz. Nicht

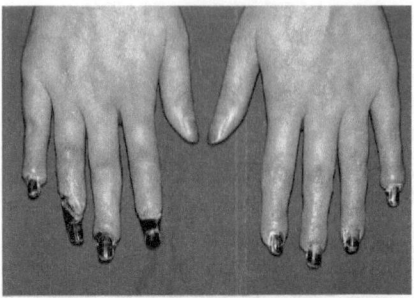

Sang-yi Lee wurde von Verwesungen an den Fingern geheilt.

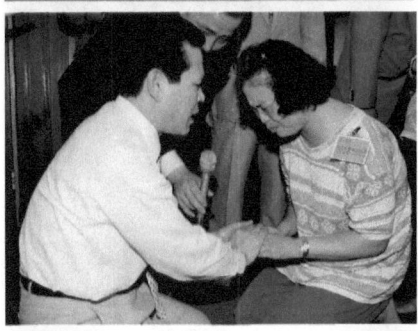

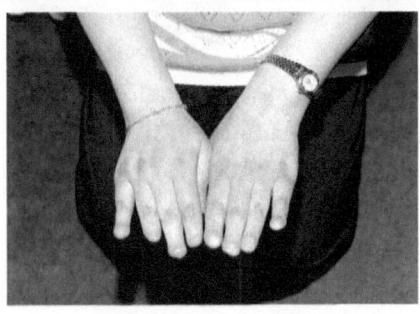

nur die Fingernägel verfaulten, sondern auch die Knochen. Die Ärzte sagten, dass ihre Hände an den Handgelenken abgenommen werden müssten, um zu verhindern, dass es sich auf ihre Arme ausbreitete. Der OP-Termin wurde festgelegt. Diakonin Sang-yi Lee musste viele Schmerzmittel einnehmen. Im Mai 1994, einen Tag vor ihrem Termin besuchte sie eine Veranstaltung in unserer zweiwöchigen Erweckung. Am Ende ließ sie mich für sich beten. Danach sagte sie, in dem Augenblick seien ihre Hände heiß geworden und die unerträglichen Schmerzen weggegangen. Danach verbesserte sich ihr Zustand sehr. Die Ärzte sagten, sie bräuchte keine Operation mehr und könne heimgehen.

Das Verfaulen hörte auf. Die verrotteten Teile, die wie die

Borke an einem alten Baum waren, fielen ab und neues Fleisch begann zu wachsen. Auch die Fingernägel wurden neu gebildet. Im nächsten Jahr, im Mai 1995, besuchte sie wieder unsere zweiwöchige Erweckung. Bei einer besonderen Veranstaltung für die Kranken am zweiten Tag ließ sie mich wieder für sich beten. Nach dem Gebet spürte sie eine Leichtigkeit in ihrem ganzen Körper und die Schmerzen, die das Gelenkrheuma verursacht hatten, waren weg. Sie war rein und vollkommen heil – nicht nur ihre Finger, die am Verfaulen gewesen waren, sondern ihr ganzer Körper war frei von Krankheiten und Schmerzen.

Geschützt beim Einsturz des Sampoong-Kaufhauses

In unserer Gemeinde haben wir eine Missionsorganisation mit dem Titel „Licht und Salz-Mission". Sie ist für diejenigen die in Restaurants und in Geschäften arbeiten. Seit ihrer Gründung im Oktober 1985 hat die Gruppe Gottesdienste und Versammlungen in verschiedenen Bezirken abgehalten. Sie dient in der Evangelisation im Verkauf und in der Gastronomie. Da die Mitglieder der „Licht und Salz-Mission" sonntags arbeiten, besuchen sie den Sonntagsgottesdienst um 21 oder 23 Uhr, wenn ihre Arbeit fertig ist.

Am 29. Juni 1995 ereignete sich um circa 18 Uhr eine Katastrophe. Das Sampoong-Kaufhausgebäude stürzte ein. Etwa zehn Mitglieder unserer Gemeinde arbeiteten dort und Gott schuf für sie verschiedene Fluchtwege. In dieser schrecklichen Situation erlebten wir ein Wunder: jeder von ihnen wurde gerettet.

Schwester Jinsook Hong, die im Sampoong-Kaufhaus arbeitete, war zusammen mit ihren Kollegen im dritten

Einsturz des Sampoong-Kaufhauses

Untergeschoss von Bergen von Beton eingeschlossen. Sie wurde durch ein Wunder gerettet. Sie arbeitete in der Snackbar für die Angestellten im dritten Untergeschoss. Als ihre Arbeitszeit vorbei war, wollte sie sich etwas ausruhen. Das Gebäude stürzte ein, während sie dort war. So war sie mit einer Krankenschwester in der Apotheke eingeschlossen. Als das Gebäude einstürzte, erlitt die Krankenschwester am Kopf Verletzungen und die Knochen in ihrem Fuß waren gebrochen. Da sie im Finsteren nicht einmal einen Zentimeter weit sehen konnten, hatten sie keine Ahnung, wie sie den Weg nach draußen finden würden. Ab und an hörten sie, wie andere Menschen irgendwo um Hilfe schrien.

„Jinsook, ich blute am Kopf. Als du mir das Evangelium gepredigt hast, hat mir das nicht gefallen und ich habe dich einfach gemieden. Es tut mir Leid... Gott! Es tut mir Leid. Jetzt will ich an Dich glauben!" Die Krankenschwester weinte und schrie. Schwester Jinsook Hong betete für sie, hielt dabei ihre Hand und tröstete sie mit dem Wort Gottes. Der Zementstaub in der Luft kam in ihren Hals. Da betete Schwester Hong: „Gott, sende Retter – nicht nur für mich, sondern für all die Menschen hier. Lass das Gebäude nicht weiter einstürzen und gibt uns auch frische Luft".

Gott erhörte dieses Gebet. Gegen 21 Uhr, rund drei Stunden nachdem sie eingeschlossen worden waren, konnten sie das Licht einer Taschenlampe sehen und hörten, wie jemand rief: „Ist da jemand?" Sie riefen: „Hier!" Zwei Rettungshelfer folgten ihren Stimmen. Die Apotheke war in der Nähe vom Notausgang und glücklicherweise waren der Notausgang und die Treppe nicht eingestützt. Als die Retter zu der Treppe kamen, hörten sie die Gebete und den Klang von Lobpreis. Die Krankenschwester kam mit dem Krankenwagen ins Krankenhaus, aber Schwester Jinsook Hong war überhaupt nicht verletzt. Dies brachten die großen Tageszeitungen am nächsten Tag. Sie zitierten die Rettungsleute, die das Singen gehört hatten und die Eingeschlossenen dadurch fanden.

Wer will schon in einer solchen Situation, wo es um Leben und Tod geht, singen? Zweierlei führte die Retter an die Stelle, wo Gottes Volk eingeschlossen war: der Klang von Gebet und Lobpreis und Gott selbst. Jinsook Hong war immer sonntagabends in die Gemeinde gekommen und brachte stets ihren Zehnten. Wenn wir den Tag des Herrn richtig einhalten und unseren Zehnten geben, schützt uns Gott vor Unfällen und Krankheiten.

LA 1995

Die Kirche vor der Spaltung

Vor der Missionskampagne, die vom 27. bis 29. April gehalten werden sollte, gab es eine Reihe von gemeinsamen Veranstaltungen von über 40 Gemeinden in verschiedenen Gebieten. Ich selbst war auf einer Evangelisation in einer presbyterianischen Gemeinde von einem Pastor O., der den Vorsitz der Organisation innehatte. Bevor ich nach Los Angeles flog, gaben mir unsere Gemeindemitglieder Geld, das ich für diese Missionsreise verwenden sollte. Vor der Abfahrt, sagte ich zu einigen von unseren Mitarbeitern in der Gemeinde: „Gott hat mir dieses Mal einen hübschen Betrag als Missionsopfer gegeben und ich glaube, dass es definitiv für einen bestimmten Zweck ist". Die zuvor genannte presbyterianische Gemeinde, in der ich eine dreitägige Evangelisation abgehalten hatte, war eine kleine Gemeinde. Der Pastor, der schon über 60 Jahre alt war, arbeitete

Segensgebet im Stadtrat von LA

Empfangen Ehrenbürgerschaft von LA

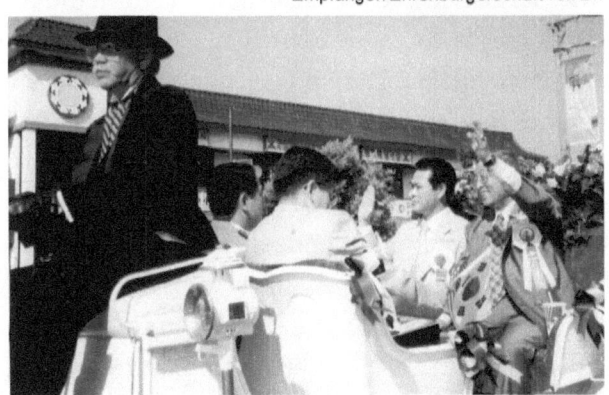

An der Parade auf „Korean Day" von LA

fleißig allein; niemand half ihm. Es war eine kleine Veranstaltung. An den drei Tagen versammelten sich gerade einmal 100 Leute; dennoch gab ich beim Predigen mein Bestes. Viele Pastoren, die größere Gemeinden hatten, sagten, sie wollten, dass ich bei ihnen spreche – und sie entschuldigten sich, dass sie mich verpasst hatten. Ich glaube, dass Gott einen Grund hatte, warum Er mich die dreitägige Evangelisation in dieser Gemeinde durchführen ließ.

Am 29. April, als der Pastor für die Gemeinde betete, weinte er dabei: „Gott, löse das finanzielle Problem unserer Gemeinde, damit sie nicht der Welt übergeben wird". Ich hatte zu dem Zeitpunkt als Sprecher viele unbequeme Situationen erlebt, doch als ich dieses Gebet hörte, war mein Herz noch stärker beunruhigt. Da wirkte Gott in meinem Herzen.

„Hilf dieser Gemeinde. Ist der hübsche Betrag des Missionsopfers nicht für eine Gelegenheit wie diese? Hilf dieser Gemeinde".

Als ich diese Stimme hörte, sagte ich in der Predigt: „Ich weiß nicht, wie viel Schulden diese Gemeinde hat, doch die Gemeinde Gottes sollte nicht durch die Menschen der Welt leiden müssen. Ich werde etwas helfen. Darum wollen wir alle – alle Mitglieder – gemeinsam zusammenlegen", und ich versprach 20.000 Dollar für das Opfer.

Mir war klar, warum Gott mich zu dieser Gemeinde geschickt hatte; ich konnte unbequem Situation wahrnehmen und damit umgehen. Ich wollte nicht wie ein Redner behandelt und bedient werden, stattdessen war mein Herz mit dem Wunsch erfüllt, dem Pastor zu helfen und ihn zu trösten. Ich tat mein Bestes, damit es dem Pastor nicht unangenehm war und er nicht das Gefühl haben würde, seine Zeit mit mir verschwendet zu haben. Während der Evangelisation leitete unser Team den Lobpreis. Auch sie versuchten Gnade zu schenken und den Mitgliedern in der Fülle des Geistes zu dienen.

Am nächsten Tag, er war Sonntag, den 30. April, kam der Pastor mit einem verdrießlichen Gesicht und sagte: „Pastor, bis gestern kamen auch Mitglieder von anderen Gemeinden, die dich kennen, aber von heute an werden alle unserer Mitglieder weg sein, da bin ich sicher. Du brauchst nicht einmal zur Gemeinde hinübergehen, um es dir selbst anzusehen". Ich war überrascht, dies von ihm zu hören, und fragte, was passiert war. Er berichtete, dass der angehenden Pastoren der Gemeinde seine Prüfung zur Weihung als Pastor nicht geschafft und sich über den Pastor beschwert hatte. Er war von seinem Amt zurückgetreten und es gab Älteste in der Gemeinde, die gegen diesen Pastor waren; auch sie waren untereinander uneins. Die Gemeinde versank im Chaos. Außerdem hatte die Gemeinde Schulden und die Mitglieder hatten keine Kraft zur Wiederbelebung.

Doch als ich mit in die Gemeinde hinüberging, sahen wir, dass die Mitglieder die Gemeinde nicht verlassen hatten; stattdessen war das Gebäude voll. Auch die Sitzplätze für den Chor waren besetzt und ihre Gesichter leuchteten. Gott wusste um die Situation dieser Gemeinde und um sie zu retten, sandte Er mich, damit ich das Wort Gottes predigen und dem Pastor finanziell helfen würde.

95 Missionskampagnen in L.A.

Am 30. April 1995, fand die 1995er LA-Weltmissionskampagne im Konferenzzentrum statt, abgehalten

95 Missionskampagnen in L.A.

Eingeladen als Ehrenvorsitzender des 22. LA Korean Day und die Teilnahme an Culture Center

durch das Komitee für Weltevangelisation und das koreanisch-amerikanische Komitee der christlich-geistlichen Bewegung. Ich war als Hauptsprecher eingeladen. Die „Weltmissionskampagne" war dank der Gnade Gottes erfolgreich. Ein paar Tage später las ich in einer christlichen amerikanischen Zeitung, in der es hieß:

„Am 30. April versammelten sich rund 50 Erweckungsprediger und über 8.000 Gläubige, um eine Erweckungsveranstaltung zur Vereinigung vieler Rassen zu feiern. Pastor Jaerock Lee, der Hauptredner, predigte über das Thema ‚Lasst uns ein sein' und wandte sich mit einem eindringlichen Aufruf an die Teilnehmer: ‚Wir sind alle Brüder im Glauben, unabhängig von der Region, aus der wir kommen, unabhängig von Rasse und Kultur. Lasst uns mit diesem gemeinsamen Glauben das Fundament für die Evangelisation der Welt legen'. Die Massen riefen das Motto der Kampagne ‚Predige das Evangelium bis ans Ende der Welt, mache diese Stadt zur Stadt der Engel, der Sieg gehört uns!' und erfüllten damit die Veranstaltungshalle".

Ich nahm auch am Gebetsfrühstück mit über 300 Leitern aus dem Großraum Los Angeles teil. Sie sagten, wie sehr sie den Beitrag zu schätzen wussten, den das Lobpreisteam und das Tanzteam unserer Gemeinde geleistet hatten; manche waren dadurch zu Tränen gerührt worden.

Festival anlässlich des Korea-Tages

Im September 1995 besuchte ich das 22. Korea-Festival in Koreatown in Los Angeles als Ehrenvorsitzender. Ich sprach das Gebet für die Gründung eines Denkmals und das Eröffnungsgebet für die „Koreanische Nacht". Des Weiteren nahm ich am Höhepunkt des gesamten Festivals teil – einer Parade auf Flößen, die mit Blumen geschmückten waren. Auf jedem der Spezialflöße waren vier Pferde, die für einen ganz besonderen Gast waren. Ich fühlte mich bei dem Gedanken an so viele Leute nicht wohl, doch trotz aller Befangenheit erhielt ich den Auftrag und fuhr auf diesem Floß mit. Weitere Schiffe und Flöße folgten uns während der Parade.

Es gab Störungen, die mich hätten daran hintern sollen, als Ehrenvorsitzender teilzunehmen. Der Koreaverein von Los Angeles hatte dazu eine Sitzung und erhob Widerspruch gegen die Störungen; sollte jemand dabei ertappt werden, wie er über mich als Ehrenvorsitzender Gerüchte verbreitete, würden Rechtsmittel gegen solche Personen eingelegt. Das Werk Satans wurde zunichte gemacht von Menschen, die Gott an unerwarteter Stelle vorbereitet hatte.

- Ende von Teil 1 -
Fortsetzung folgt in Teil 2

Der Autor:
Dr. Jaerock Lee, Pastor

Er wurde 1943 in Muan, in der südkoreanischen Provinz Jeonnam geboren. Zwischen seinem zwanzigsten und dreißigsten Lebensjahr litt er sieben Jahre lang an einer Reihe von unheilbaren Krankheiten und wartete nur noch auf seinen Tod, denn Hoffnung auf Heilung gab es nicht mehr. Eines Tages, im Frühling 1974, brachte ihn seine Schwester allerdings in eine Gemeinde und als er sich zum Gebet niederkniete, heilte ihn unser lebendiger Gott augenblicklich von all seinen Krankheiten.

Von dem Zeitpunkt an, in dem Pastor Lee dem lebendigen Gott durch diese wunderbare Erfahrung so erlebt hatte, liebte er Ihn aufrichtig von ganzem Herzen. Im Jahre 1978 wurde er zum Diener Gottes berufen. Er betete eifrig dafür, den Willen Gottes zu begreifen und Seinen Plan zu erfüllen und dem Wort Gottes zu gehorchen. 1982 gründete er eine Gemeinde, die *Manmin Joong-ang Church,* in Seoul, Südkorea und seither haben sich in seiner Gemeinde viele Werke Gottes ereignet, einschließlich Heilungen und andere Wunder und Zeichen.

Dr. Lee wurde 1986 während der Jahreskonferenz der Jesus-Gemeinde in Sungkyul, Korea zum Pastor geweiht. Vier Jahre später, 1990, begann man mit der Ausstrahlung seiner Predigten durch die Far East Broadcasting Company, die Asia Broadcast Station und den christlichen Sender Washington Christian Radio System. Die Sendungen werden in Australien, Russland, auf den Philippinen und an vielen anderen Orten empfangen.

Drei Jahre später, also 1993, wurde die Manmin Joong-ang-Gemeinde zum einen von der US-amerikanischen Zeitschrift *Christian World* zu einer der „50 führenden Gemeinden der Welt" gekürt und zum anderen verlieh das *Christian Faith College* in Florida Pastor Lee den Ehrendoktortitel. 1996 erhielt er den Doktortitel vom Kingsway Theological Seminary, einer Bibelschule in Iowa in den USA.

Seit 1993 spielt Dr. Lee in der globalen Missionsarbeit eine führende Rolle. Er war auf vielen Evangelisationseinsätzen weltweit unterwegs, beispielsweise in Tansania, Argentinien; in LA, Baltimore City, Hawaii und New York City in den USA, in Uganda, Japan, Pakistan, Kenia, auf den Philippines, in Honduras, Indien, Russland, Deutschland, Peru, der Demokratischen Republik Kongo und in Israel. Von seiner Großevangelisation in Uganda berichtete der TV-Sender CNN und während der Großevangelisation in Israel proklamierte er Jesus Christus als den Messias. Im Jahr 2002 beschrieb ihn eine führende christliche Zeitung in Korea aufgrund seines Einsatzes bei verschiedenen Evangelisationsveranstaltungen auf der ganzen Welt als „weltweiten" Pastor.

Im Mai 2013 zählte die Manmin Joong-ang-Gemeinde bereits über 120.000 Mitglieder. Es gibt 10.000 Tochtergemeinden im In-und Ausland, darunter 53 in großen Städten in Korea und bisher hat sie über 129 Missionare in 23 Länder entsandt, unter anderem in die USA, nach Russland, Deutschland, Kanada, Japan, China, Frankreich, Indien, Kenia und in viele andere Nationen.

Zum Zeitpunkt der Veröffentlichung hat Pastor Lee 87 Bücher geschrieben, darunter solche Bestseller wie *Schmecket das ewige Leben vor dem Tod*, *Mein Leben*, *Mein Glaube, Teil I und II*, *Die Botschaft vom Kreuz*, *Das Maß des Glaubens*, *Der Himmel, Teil I und II*, *Hölle.* und *Die Macht Gottes*. Sie wurden in über 76 Sprachen übersetzt.

Seine christlichen Kolumnen erscheinen in folgenden Publikationen: *TThe Hankook Ilbo, The Chosun Ilbo, The JoongAng Daily, The Dong-A Ilbo, The Munhwa Ilbo, The Seoul Shinmun, The Kyunghyang Shinmun, The Korea Economic Daily, The Korea Herald, The Shisa News*, and *The Christian Press*.

Dr. Lee leitet derzeit viele Missionsorganisationen und –vereine in folgenden Positionen: Vorsitzender der United Holiness Church of Jesus Christ, Präsident von Manmin World Mission; ständiger Präsident von The World Christianity Revival Mission Association; Gründer und Aufsichtsrat vom Global Christian Network (GCN); Gründer und Aufsichtsrat vom The World Christian Doctors Network (WCDN) und Gründer und Aufsichtsrat von der Bibelschule Manmin International Seminary (MIS).

Der Himmel Teil 1 und 2

Ein detailliertes Bild der herrlichen Lebensbedingungen, die Bürger des Himmels genießen dürfen sowie eine wunderschöne Beschreibung der verschiedenen Ebenen des himmlischen Königreiches.

Die Botschaft vom Kreuz

Eine starke Botschaft, die Menschen, die geistlich gesehen schlafen, wachrütteln soll. In diesem Buch erfahren Sie von der wahren Liebe Gottes und warum Jesus der einzige Retter ist.

Hölle

Eine ernsthafte Botschaft Gottes an die gesamte Menschheit gerichtet. Gott möchte nicht, dass auch nur ein Mensch in der Hölle endet! Sie werden von der bisher noch nie gezeigten grausamen Realität vom Hades, der Hölle, erfahren.

Mein Leben, Mein Glauben (II)

Ein bewegender Bereicht – zum einen über wahren Glauben, zum Überwinden von Prüfungen aller Art und zum anderen über die feurigen Werke des Heiligen Geistes, die sich in einer Gemeinde mit wahrem Glauben ereignen.

Das Maß des Glaubens

Welcher himmlische Ort, welche Siegeskränze und Belohnungen stehen im Himmel bereit? Dieses Buch schenkt Ihnen Weisheit und leitet Sie, so dass Sie Ihren Glauben messen und am besten gedeihen lassen können, damit er die größtmögliche Reife erlangt.

www.urimbooks.com